JN229210

共感的カウンセリングの面接術

古宮 昇 著

誠信書房

はじめに

カウンセリングの実力が低くて悩んだ日々

「あーあ、また今日のカウンセリングも失敗やった……」。

暗い夜道をひとり、肩を落としてトボトボ歩いたときのことは忘れられません。私は小さな心療内科医院で非常勤カウンセラーをしていました。主治医の先生が紹介してくれた患者さんに、私は医院の個室でカウンセリングをするのでした。

カウンセリング・セッションの終了時刻が来ると、私は患者さんに〈今日は時間なので終わらないといけません。また来週にでもカウンセリングに来られますか？〉と尋ねます。ところが患者さんはみんな、「いえ、もういいです」とか、「うーん……自分でがんばってみます」「また来ようと思ったらお電話します」というような返事ばかり。つまり、患者さんは良くなっていないのに、ことごとく中断したのです！

二回目のセッションに来てくださる患者さんもいました。でも、その患者さんも、三回目のセッションでは冒頭から怒って、「先週まで二回来て話したけど、ぜんぜん良くなってません！　先生のカウンセリングで本当に良くなるんですか?!」と言うので、私はあわてふためきました。自分が何を言ったかまったく覚えていませんが、何とかその日のセッションを終えたものの、その患者さんも私のカウンセリングに来ることは二度とありませんでした。

そんな失敗の繰り返し。私は自信喪失のどん底に突き落とされました。

ぼくはよほど才能がないに違いない

私はそれまで、「良いカウンセラーになりたい」と願って、ものすごく多くの努力を積んできました。プロカウンセラーのなかでも、私よりも努力した人を見つけるのは難しいだろうと思います。努力の質はともかく、量にはそれだけの自信がありました。なのに、そのありさま。

「普通の人だったら、これだけ努力をしたら、よっぽどマシなカウンセリングができる。ぼくはよほど素質がないに違いない……こうして失敗が続くならカウンセラーはやめなきゃダメだ……」。泣きそうになりながら、医院からの夜の帰り道を、みじめに歩いたのでした。

努力しても、やはり上達しない

そのころ、あるベテラン・カウンセラーのスーパービジョン（個人指導）を受け始めました。週に一回そのカウンセラーのオフィスに通って、私のカウンセリング・セッションについて報告し、指導を受けます。遠くても通い続けました。それでも、カウンセリングの結果は出ませんでした。一年間通いましたが、不満足感が募って辞めました。

そして、別のベテラン・カウンセラーから、スーパービジョンを受けることにしました。その先生からは、個人スーパービジョンに加えて、カウンセリング技術の練習会にも参加して指導を受けました。練習会では先生が、「今日は誰がカウンセラー役をしますか？」と参加者たちに問いかけます。私はいつも「はい、ぼくがしたいです！」と率先して手を挙げ、みんなの前でカウンセラー役をしました。

そのカウンセリング練習（ロールプレイ）は、ほんの十分間にも満たない短いものでした。終了すると、来談者役の人が感想を話します。ところがその感想は、「うーん……同じ話をグルグルしていた感じです」「あんまりピンと来ませんでした」というネガティブなものばかり。その後先生から、カウンセラー役だった私の拙(つたな)いところをたくさん指摘されます。そしてガックリ落ち込んで終了。

その次の練習会、いつものように先生が「今日は誰がカウンセラー役をしますか？」と問いかけ、やはり私は「はい、したいです！」と手を挙げる。そして対話練習をして、また、みんなの前で先生からダメだったところを指摘されてガッカリ。その繰り返しでした。

あるとき、先生自ら、「では私が来談者役をしましょう」ということになり、私がカウンセラー役をしました。すると、カウンセリング練習中に先生は突然来談者役をやめて素に戻り、怒り始めたではありませんか！「古宮くん、あんたベラベラしゃべりすぎやと前から言うとるやろ！　ベラベラ言ってないで聴きなさい！」。後にも先にも、カウンセラー役をした人であんなに怒られたのは、私だけでした。私はそれほど下手で、しかもなかなか上達しなかったのです。

結果が出るようになった

それでも私はめげずに、練習会では、他の誰よりも率先してカウンセラー役を繰り返しました。他の人たちは参加費を払って来ているのに、意外に手を挙げることは少なかったです。人前で恥をかくのは怖いですから。しかし、下手な私でも、練習して先生から批判されるのを繰り返すうち、叱られることがなくなってきました。カウンセリング技術が上達し始めたのです。その上達に合わせて、心療内科医院のカウンセリングでも、来談者が中断することがめったになくなりました。

その一年後に、開業カウンセラーとして独立しました。あれから十五年ほど経って、今は特に宣伝はしていませんが多くの来談者の方々に来ていただき、新規予約が取りづらい状況が続いています。

私は日・米・ニュージーランドで、カウンセラーとして働いてきました。また、その三カ国で、カウンセラーたちの指導を行ってきました。本書は、私自身のカウンセリング経験と指導経験から得たものを、カウンセリングの実践に役立つよう、具体的かつ、わかりやすくお伝えしたいと願って書いたものです。

本書はこんなあなたのための本です

本書は、プロカウンセラーとしてキャリアのまだ浅い段階にある方と、プロカウンセラーを目指す方向けの本です。私自身が苦しんだ経験と、カウンセラーの方々を指導してきた経験から、カウンセラーが苦労するところや悩むところを、私自身の失敗事例も含めて、具体的かつ、わかりやすく説明します。

本書の内容

本書では、たとえば次のような初心者の悩みどころについて、詳しくお伝えします。

- 来談者の発言には、具体的に何と返せばいい？
- 来談者の質問にはどう答えればいい？
- 沈黙したらどうすればいい？
- カウンセリングの枠とは何？

●カウンセリングとはそもそも何をするの？
●カウンセリングの実力を伸ばすために役立つトレーニング法と、あまり役立たないトレーニング法とは？

しかし、「来談者に何と言えばいいか」という技法の前に、来談者を深く理解するための理論が大切です。そこで、本書ではまず、共感的カウンセリングを実践するにあたって非常に重要な、共感、無条件の尊重、転移、抵抗などについて、身近な例を挙げてわかりやすく説明します。その後、技法をお伝えします。

なお、カウンセリング・心理療法にはさまざまな理論があり、技法があります。本書はそのなかでも、来談者の語りを共感的に傾聴していき、来談者の心を一緒に探求していくカウンセリング法を、本格的に学ぶためのものです。

それでは、どこまでも面白くて奥深い、共感的カウンセリングの学びの道を一緒にスタートしましょう。

二〇一九年　春分

古宮　昇

目　次

第6章　防衛と抵抗――89

第7章　転移とは何か――105

第12章 カウンセリングの終結 253

第1章 悩み相談とプロのカウンセリングの違い

1 悩み相談とプロのカウンセリングは何が違うのか

誰にでも家族や友だちなどに悩みごとの相談をしたり，相談をされたりした経験があるでしょう。新聞や雑誌，テレビなどでも，相談者が悩みを打ち明けて，それにタレントや大学教授，宗教家，カウンセラーなどの人たちが回答しているものはたくさんあります。「子どもが不登校です」「人の目が気になるのでどうすればいいでしょうか」「嫌な上司で困っています」「好きな人にフラれて落ち込んでいます」「親から家業を継ぐよう言われているけど，それに従うべきでしょうか」などなど。

では，それらの悩み相談と有能なプロのカウンセリングは，異なるものでしょうか。私はまったく異なるものだと思います。では，何が違うのでしょう。それについて，心理療法家の中島勇一氏（2005）は，「素人の悩み相談は問題を解決しようとする。カウンセリングは変化を助ける」と言っています。とても的を射た表現だと思います。悩み相談では，問題をなくすことが目的です。ですから，相談された人は問題の解決法をアドバイスしたり，解決法が見つからなければ，励ましたりします。

2 あるテレビの人生相談から

中島勇一氏がテレビの人生相談で見た例を使って説明しましょう（中島 2005）。相談者は、夫に対する不満が高じて離婚を考えている女性です。その人に対して、有名タレントはこうアドバイスをしていました。

「あなたは夫婦関係に〝満腹〟を求めすぎています。夫婦といえども一線を引いて〝腹六分目〟の感覚で付き合いなさい。そうすれば、自分の感情に振り回されず、どうして夫がそんな態度しか取れないのかを察してあげられるようになりますし、夫の良い面にも気づけるようになります」

つまり、夫婦関係に期待が大きすぎると、足りないところについて不満が募りますが、初めから期待を低くしておけば不満はそれほど生まれなくなる、ということです。もっともなアドバイスでしょう。しかし、中島氏はプロの立場から、「自分が相談を受けたら、そうアドバイスすることはないな」と考えます。私も同感です。

相談した女性は、「夫が問題であり、離婚するかどうかを決めることが問題解決だ」と考えて相談したようです。ですが、私はこの女性が問題に突き当たった原因は、未解決の心の傷つきや怒りなどのわだかまりがあったり、生き方のなかで無理をしている部分があったりしているからだと考えます。そして、この女性の人生で問題が起きている高次の目的は、彼女のあり方・生き方を、より建設的な方向へ変え、成長し、さらに望む自分になり、いっそう自分らしく生きていけるようになることだと考えます。つまりチャンスなのです。

私たち人間の本質は成長です。私たちには、どこまで成長してもさらに成長できる伸びしろが永遠にあります。そして、成長に自分一人で取り組むことは必要です。しかし、それだけではうまくいかないことがよくあるものです。たとえば、武道は自分一人で型を練習することができるし、それも必要な練習です。しかし、自分一人でがんばるだけではなく、誰かと組んで練習や試合もしてこそ、いっそう伸びていきます。同じように、私たちの心の成長においても、プロカウンセラーの協力を得て成長に取り組むのが賢明です。つまり、プロカウンセラーは、来談者の問題を解決しようとするのではなく、来談者の苦しみの原因である未解決の心の問題を解決して成長することを、助けるためにいるのです。

例えれば、プロカウンセラーはスケート靴のようなものです。ハイヒールやスニーカーでも、氷の上をがんばって進むことはできるでしょう。しかし、スケート靴を履けば、最初は慣れずに戸惑うかもしれませんが、ハイヒールやスニーカーよりもずっと速く、ずっと遠くまで進むことができます。しかも、風を切って走る爽快感は、スケート靴でなければ得られないものです。

ただし、スケート靴を履いて滑るのは本人です。スケート靴がどこかに連れて行ってくれるわけではありません。

本人が行きたい方向へ進んでいく、その旅路に同行するのがカウンセラーです。カウンセラーが治すわけではなく、来談者が自分自身の心を見つめ、悩みの真の原因を見つけて解決していく努力を、カウンセラーが支えます。

3　カウンセリングは変容の過程

カウンセリングは問題解決の過程ではなく、変容の過程です。「〇〇の問題に苦しむ自分」から、「もうそのことでは悩まず、より自分らしくのびやかに生きる自分」への変容であり、それを「成長」と呼びます。変容の結果、来談当初の理由だった問題が変わったり、問題がなくなったり、もしくは問題の受け取り方が変わって、同じことがもはや問題ではなくなったりします。それを「問題解決」と呼ぶのです。

カウンセリングを通して来談者の問題が解決したり、苦しみが減ったりしますが、カウンセラーの意図としてはそれを目的にはしておらず、悩みがなくなったり軽減されたりするのは、変容の結果として起きることなのです。共感的傾聴を通して来談者を支えようとするカウンセリングでは、カウンセラーが問題解決を目的にするとうまくいきません。そのことについて、本書で詳しく学んでいきます。

ここまで、共感的カウンセリングの出発点となるものの見方をお伝えしました。援助の実践に必要な理論と技法に進む前に、もう一つの基本的な前提である倫理について、次の章で学びます。

第2章　共感的カウンセリングにおける倫理

1　倫理の前提

カウンセリングの倫理について考える前に、カウンセリングの最も基本的な前提を確認しておきましょう。カウンセリングは来談者の人生に深く関わる仕事であり、カウンセラーの務めは、一人ひとりユニークな存在である来談者が、自分自身の価値観に基づき、自分にとって最善の決断を下し、最善の生き方を選ぶ助けをすることです。カウンセラーは専門知識と技術を持ってはいるものの、「来談者にとって何が最善であるかは私が知っており、そういう行動や生き方をさせるのが自分の仕事である」という意図で、カウンセラーが自分の価値観や道徳的判断、過去の経験を押し付けるのは高慢だと思います。

来談者に奉仕するのがカウンセラーの役目です。そして、正当な金銭的報酬と個人的満足感以上のものをカウンセリング活動から得ようとすることや、カウンセラーの個人的欲求を満たすために来談者を使ったりするのは、職業倫理に反した行為です。この前提に立ってカウンセリングの実践にあたるとき、カウンセラーはさまざまな倫理的問題に直面します。そして多くの場合、何が正しくて何が間違いと単純に白黒はつけられません。

ですから、本章の意図は、倫理的ジレンマにはさまれたときにどうすればよいか、という単純な正答を与えることではなく、問題提起をすることにより、カウンセリング倫理についてあなたの理解を深める一助となることです。

2 秘密保持原則

カウンセラーが来談者の秘密を守ることは、非常に大切な職業倫理の原則です。秘密保持が、安全な来談者−カウンセラー関係を築くいしずえとなるのです。秘密保持とは、来談者に関するいかなる情報も、当の来談者の書面による承諾なしには誰にも伝えないということです。

ただし、カウンセリングの絶対的原則である秘密保持にも例外があります。その一つが、スーパービジョン(他のプロカウンセラーから、カウンセリングのやり方についてアドバイスや指導を受けること)や、同僚とのコンサルテーションです。それらの場では、来談者に関する情報を第三者(スーパーバイザーや同僚)に伝えることになりますが、そのことについてあらかじめ来談者に伝えて、了承を得ておくべきです。私の経験では、「スーパービジョンやコンサルテーションで、来談者について話し合うことを承知しておいてください」と丁寧に伝えて、それを拒否した来談者はいません。しかし、もしも拒否する人がいれば、私はその人とよく話し合い、理由を説明して、それでも承諾が得られなければ、来談者として引き受けることを断るでしょう。というのも、来談者のために最善の仕事をするには、私はスーパービジョンや同僚とのコンサルテーションが欠かせないので、それをしなければ、私にはプロとして責任ある仕事ができないからです。

次に、秘密保持の原則が破られるべき、より深刻な場合について考えます。それは、来談者もしくは来談者に関わる人に危害が及ぶおそれのある場合です。そのことについて考えるために、実際に起きた重大な事件を紹介します。それは米国で起きた事件ですが、その事件は日本のカウンセリング倫理にも、大きな影響を与えているものです。

タラソフの判例

一九六九年、カリフォルニア大学バークレー校の学生だったプロセンジット・ポダー（Prosenjit Podder）は、同大学の学生保健センターで、モア（Moore）氏というカウンセラーのカウンセリングを受けていました。

ある日、ポダーは、旅行で留守だったタシャーナ・タラソフ（Tatiana Tarasoff）という女性について、「彼女が旅行から帰り次第殺す」とモア氏に伝えました。モア氏はポダーの言うことを真剣に受け取り、すぐ大学警察に通報して、ことの次第を伝えました。そこで大学警察はポダーを呼び、事情を聞きました。取り調べの結果、大学警察はポダーについて安全だと判断し、タラソフさんには近づかないという約束をとりつけて彼を釈放しました。

一方、モア氏は大学警察に手紙を書いて、ポダーをめぐる状況と「ポダーは危険な人物である」という彼の判断を書面でも伝えるとともに、彼のスーパーバイザー（指導者）にも相談しました。ところが、モア氏のスーパーバイザーは、モア氏が書いた手紙を大学警察から取り戻して、ケース記録とともに廃棄処分し、この件についてこれ以上何もしないよう指示しました。その間じゅう、タラソフさんとその家族には何も知らされませんでした。

数日後、ポダーは旅行から帰ったタラソフさんを殺害しました。タラソフさんの遺族は、「彼女に危険が迫っていた事実を知らせるべきだった」として、カリフォルニア大学を訴えました。下級裁判所は遺族の訴えを却下して、被告を無罪としました。しかし遺族は上告し、二年後の一九七六年に、カリフォルニア州高等裁判所は前判決をひるがえして、遺族の訴えを認める判決を下しました。「公共の福祉と安全に必要な場合には、カウンセラーはカウンセリング上の秘密保持原則を破らねばならない」とし、タラソフさんに警告をしておかなかったのは、職業責任の不履行だったという判断を示したのです。

この判決は、カウンセラーのモア氏と彼のスーパーバイザーにとって、非常に厳しいものだったはずです。当時の米国では、来談者についての秘密保持は絶対的原則だったでしょうから、もしもポダーがタラソフさんを殺すことなく、モア氏（カリフォルニア大学）を秘密漏えいで訴えていたら、モア氏側（カリフォルニア大学）は負けていたかもしれないからです。

秘密保持原則をめぐる現在の考え方

タラソフ判例を受けて、米国では現在、カウンセラーは危険な来談者から第三者を守る義務があり、そのためには秘密保持を破ることも許される、もしくは破らねばならないと考えられており、それは日本での原則にもなっています。

特に、児童虐待を受けた（または受けている）疑いのある子どもを見つけたら、児童相談所などに通告することが、「児童虐待の防止等に関する法律」で国民の義務として定められています。同様に高齢者についても、虐待を受けたと思われる合理的な根拠があれば、市町村に通報する義務があります（高齢者虐待防止・養護者支援法）。その原則は国民に課された義務ですから、カウンセラーにも当てはまります。つまり、来談者が誰かに危害を与える意図をカウンセラーに話した場合や、児童か高齢者を虐待した事実をカウンセラーに話したときには、カウンセラーは秘密保持原則を破って、しかるべき機関に速やかに通告しなければならない、ということになっているのです。

しかし、その方針にもあいまいな点は数多く残されています。たとえば、カウンセリングにおいて、来談者が特定の個人に対する怒りや憎しみを表明することは多々あります。そのたびに通報していたのでは、カウンセリングになりません。来談者が実際に暴力行為に及ぶかどうかを判断するのは、容易ではないのです。訓練を積み、経験もあるカウンセラーや精神科医でさえ、来談者が実際に暴力行為に及ぶかどうかについて信頼できる予測はできないことが、米国の実証的研究によって示唆されています（Melton et al., 1997）。

また、危険にさらされている第三者が、特定不能であった場合にはどうでしょう。たとえば、あなたの来談者が、「家の近所で、機会を見つけて誰かれなく蹴り飛ばしてやる」とあなたに告げた場合、そのことを来談者の住む町に公開するべきでしょうか。あるいは、来談者の意図がタラソフ判例のように殺人ではなく、窃盗、違法薬物の売買、未成年者に酒類を与えることなどである場合にはどうでしょう。公共の福祉のために、秘密保持原則を破るべきでしょうか。

また、秘密保持を破ることが、公共の福祉を守るための最適な手段であるとも限りません。秘密保持原則を破れば、来談者はおそらく、カウンセラーのもとには二度と来ないでしょう。カウンセリングを続ければ、来談者に犯罪行為に走ることを思いとどまらせるチャンスが生まれたかもしれませんので、そのほうが国民の安全を守ることになるかもしれないのです。

3　自傷の危険性がある場合

タラソフ判例では、第三者の安全が問題でした。では、来談者自身の安全が関わった場合にはどうでしょう。自殺の危険度が高い来談者は、カウンセラーにとって大きなストレスのもとです。自殺の危険性が現実的な場合には、秘密保持の原則を破って家族や警察などに通報してでも、来談者の自殺を止めることが必要です。

また、危機介入場面と初回面接では、自殺の可能性について慎重にアセスメントをすることが特に大切です。来談者に対して、「自殺を考えていますか」「自殺したいですか」と、自殺の意図の有無をはっきり尋ねましょう。「自殺を口にしたら、それが来談者を悪いように刺激して自殺するかもしれない」と恐れる人もいますが、来談者は誰かが自殺について尋ねたからといって自殺をしたりはしません。それどころか、自殺を真剣に考えている人は、自殺について恐れず話をしてくれるカウンセラーのおかげで、今まで誰にも話せなかった自殺願望のことが話せて気が楽になることもあります。自殺希求の強い来談者への対応については、「第11章 インテーク面接」でさらに詳しく学びます。

4 秘密保持に関する倫理的ジレンマ

本章の冒頭で、倫理には明らかな正答がないことが多いとお伝えしました。秘密保持の原則もその一つで、そこに単純な正解はありません。ただ、倫理的ジレンマに陥ったときに、カウンセラーが必ずすべきことがあります。それは、経験と能力のある同僚やスーパーバイザーに相談することです。そして、相談過程（相談相手の氏名、日時、相談内容、アドバイスの内容、相談の結果）を文書記録に残しておきましょう。倫理的ジレンマに陥ったときには、カウンセリングのプロとして常識的に求められる行動をとることが大切で、そのために他のカウンセラーとのコンサルテーションは欠かせないのです。また、秘密保持原則とその例外については、継続カウンセリングを始める際に来談者に説明をして、同意を得る必要があります。それについても、第11章「インテーク面接」でお伝えします。

秘密保持に関する倫理的ジレンマは、自殺、他殺、虐待以外の状況でも発生します。それらの架空事例を見て、考えてみましょう。

事例1　カップル・カウンセリング

あなたのもとにある夫婦が来ました。初めの二回のセッションは、夫婦とあなたの三者で面接を行いました。この夫婦には十二歳と九歳になる子どももいることもあって、離婚は避けたいとの一致した思いを、夫婦ともあなたに伝えました。あなたに対する二人の信頼は徐々に育ってきたようですが、何か秘密めいた緊張感が夫婦間にあるような気がして、そのせいなのか、三者面接はあまりうまくいっていないように、あなたには思われました。

そんなおり、ある日突然妻から電話があり、どうしても個人的にカウンセリングをしてほしい、それもできるだけ早く、と言います。そこであなたは妻と一対一で会いましたが、その席で妻は次のことをあなたに打ち明けました。

家庭では、夫は彼女のすることに何の感謝も示してはくれない。夫の愛も感じられないし、セックスも何年もしていない。彼女は話し合いを持とうとしてきたが、夫は彼女の悩みや思いには何の理解もせず、彼女の言うことを真剣に受け止めようとはまったくしない。彼女は幼いころから芸術に非凡な才能を示し、その道に進みたいと思ってきたが、結婚したら家庭に入ってほしいという夫の強い希望からそれもあきらめ、今まで専業主婦として自分なりに精一杯やってきた。三十代半ばを過ぎて自分の人生を振り返った今、このままこうして年をとり続けるのかと思うと、たまらない気持ちになる。

そんな彼女のところへある男性が現れ、はじめは単なる友だちとしての付き合いだったが、そのうち、彼女のことをとても大切にしてくれる誠実な彼に魅かれ始め、肉体関係を持つようになった。そしてその男性から、今の夫と別れて結婚しようと申し込まれた。彼女は離婚してその男性と一緒になりたい気持ちはある。しかし、夫は子煩悩で、子どもたちも夫のことが大好きである。だから、離婚して子どもたちから父親を奪うのはとてもかわいそうだし、子どもたちもすごく動揺するだろう。

カウンセラーであるあなたに以上のことを話したのは、そのことを知らなければカウンセリングがうまくいかないように思えたからで、あなたを信頼している、と彼女は言います。しかし、その男性のことを夫や子どもたちに知られると離婚騒動につながり、年頃で繊細な子どもたちにも悪影響が出るので、今後も夫婦でのカウンセリングは続けたいが、このことは内緒にしてほしい、と彼女は強く頼みます。

さて、あなたならどうしますか？


この事例について考えてみましょう。あなたの個人的な価値観、道徳観、経験は、この来談者の援助にどう影響するでしょうか。たとえば、あなたが両親の離婚で苦しんだ経験を持つのなら、この女性の子どもたちに心を寄せ、「結婚して子どもをもうけた以上は、妻として母としての責任を貫くべきで、離婚を避けるようぎりぎりまで努力すべきだ」と思うかもしれません。もしくは、理解のない夫に憤りを感じるかもしれません。または、離婚して彼女が生きたい人生を生きるのがいい、と思うかもしれません。

カウンセラーが来談者に、自分の価値観や道徳的判断、過去の経験などを押し付けるのは職業倫理に反すると言えますが、それは言うは易し行うは難し、です。カウンセラーが自分の価値観を押し付けないためには、自分の価値観をよく知っておくことが必要です。そうでなければ、自分の価値観を来談者に押し付け、さらにその行動を「来談者のためだ」と、もっともらしい理由をつけて合理化してしまう危険があります。

事例2　自殺の意図

長年にわたりうつ病で悩んできた男性来談者は、周到に考え抜かれた自殺計画をあなたに伝えました。そして、人生の最後にあなたのような理解あるカウンセラーに会えて良かった、と純粋な喜びをあなたに語りました。自殺に使うための大量の睡眠薬は、居間の引き出しに隠してあると言います。

さて、あなたなら秘密保持の原則を破って、彼の家族に連絡しますか？

この事例について考えてみましょう。来談者に自殺の危険があるときには、カウンセラーは秘密保持原則を破ってでも、来談者の命を守るために必要な行動をとる必要があります。しかし、来談者が死を口にするたびに秘密保持を破るのは、現実的ではありません。

また、危険が人間の命に直接関わっていない場合はどうでしょうか。たとえば、来談者が自身の関わる麻薬取り引きについてあなたに話したとすれば、あなたは一市民として警察に通報すべきでしょうか。それとも、「来談者の福利のために奉仕することがカウンセラーの最優先の責任であり、来談者の秘密を保持するかどうかの判断は、社会的福利よりも来談者の福利に基づいて下すべきだから、来談者のカウンセリングを続けることができるよう、警察には通報しないで面接を続けよう」とあなたは考えますか。

事例3　家族療法

あなたは、市町村が運営する無料の教育相談室で働くカウンセラーです。あなたのところに、十六歳になる男子が、非行問題で両親に連れられて来ました。あなたはこの家族に対して、家族全員と会ったり、両親だけと会ったり、少年の必要に応じて柔軟に対応してきました。

ある日の個人面接で、彼は次のことをあなたに伝えました。彼は両親から多額のお金を盗んで家出するつもりで、家を出た後の住む場所も仕事も、一応のめどは立っている（その計画はかなりいい加減で、頼りないようにあなたには思われるが）。また、盗んだお金の一部は、違法薬物を買うために使う。自分の気持ちを本当に打ち明けられる人のいない彼にとって、理解的なあなたとの関係は貴重で、家出を実行に移してからもあなたとはカウンセリングを続けたいと言います。彼がこの計画を今あなたに話したのは、それを実行に移す日が近づいてきたので、あなたを驚かせたくないから、とのことでした。この計画は両親にはもちろん内緒なので、もしあなたがそれを話したりすれば、彼はもう二度とあなたに会うことはないと言います。

あなたなら、少年の両親に連絡しますか。もし連絡するのなら、秘密保持原則を破ることについて少年にはどう説明しますか。少年にとっては、信頼した人から裏切られるという経験を繰り返すことになりますが、そのことに対処できるでしょうか。もし両親に連絡すれば、彼とのカウンセリングは終わってしまい、あなたが今後にわたって彼の援助ができる可能性を壊してしまうかもしれません。逆に、両親に連絡しなければ、少年とのカウンセリングは続くかもしれませんが、彼の家出を止めなかったことに対し、あなたは責任を感じて罪悪感を抱くかもしれません。家出の結果、彼が犯罪に巻き込まれたり、貧困などによって今以上に傷つくことになれば、よりいっそう、そう感じるでしょう。

実際にその少年がいっそうの窮地に追い込まれてしまった場合、あなたの罪悪感が少年との今後のカウンセリングにどう影響するでしょうか。少年に対し、過保護的な態度に出るかもしれません。逆に、罪悪感を抱かせるような行動に出た彼に対して懲罰的な気持ちを持つのも、人間として普通の反応だと思います。彼に対する苛立ちから彼に対して批判的になったり、あるいは彼と距離を置いて、情緒的に無反応になったりするかもしれません。少年の両親から裁判を起こされる可能性もあるでしょう。

また、この少年が女の子だったら、両親に連絡をするかしないかの判断が変わりますか。もし変わるとすれば、それは男女差に関わる現実の社会的状況のせいですか。それとも、あなたの持つ性差別的価値観のためでしょうか。両親に連絡をするかどうかの判断が変わらないとすれば、それは「性差別をすべきではない」というあなたの価値観のために、男女差に関わる現実の社会的状況の違いを、あえて無視している可能性はないでしょうか。

なお、この例に関して、カウンセリング上の大切なポイントを付け足しておきます。この少年はあなたに対して、「あなたは本当に僕の味方になってくれますか、それとも他の人々がしてきたように、僕のことを裏切りますか」と、テストをしている可能性があります。このような行動化傾向のある来談者のカウンセリングをするにあたっては、行動化傾向がある人だということを、カウンセラーがわかっておくことが大切です。

5 カウンセラー自身が持つ未解決の心理的問題

共感的カウンセラーと来談者は、情緒的にとても近い関係になります。また、カウンセリングでは来談者の

表　心理的困難を受けた女性の比率

	カウンセラー	その他の職業女性
身体的虐待	13%	6％
性的虐待	33%	31%
親のアルコール依存	22%	16%
親の精神科への入院	8％	5％
親または兄弟・姉妹の死去	11%	8％

（Elliott & Guy, 1993）

さまざまな生々しい感情が出てきます。その関係性は、カウンセラー自身の生身の人間としての感情が、非常に刺激される関係性です。たとえば、カウンセラー自身の、情緒的な近さを求める欲求と、近い関係になって傷つくことへの不安が、喚起されやすいものです。

同様に、カウンセラーが自分自身の怒り、傷つき、無力感、罪悪感などの感情を怖れていればいるほど、来談者の怒り、傷つき、無力感、罪悪感を受け止め、受容し、共感することが難しくなります。また、カウンセリング関係のなかでは、カウンセラー自身の怒りや傷つきが喚起されます。すると、来談者の感情を「あたかも来談者のように」想像して感じて味わう、ということが難しくなります。ですから、プロのカウンセラーおよびカウンセラーを目指す人が、しっかり腰を据えてカウンセリングを受けることを通して、自分自身の内面の癒やしと成長に取り組むのは必須です。来談者には自分自身を正直に見つめることを期待しながら、自分はそれを避けるというあり方は、プロフェッショナルではないと思います。

カウンセラーを志す人々のなかには、自分自身が子どものころに大きな心理的困難を経験した人が多いのではないかと言われます（Komiya, 1999a）。米国の研究で、心理臨床に携わる女性（心理カウンセラー、ソーシャルワーカー、精神科医など）約三百人と、ほぼ同程度の学歴を持ち、心理関係以外の領域で働く女性約二千六百人とを対象に、子ども時代（十六歳以下）に経験した心理的困難について調査した研究があります（Elliott & Guy, 1993）。心理的困難を受けた女性の比率は、表のようになりました。これを見ると、カウンセラーのほうが心理的困難を経験した割合が高いことがわかります。

以上の結果に加え、女性カウンセラーはその他の職業の女性よりも、育った家庭において人間関係の緊張が高く、家庭の団結力も弱かったと見なしていることもわかりました。さらに、カウンセラーを志望する人々のなかには、非機能的な家庭において、親が背負うような過大な責任を背負って育った人（parental children）が多い、という印象を持つ臨床心理学者もいます（Elliott & Guy, 1993）。

カウンセリングの道へ進む人の真の動機が、自分の心の傷を癒やしたいとか、劣等感や無能感を補償したいということである場合があります。そのようなカウンセラーは、来談者に効果的な援助ができないばかりか、かえって来談者を傷つける可能性も大いにあります。来談者を見ているつもりが、来談者の抱える問題のなかに自分自身を見るからです。

もっとも、カウンセラーが自分のすべての問題を完璧に解決しておかねばならない、というわけではありません。それはとうてい不可能なことでしょう。ただ、自分の心理的問題を高い程度に解決しておき、さらに、未解決の問題がどういうところにあり、何が自分の弱点なのかがわかっている必要があります。自分自身の問題についてほとんど洞察が得られていないカウンセラーには、来談者の問題解決を援助することはできないでしょう。

カウンセリングの実践において、来談者の持つ問題が、カウンセラー自身の未解決の問題を刺激することが多々あります。ところが、心理的未解決の問題はカウンセラーの無意識へ抑圧されているため、それら問題が触れられていても、カウンセラー自身はそうとは気づかないことが多いものです。カウンセラーの未解決の問題が刺激されているときの症候の一部には、次のようなものがあります。

①来談者に好かれているかどうかが気になったり、嫌われることを恐れたりする。
②来談者に対して、怒り、イライラ、嫌悪感、軽蔑心、強い悲しみ、性的感情、守りたい、などの感情を抱く。
③あまり感情が湧かない。
④来談者がキャンセルするとホッとする。
⑤来談者の問題を、あたかも来談者に代わって解決しようとするかのように必死になる。来談者よりもカウンセリングに一生懸命になる。
⑥抑うつ的になる。
⑦カウンセリング・セッションの内容がよく思い出せない。
⑧来談者に説教をしたくなる。
⑨カウンセリング中「今・ここ」で起きていることに集中できず、他のことが気になる。
⑩カウンセリングの実践に対する新鮮さが削がれ、対応が次第に事務的になる。

カウンセラー自身の未解決の心のわだかまりによって、カウンセリングに支障が出ることがなるべく少なくなるよう、カウンセラー（またはカウンセラーを目指す人）自身もカウンセリングを受けることがとても大切ですし、未解決の心のわだかまりによって支障が出たときは、個人カウンセリングおよび個人スーパービジョン（個人指導）を通じて対処することが、最も効果的だと思います。

カウンセリングを受けるにしてもスーパービジョンにしても、カウンセラーがそのなかで自分に正直になって、素直な気持ちを自由に話せる関係を築くことが大切です。精神分析家のグリーンソンは、カウンセラーは「自分自身の反応を厳しく吟味する、正直さと謙虚さを持っていなければならない」(Greenson, 1967 : p.281) と述べていますが、私もまったく同感です。

カウンセラーが来談者を自分の欲求充足に使う可能性

カウンセラーは、自分の言動が本当に来談者のためなのか、それとも自分の欲求を満たすために来談者を使い、それを「来談者のためにしているのだ」と合理化しているのかを、自らに絶えず問い続ける必要があります。たとえば、カウンセラーが自分の価値と有能さを感じたいがために、来談者に指図したり、アドバイスを与えたりするなど、来談者を依存させるような行動を取ることがあります (Corey et al., 1993)。それは、カウンセラーの劣等感の裏返しです。

同様に、カウンセリングがうまくいかないと劣等感がかき立てられるので、早く結果を出したいと焦るカウンセラーがいます。自分の援助の成果を見たいカウンセラーは、来談者に早く決断を迫ったり、ときには来談者に代わって決断を下したりしかねません。また、カウンセラーのなかには、来談者に早く心を開いてもらうテクニックや、来談者が早く変化するテクニックを探そうとする人がいますが、その動機の一部に、来談者のためではなく、カウンセラーが結果を出したいから、という思いがあるかもしれません。

さらに、カウンセラーが早く結果を出したいと焦るほかの理由として、来談者と向き合っていると、彼らの苦しみによって自分の苦しみが喚起されるため、その苦しみから逃れようとして性急に行動することがあります。しかし来談者には、今まで避けてきた苦しみに直面することが、癒やしと成長に必要です。ですから、彼らの悩みや苦しみを早急に取り去ろうとすることは、必ずしも本当の意味で来談者のためになるとは限らないのです。次に紹介する『ナナエ』という物語の一節は、人間の成長についての真実を表していると思います。

「どうしたらうまく飛べるんだろう。夢でもいいからおもいっきり空を飛んでみたいな」

すると川村さんは、助走がたりないせいよといった。

「助走?」

「うん、たぶんね。早く飛び立とうとあせるからうまくいかないんじゃないかしら。ゆっくりゆっくり助走をつけて、これだと思う風が吹いたら、うまく流れにのる。そしたら、きっとじょうずに飛べると思う。そうよ、ゆっくりゆっくり助走をつけて」

(佐野 1998, pp.132–133)

カウンセラーの、「人の役に立ちたい」という思いは落とし穴にもなり得ます。人を助けることを必要とするカウンセラーは、「来談者を助けたい」という欲求によって来談者や自分自身の首を絞める可能性があるのです。

援助することが本当に来談者のためなのか、それともカウンセラーが劣等感や無価値感の苦しみから逃れようとするためなのか、それについて正直に自分自身を見つめる必要があります。

私たちが人を助けられるのは、その人が私たちの助けを求めており、そして助けを受け容れる心の準備(readiness)ができたときだけです(Caddy, 1992)。また、自立を助けるような援助がその人のためになる援助であり、逆に、他人を私たちに依存させるような援助は、かえってその人を害することになります(Walsch, 1997)。

ここで、カウンセラーが来談者を自分の欲求充足のために使った、私自身の実例をお話しします。

実例1

私が実習生として、米国の大学の学生相談室で働いていたときのことです。その来談者は良くなっており、カウンセリングは終結を迎えていました。

冬休みまであと一週間余りを残したある日のセッションの終わりに、私は「冬休みであなたが実家に帰る前にもう一度会いましょう」と提案し、翌週に予約を取りました。そのことについてスーパービジョンで話しているうちに、その来談者はもうカウンセリングを続ける必要はないことに気がつきました。そして、私の思いをさらに話して行くうちに、私は自分のカウンセリングが成功だったことを、来談者の口から聞いて確かめたかったのだとわかりました。「あなたのおかげで良くなりました」と来談者が私に言わなかったので、最後にもう一度セッションを設けることで、来談者にそう言ってもらう機会を持ちたかったのです。

結局、その来談者は次回のセッションに来ませんでした。それは、彼女にとって良い選択だったと思います。

実例2

実例1と同じころ、黒人男性の初回面接をしました。彼は幼いころからの悲惨な境遇を淡々と話します。私はそれを聞きながら、とても悲しくなりました。そして、面接が終わったとき、彼に「ハグをしてもいいですか」と尋ねて、ハグをしました。

今になって振り返ると、あのときに来談者をハグしたのは不適切な行動でした。私は自分の気持ちを来談者に伝えたかったのですが、自分自身の感情を理解し、それを言葉にする能力の低かった私は、感情を言語化できずに行動化したのです。ことに、米国の黒人文化では、男性同士が抱き合うことを避ける傾向があるだけに、私の行動がカウンセリングに悪影響を与えた可能性は十分にあったでしょう。

実例3

これは、私がある来談者から聞いた実話です。その女性はレイプされたことがきっかけで、うつ気分や対人恐怖などの症状に苦しみ、ある女性カウンセラーを訪れました。

来談者がとてもつらかったレイプ事件について話していると、そのカウンセラーは「もういい加減にそんなもの乗り越えなさい」と説教を始めたのです。来談者はカウンセラーを信頼して、人に言えない心のうちを思い切って打ち明けたのに、批判されたのです。彼女はそのことによって、いっそうひどく傷ついたのでした。

この実例では、カウンセラーは来談者の苦しみを受け止めきれず、自分自身がつらくなりすぎないようにするために来談者に説教し、「こうすることが来談者のためになるのだ」と、合理化していたのかもしれません。私は、そのカウンセラー自身が性的暴力など何らかの虐待を受けた経験があり、その傷がまだ癒えていなかった可能性が高いと思います。

6 カウンセラーにかかる情緒的ストレス

カウンセリングは、カウンセラーに大変なストレスがかかります。来談者が表現する悲しみ、憎しみ、恐怖、絶望感などの激しい感情を理解し、共感することが、共感的カウンセリングの第一歩です。しかも、それと同時に、カウンセラーは来談者の感情に飲み込まれてしまうのではなく、客観性を保持し、冷静に考え、そして自分と来談者の行動と感情とを、距離を置いて観察する能力も必要になります。このように、生身の人間としてカウンセリング過程に感情的に参加すると同時に客観的に観察する微妙なバランスを保ち続けるのは、容易なことではありません。

カウンセラーはカウンセリング中に、さまざまな感情を体験します。米国心理学会会員を対象にした調査によると（Pope & Tabachnick, 1993）、回答者のうち八割以上が、カウンセリング・セッション中に恐怖、怒り、性的感情のどれかを経験したことがあると認めました。そして回答者の約半数が、来談者に対する不安や恐怖が自分の私生活にまで影響を及ぼし、睡眠や食欲に問題を生じたり、集中力に差し支えたりする経験をしていました。来談者にイライラしたあまり、後悔するような行動をとってしまったことがあると答えた人も、回答者の約半数に上りました。

強い感情を経験する引き金として最も多く挙げられたのは、来談者の自殺と他殺、来談者の状態が悪化することへの恐怖、そしてやる気のない非協力的な来談者に対する苛立ちでした。また、回答者の八七％は来談者に対し性的魅力を感じたことがあり、五八％はセッションの最中に性的興奮を覚えた経験があることを認めました。心理臨床に従事する米国のソーシャルワーカーを対象とした同様の調査（Bernsen et al, 1994）によると、男性の約九割、女性の約七割が、来談者に対して性的魅力を感じたことがあり、そのうち約半数は、来談者に魅力を感じた事実に対して罪悪感、不安、または戸惑いを覚えたと解答しました。

カウンセリングを行ううえで感じる心理的ストレスについて、カウンセラーの実際の声を挙げてみましょう（Dryden, 1995, pp.32-33）。

「来談者の話を聞いていると、自分をその人と同一化してしまい、来談者が受けた暴力を自分が受けたかのように感じて、私までが傷ついてしまう。そして、来談者に暴力を加えた人間に対して、憤りを覚えることもよくあります」

「性的虐待を受けた来談者と会って話を聞いていると、私自身の性生活にまで悪影響が出ました」

「性的・身体的暴力を受けた来談者から暴力の内容を聞いていると、そうして話させること自体が心理的暴力にあたるんじゃないか、自分までが来談者を再び傷つけているんじゃないか、という気持ちがして怖くなります」

「ああ、また性的虐待の被害者が来たか、とため息をつきたくなることがある。被害者の抱える心の傷と困難が大きすぎて、『私にはどうすることもできない』と絶望的な気持ちになるから」

カウンセリングをするのは高いストレスにさらされます。ですから、個人カウンセリングやグループカウンセリングに来談者として参加するのはとても良いことです。仕事以外の生き甲斐を持つことも必要ですし(Corey, 1996)、温かいプライベートの人間関係を持つことも、とても重要です(Guy, 2000)。さらには、同僚と互いに助け合える支持的な関係を持つことも大切です(Komiya, 1999b)。

私が大学院実習生のころ、カウンセリングがとても下手で落ち込んだことがありました。同期の実習生たちと集まったとき、「ぼく、自分がすごく無能に感じる」と勇気を出して話してみました。すると同級生たちが口々に、「私は『もうカウンセリングなんかやめた!』と彼氏にしょっちゅう言ってるわ!」「ぼくだって『自分にこの仕事は無理だ』と何度も思った」などと本音で語ってくれ、とても救われた経験があります。それまでスーパーバイザーに何度か話しても落ち込んでいたのに、それを機会に「自分なりに精一杯やろう」と前向きな気持ちになることができました。

7　来談者とのカウンセリング外関係

カウンセリングにおける来談者との関係はとても特殊です。来談者は見ず知らずのカウンセラーに自分の内面をさらけ出し、自分の嫌いな面、罪悪感を持っていること、奥に秘めた感情などを話します。来談者にそれができるのも、彼らにとって、カウンセラーが自分の生活には関わってこないからです。また、カウンセラーが来談者の話を客観的に聴いて共感できるのも、来談者と利害関係がないから可能なのです。

ですから、原則として、カウンセラーは来談者とは社会的関係を結ぶべきではありませんし、知っている人を来談者として取るべきではありません。このことに関連した私自身の経験を挙げます。

事例

私は大学院生のとき、ある大学のA教授が推薦するカウンセラーを訪れました。そのカウンセラー自身も、かつてA教授の指導を受けた人で、その教授のことを尊敬していました。セッション中に私がA教授に対する不満を述べたときには、そのカウンセラーは共感的ではありませんでした。そのカウンセラーはA教授を尊敬していたので、受容的で共感的な理解ができなかったように私には思われました。

来談者と社会的関係を持たないという原則を守ることのできない場合も、実際にはあるかもしれません。特に、小さな町で働くカウンセラーは、知り合いが来談者として来ることも十分にあり得ます。すでに知っている人を来談者として取るか取らないかを決めるものさしとして、私は次の要因を考慮しています。

①カウンセリングを求める人が、知り合いである私に自分の内面を話すことに、どの程度抵抗があるか。
②来談者に嫌われたり、来談者を怒らせたりすることを私が恐れるかどうか。カウンセラーが「こんなことを言うと友だちである来談者を怒らせてしまい、友情にヒビが入る」などと心配していては、カウンセリングはできません。
③来談者と私に共通の知人がいる場合、来談者が知人に「あの人のカウンセリングを受けたけど良くなかった」と話すかもしれません。そのことによって、仲間内での自分の評判が左右される可能性を、私が恐れるかどうか。
④来談者と私との間に金銭的・社会的利害関係、または上下関係がないこと。たとえば、仕事の取り引き相手を来談者に取ると、カウンセリングがうまくいくかどうかが仕事上の利害に響いてきます。また、上司と部下、先生と学生などの関係を持つ人たちがカウンセリング関係を形成すると、カウンセリングが昇給、昇進、成績などに影響する可能性が常に存在しており、それがカウンセリングを阻む要因になりがちです。

来談者とカウンセリング以外の関係を結ぶことは、慎むべきだと思います。それがどうしても避けられない場合には、右の要因を考慮し、カウンセリング外の関係が援助のさまたげにならないようにする責任は、カウンセラーにあります。

8 来談者との性的関係

カウンセラーは来談者とは、いかなる場合においても性的関係を結ぶべきではありません。それは、カウンセリング関係がたいへん特殊で、ある意味では不平等な関係であるからです。来談者は自分の気持ちや考えをほぼ一方的にカウンセラーに話し、傷つきやすい内面をカウンセラーにさらけ出しますが、カウンセラーは自分の個人的なことは話さないものです。そんな関係のなかでは、カウンセラーよりも来談者のほうが、ずっと傷つきやすい立場にあります。

来談者と性的関係を持つことは、いかなる場合においても、カウンセラーが自分の欲求を満たすことに来談者を使うことであり、それは職業特権の濫用です。たとえ成人の来談者が性的関係を求めた場合でも、責任はカウンセラーにあります（Beitman, 1987）。カウンセラーと来談者との性的関係が、来談者に大きな精神的ダメージを与えることが研究によって明らかになっています。Pope ら（1993）によると、カウンセラーと性的関係（体に性的に触れることから、生殖器挿入までを含む）を持ったことのある来談者九五八名のうち、「性的関係が心理的に有害になった」と答えた人は、女性来談者の九五％、男性の八〇％に上りました。しかも、そのうち約一割の人は、カウンセラーとの性的接触から生じた心の傷のせいで、入院まで要する事態になりました。

性的関係が、カウンセリング関係を終了した後で始まった場合でも、女性来談者の八〇％、男性の八六％が、やはり「性的関係によって害を受ける結果になった」と答えています。さらに、Pope（1990）は多くの研究をレビューし、次のことを明らかにしました。米国では、カウンセラーとその来談者との性的関係は、その八五％が男性のカウンセラーによって結ばれています。そして、カウンセラーと来談者との性関係による来談者への悪影響として、次のことが来談者から報告されています。①性的障害、②罪悪感、③空虚感と孤独感、④人間を信頼できなくなる、⑤他者との心の境界の混乱と、自分についての気持ちの混乱、⑥情緒不安定、⑦抑圧された怒り、⑧自殺願望、⑨集中力と注意力の低下、⑩悪夢、⑪嫌な記憶が突然よみがえったり（flash-backs）、嫌な考えが頭から離れないために苦しんだりする（intrusive thoughts）。

カウンセラーが来談者に性的感情を抱くとき

日本において、カウンセラーが来談者に対して抱く性的感情について語ることはタブー視されているのではないでしょうか。米国でも一九八〇年代までは、カウンセリング関係での性的感情や行動に関する調査をすることには、米国心理学会、米国精神医学界、米国臨床心理学会などが強く抵抗した歴史があります。その理由は、性的感情がとてもプライベートなものである事実に加え、それがカウンセリング場面においてあまりに頻繁に起きるので、余計にカウンセラーたちの恐怖を呼んだからかもしれません（Pope et al. 1993）。

しかし、現実には、ほとんどのカウンセラーが来談者に性的感情を抱く経験をしますから、その事実をまっすぐに見つめて対処していくことが必要です。今まで見てきたように、来談者と性的接触を持つことは、職業倫理に反する行為です。しかし、性的感情を持つこと自体を否定したり、そのことについてプロ同士で話し合ったり考えたりすることを避けるのは、カウンセラーの成長をさまたげるでしょう。

ここで、カウンセリングにおける性的感情に関連する、三つのシナリオを紹介します（Pope et al., 1993, p.6.）。あなたご自身を登場人物のカウンセラーに置き換えて読んでください。

シナリオ1

異性の来談者との初回面接です。話を聴くうちに，「この人こそ自分の恋人にぴったりの人だ」という強い確信が，あなたに芽生えてきます。来談者の話を聞きながらも，次のような考えが頭に渦巻き，集中できません。「この面接はここで打ち切らないと。この人は別のカウンセラーに回そう。そして，いつか外で会えないか，聞いてみたらどうなるかな」。

シナリオ2

あなたは子どもの遊戯療法をしています。この子どもはあなたの膝に乗るのが好きで，この日もこの子は，椅子に座るあなたの膝に乗って動き回ります。あなたは性的な刺激を受けている自分に気づきます。

シナリオ3

とても魅力的な異性の来談者が，意を決した様子で突然あなたに尋ねます。「私のことを魅力的だと思いますか？　私に惹かれますか？」。

上記のシナリオに自分自身を置いて考えるのは，きっと居心地の悪いことだと思います。来談者に対して性的感情を感じると，罪悪感や混乱などを覚えるのが多くのカウンセラーの反応です。ここで，Popeら（1993, pp.81-85）を参考に，そういった反応の一部を挙げます。

驚き

カウンセラーが、来談者に対する自分のなかの強い性的感情に気づいたときには、戸惑いやショックを覚えることが多いでしょう。そのため、カウンセラーが感情的に凍りついてしまって、普通に応答できなくなったり、必要以上に心の距離を取ったり、来談者を避け始めたりするかもしれません。また、こんな居心地の悪い経験をさせた来談者を、「あの人は性的にだらしない」と見下す気持ちになるかもしれません。来談者はカウンセラーのこのような変化を、敏感に感じ取るものです。

罪悪感

私たちの文化では、性は罪悪感と結びつきがちです。来談者に対して性的感情を持ったカウンセラーは、「こんな気持ちになるのは自分だけじゃないか」と考え、孤立しがちです。しかし、カウンセラーが抱く性的反応は、カウンセラー自身について、また来談者について、何か大切なことを教えてくれるものです。たとえばそれは、カウンセラーが個人的生活において、情緒的欲求を満たせていない信号かもしれません。または、その来談者が異性と性的にしか関われないサインかもしれません（子どものときに性的虐待を受けた来談者に多いパターンです）。ですから、「性的感情を感じるのは恥ずべきことだ」と自分の感情を否定することは、カウンセラーの自己理解と来談者の理解をさまたげることになります。

罪悪感を自分自身のカウンセリングやスーパービジョンによって探求していくと、それにもさまざまな意味があることがわかるでしょう（Pope et al., 1993）。性についてあなたが持つ罪悪感が、その一部になっているかもしれません。または、あなたは来談者から魅力的に見られようとする思いに気づいており、そのことに罪悪感があるのかもしれません。また、罪悪感を探求していくと、自分の未解決の問題に気づくかもしれません。

未解決の心理的問題についての不安

「自分のなかの未解決の心のわだかまりのせいで、うまくカウンセリングができなかったらどうしよう」と心配するカウンセラーにとって、来談者に性的に惹きつけられる経験は、その心配をいっそうかき立てるものでしょう。確かに、カウンセリング関係での性的感情は、未解決の幼児的な依存欲求を示しているのかもしれませんし、「自分はカウンセラーなのだから、ちゃんとした人間でなければならない」という非現実的な期待が揺らいで、いっそう不安になるかもしれません。

自分の行動がコントロールできなくなる不安

カウンセラーが自分の性的感情に気づくと、「この感情のせいで拙い応答をしてしまって、カウンセリングに支障をきたすのではないか」と、不安に思うこともあるでしょう。大学院でさえ、カウンセリング場面における性的感情についてオープンに話し合う機会は皆無でしょうから、多くのカウンセラーは「これは自分一人で解決しなければならない」と考えるのではないでしょうか。

カウンセラーが来談者に性的感情を経験したときには、スーパービジョンとカウンセラー自身のカウンセリングで向き合うことを通して、対処することです。そこでは、理解的で安全な関係性のなかで自分の感情や考えに正直になり、その経験の意味をオープンに探求することが大切です。性的感情について隠すからそれがタブーになり、それがタブーだから余計に隠す、という悪循環を変えていくことが大切だと思います。

第3章 人間の心の成り立ち

1 理論がなぜ大切か

プロカウンセラーとして人々の援助をする力をつけるには、理論をかなり本格的に、広く深く学び続けることが不可欠です。理論の学びは一生続けても終わりのない奥深いものです。しかし、カウンセリングを実践するためには、理論の学びは省略して技法だけを修得し、「何をすればいいか」「何と応答すればいいか」を知れば済みそうなものなのに、なぜ理論の学びが必要なのでしょうか。大きく二つの理由があります。

理由の一つは、「何と言えばいいか」（技法）は、理論から導かれるからです。理論がなければ、何を言って応答すればいいかはわからないのです。例として、素人による悩み相談の場面を見てみましょう。

ある主婦が、「旦那にイライラして腹が立つのよ」と友人の女性に話したとします。すると相談された女性は、「旦那さんのことをいちいち気にしちゃだめよ。適当に無視して、自分の好きな趣味などに打ち込んだらいいのよ」とアドバイスをしたとしましょう。そのとき、アドバイスをした女性は彼女なりの心理理論を持っており、それに沿ってアドバイスをしたのです。その女性の理論とはおそらく、次のようなものだったでしょう。「人が配偶者にイライラする原因は、配偶者のイヤな行動に過剰に注意を向けることである。そして、人がそうしてしまう原因は、楽しいことに打ち込んでいないからである。だから、楽しいことに打ち込んでイライラする人に注意を向けなければ、イライラは軽減するはずである」。

その女性の理論は、共感的カウンセリングの見地からは浅く狭いもので、そのアドバイスでは、おそらく問題は解決しないでしょう。しかし、素人の悩み相談の場面であっても、相談を受けた人の応答は、その人なりの理論に基づいているということは、おわかりいただけるでしょうか。相談を受けた人が、より広く深く洗練された理論を修得して、人間の心理と行動を理解すれば、それまで見えなかったことが見え、その人の応答はまったく異なるものになるでしょう。プロの共感的カウンセリングにおいても、理論の広く深い理解があればあるほど、どう応答すれば援助的なのかが、わかるようになります。

共感的カウンセリングを実践するにあたって、理論の広く深い理解が決定的に重要である二つ目の理由は、来談者のことを共感的に理解するために、理論が必要不可欠だからです。

先ほどの主婦の例で考えてみましょう。その主婦がご主人にイライラする原因の一つは、本人も気づいていないのですが、彼女が子どものころに親から十分にかまってもらえなかったことの深い寂しさと強烈な怒りがあり、ご主人が家事を手伝ってくれなかったり愛想よく話をしたりしてくれないときに、心の奥にずっと潜んでいる親に対する怒りと、その底にある寂しさが刺激されるからなのかもしれません。もしそうだとすれば、この主婦がご主人に対してイライラしているとき、大人の女性がご主人に対して反応しているのではなく、幼い女の子が冷たい親に対して反応しているのです。

そう理解すると、カウンセラーは、この主婦が「イライラして腹が立つ」と話すのを聴いたとき、理性的な大人の女性を見るのではなく、寂しくてたまらず泣いている幼い女の子の存在を感じるでしょう。そのときにこそ、その主婦が本当はどれほどつらいかを、より彼女の身になって想像できるでしょう。そうして、その主婦の気持ちが共感的に理解できるのです。

技術の基盤には理論がある

カウンセリング技術には、その基盤となっている基本的なものの見方があります。まず、人間の心理についての理解があり、そこから、心の苦悩はなぜ、どのように生まれるのかについての理解が生まれます。さらにそれを受けて、「来談者の心の何がどうなれば解決するのか」が理論化され、その理論から、「カウンセラーは来談者について何を見て何をするのか」が導き出されます。その、「カウンセラーは何を見て何をするのか」の部分が、テクニックです。

つまり、臨床心理士の岩壁茂氏が述べるように「一つひとつのテクニック・技法の背景には、そのアプローチの世界観・人間観が通底しており、そのテクニック・技法のいわば核をなしている」（岩壁 2018, p.37）のであり、平木典子氏が言うように、「テクニックを学ぶには、そのテクニックを成立させている精神性まで学ぶ必要」（岩壁・平木 2018, p.28）があるのです。すなわち、技術は理論と一体であり、理論の深い理解があってこそ、技術を効果的に使うことができます。

では次節から、傾聴による共感的カウンセリングの見方、考え方を学んでいきましょう。なお、本書の理論は、主に来談者中心療法理論と精神分析理論に依拠しています。

2 人は人の間で傷つき、人の間で癒やされる

人は、人間関係のなかで傷つき、人間関係のなかで癒やされます（中島 2005）。共感的カウンセリングにお

いては、来談者とカウンセラーの間に癒やしと成長をうながす人間関係が育ち、そのなかで、来談者もカウンセラーも互いに影響し合いながら変わっていきます。共感的カウンセリングは決して、あたかも修理工が修理の技術によって機械を直すかのように、カウンセラーが何らかの技術を人に施して治そうとするものではありません。

これは、共感的カウンセリングの根幹である、たいへん重要な部分です。共感的カウンセリングとは、カウンセラーが自分のものさしを使って来談者を外側から見て評価したり、理屈で分析したりして、その分析結果に基づいて、来談者に何かの操作を加えて変えようとするものではないのです。共感的カウンセリングにおいては、来談者とカウンセラーの対話の場で起きてくる動きが、来談者の変化をうながし、援助的に働くのです。

そのような動きが生まれる人間関係を育むには、カウンセラー自身が、より高い程度に自分らしく、ありのままに人と交流できることが大切だと思います。人を怖れて壁を作ったり、距離を置いたり、良く見せようとしたりするカウンセラーの思いは来談者に伝わり、来談者も正直になれません。ですから、プロカウンセラーおよびカウンセラーを目指す人自身がカウンセリングを受けて、純粋な人間関係を阻む心のわだかまりを、なるべく高い程度に解決していくことは、プロの共感的カウンセラーになるには必須だと思います。

カウンセリング効果を左右するのはカウンセリング関係

カウンセリングに含まれる多くの要素のなかで、いったい何が効果があるのかについて、世界中で多くの研究がなされてきました。個人的な意見や印象ではなく、客観的に測定し、観察する研究です。それらの研究によって、カウンセリングが効く最も重要な要素のひとつは、カウンセラーと来談者との人間関係だ、ということが明らかになってきました（Hubble et al., 1999；Miller et al., 1997；Watson & McMullen, 2005, p.297）。カウンセリングにはさまざまな理論や技法があります。しかし、**カウンセリングが効果を上げるとき、その主要な原因は、どれか特定の理論や技法よりもカウンセラーと来談者の人間関係にある**、ということです。

では、高い信頼関係のある来談者-カウンセラー関係における対話が、来談者の心に癒やしと成長をうながす働きを持つのはなぜでしょうか。そのことについて理解するために、まずは人間の心の成り立ちについてお伝えします。ここから、人間誰もが持つ深く強烈な心理的衝動を、大きく四つに分けて考察していきます。

3 深く強烈な四つの心理的衝動①――自己実現を求める衝動

誰もが成長への強烈な衝動を持っている

人は誰もが、「もっと成長したい」「もっと素晴らしい自分になりたい」「痛みや苦しみを解決して、もっと良い人生を生きたい」といった強烈な衝動を持っています。その衝動を、「自己実現を求める衝動」と呼ぶことにします。それは命の持つ根源的な衝動です。それは心と体の自己治癒力としても表れますし、人の幸せを願う気持ちの源でもあると思います。

なぜスポーツに感動するのか

オリンピックやパラリンピックなど、スポーツ競技には世界中の人々が注目します。多くの人々の関心を釘付けにし、多くの感動が生まれます。なぜでしょうか。それは選手たちが、「もっと高いパフォーマンスをしたい」「記録を打ち破りたい」「今までの限界を超えたい」と、がんばっているからだと思います。そこに表れているのが、私たち誰もが持つ、自己実現を求める衝動です。

同じことは、たとえば夏の高校野球にも、お正月の駅伝にも言えるでしょう。「一試合でも多く勝ちたい」「前に打てなかったあのピッチャーの球を今度は打ちたい」「もっと速く走りたい」。そうやってがんばる姿は感動的です。そして、甲子園で勝った選手たちがガッツポーズをして全身で喜びを表しているときや、駅伝で優勝したチームが抱き合って喜ぶとき、彼らは自己実現の強烈な喜びの絶頂にいるのです。

自己実現を求める衝動とは、「もっと強くなりたい」「もっと素晴らしい自分になりたい」「もっと成長したい」「もっと向上したい」という衝動で、それは私たち誰もが持つ強烈な衝動です。その衝動はまた、「もっと楽しい人生にしたい」「もっと充実した人生を生きたい」「もっと苦しみを減らして喜びを増やしたい」「もっと自分らしく生きたい」といった強い願いにもなります。

私たちのなかに自己実現を求める衝動があるから、感動する

私たちがスポーツ選手の敢闘ぶりに感動するのは、彼らの姿が、私たちのなかにある自己実現を求める衝動に共鳴するからでしょう。もしそうでなければ、スポーツ選手たちが競技に夢中になっているのはあまりに非合理的すぎて、なぜそんなことにがんばるのかが理解できないでしょう。

たとえば、甲子園を目指して野球に夢中になっている高校生。彼が野球に打ち込むのは非合理的なことです。というのは、野球に打ち込んだところで、圧倒的大多数の野球少年たちは、それによって大学に進めるわけでもなければ、野球を生活の糧にして生きていけるわけでもないからです。それどころか、野球に打ち込む努力とお金を勉強に費やすほうが大学進学の可能性が増えるし、第一、ケガで痛い思いをする危険もずっと減りますから、よほど合理的でしょう。

失敗を避け続ける不幸

しかし、もし彼の親が、「野球なんかして何になるの。そんなものやめて勉強しなさい」と野球をやめさせたとしたら、それは彼にとってすごくつらいことでしょう。なぜならそれは、「もっといい野球選手になりたい」「もっといい結果を出したい」とがんばって、昨日の自分を超えるチャンスを失うからです。今の彼にとって成長に向けた努力の意味が感じられる対象は、野球であって勉強ではないのです。彼にとって、意味が感じられる成長のチャンスを失うことは、耐えがたい苦痛です。人間にとって自己実現を求める衝動は、それほど強烈なものなのです。

運動部でがんばればがんばるほど、失敗の危険に直面します。試合で補欠になったり、やっと試合に出られたと思ったらエラーをしたり、チャンスで打順が回ってきてチーム全員の「何とかしてくれ」という祈るような強い期待を受けたのに、凡打でみんなを落胆させたり、先輩・後輩との人間関係でもめたり。

それとは対照的に、いわゆる〝やる気のないように見える生徒〟は、失敗が少ない毎日を過ごしているでしょう。勉強をがんばるわけではなく、部活にも入らず、打ち込めることも目標もなく、学校が終わったら家に帰ってダラダラとテレビを見たりゲームをしたりして過ごします。では、そうして失敗を避けて過ごしている子どものほうが、部活に打ち込んで多くの失敗や挫折に直面しながら生きている子どもよりも幸せでしょうか。教師なら誰でも、部活に打ち込む生徒のほうが、充実して幸せに生きていることを知っているでしょう。

赤ちゃんに見る、成長へのあくなき挑戦

私が通っていたヨガ教室に、ある日子育て中のお母さんが、二歳と五歳になる男の子二人を連れてきまし

た。その二人はスタジオに入るなり、そこらじゅうをうれしそうに走り始めました。兄弟で元気よく走り回っているさまを、周りの大人たちは微笑ましく眺めていました。その子どもたちにとって、走ることは喜びでした。走る能力を身につけた彼らは、ただ走りたかったのです。それは自己実現を求める衝動の表れです。

発達段階をさかのぼり、乳児について考えてみましょう。乳児は手や脚が動かせるようになると、バタバタと動かします。動かすとおっぱいがもらえるから動かすわけではなく、ただ動かすことがうれしいようです。それは、「もっと動かせるようになりたい」「自分の力をもっと使いたい」という欲求の表れです。そうして手脚を動かす能力がついたら、次に「はいはい」を始めます。ベッドの中で横になって過ごし、おっぱいをもらい、おむつを替えてもらう生活は快適なはずですが、それだけでは嫌なのです。自分の力で這えるようになりたいのです。

そして、「はいはい」ができるようになっても、それで満足はしません。やがて立ち上がろうとし始めます。家具や壁に手をついて、一生懸命に立ち上がろうとします。進化の過程で、人間は四本足をやめて直立歩行するようになりました。そのせいで、転ぶ危険や腰痛など、さまざまな困難や苦痛に見舞われることになりました。それでも赤ちゃんは立ち上がろうとします。昨日できなかったことを今日はできるようになりたい、ただそれだけの理由でがんばるのです。成長への、あくなき欲求です。

立ち上がれるようになると、赤ちゃんは歩こうとします。よろよろ、よたよたと、弱い筋肉で重い体を支えて一生懸命に歩行しようとします。ボテっと転び、「わーん」と泣くこともしばしばです。きっとそのころの赤ちゃんにとって、転んで重い体を床に叩きつけられることは、かなりの苦痛ではないかな、と想像します。それでも赤ちゃんは、一生這いずり回り続けるのは嫌なのです。何度も何度も転びながらも、歩く練習を繰り返します。あなたがいま歩行できるのは、その過程を乗り越えてきたからです。あなたは「もっと成長したい」という強い衝動を持っているのです。

成功の連続なのに、喜びを感じない

あなたは今日、すでにおびただしい数の成功を収めてこられました。たとえば、朝起きることに成功しました。あなたが起きた今朝死んでしまって、決して起き上がることのできなかった人たちが、世界中にたくさんいたはずです。さらに、もしあなたが今日、職場や学校などに行ったとしたら、それも成功の連続があってのことです。きちんと服を着ることに成功し、駅まで行くことに成功し、電車に乗ることに成功し、あるいは安全運転で目的地に着くことに成功しました。さらには、職場・学校の建物の中で、正しいオフィス・教室に到達することにも成功したのです。

ところが、あなたは今朝からそうして数々の成功体験を重ねたにもかかわらず、その実感はなく、職場に到着したときに、強烈な自己実現の喜びを爆発させて大きくガッツポーズをすることはなかったと思います。なぜでしょう。それは、失敗するとは思っていなかったからでしょう。朝起きられるのは当たり前だと思っていたし、職場や学校にも当然行けるものだ、と思っていたでしょう。だから、成功の大きな喜びはなかったのではないでしょうか。

もし仮に、あなたが今朝、職場のオフィスに到達したのが人類史上初の快挙だったとすればどうでしょう。しかも、あなたは過去に何度もそこに到達することに失敗し、「次こそは絶対に到達してやる!」と、体力トレーニングの専門家や、心理状態をピークに保つためのメンタルトレーナーなどを雇って、「チーム○○(あなたの名前が入る)」を結成して苦しいトレーニングを繰り返したとすれば、そしてついに今朝、あなたは人類史上初めてオフィスに到達したとすれば、それはさぞ強烈な自己実現の喜びの瞬間になったことでしょう。

自己実現の喜びには、失敗の可能性に直面することが必要

自己実現の喜びを味わうためには、失敗する可能性に直面し、失敗の恐怖を乗り越えて挑戦することが必要なのです。私たちは自分にとって本音で価値の高いことには、成長しようと自ら進んで困難に挑戦します。テレビゲームが大好きな子どもは、上手になるたびにもっと上のレベルへと自ら挑戦します。スター選手のなかには、日本では飽き足らず、さらなる挑戦を求めて厳しい海外の環境に出る人たちもいます。

過保護はなぜ子どもを傷つけるのか

過保護な養育は子どもの心を傷つけてしまいます。なぜなら、過保護な養育は、子どもの自己実現を求める衝動を不充足にするからです。ここからそのことについて考えましょう。

小学校五年生の勝俊(まさとし)くん（仮名）のお母さんは、学校でも有名でした。勝俊くんが学校で一番にならなければ気に入らず、学校に抗議しに来るからです。たとえば、校内で絵画コンクールをしたとき、勝俊くんの絵が金賞に選ばれないと、「どうしてうちの子が金賞じゃないんですか！」とすごい剣幕で担任の先生に抗議に来ました。また、勝俊くんはピアノを習っていたのですが、学校の合唱大会で、花形であるピアノの演奏者に彼が選ばれなければ、「どうしてうちの子がピアノじゃないんですか！」と文句を言いに来たのです。学校側もお母さんを説得しようとがんばったのですが、お母さんの抗議があまりに執拗なので仕方なく、勝俊くんにいつも絵画では金賞をあげ、音楽ではピアノ役を当て、クラスの劇では主役をさせるようになりました。

あなたに、そんな勝俊くんの苦しみが想像できるでしょうか。彼は、お母さんから失敗や挫折の危険を奪われたために、自分の力で成功するチャンスを失っているのです。金賞を取っても成功した喜びはありません。

自分の力でつかみとった金賞ではないからです。

さらに、勝俊くんはお母さんから、「すべてに成功しなければならない」「いつも優秀でなければならない」というメッセージを強烈に受け取っています。それは子どもにとって耐えがたいプレッシャーです。担任の先生によると、勝俊くんは普段は特に問題を起こすわけではないのですが、とても怒りっぽいところがあるし、他の児童を痛烈に批判することもあるそうです。たとえば、勉強が苦手で動きも遅いクラスの児童について、連絡帳に「なぜあの子は特別学級に行かず普通学級にいるんですか?!」と書いて、担任の先生に出したこともあります。

勝俊くんは、「優秀でなければお母ちゃんは僕を愛してくれない」と感じていますから、「僕は愛される価値のある優秀な子どもだ」と懸命に信じ込もうとします。優秀ではない自分を憎み、軽蔑し、否定しているのです。そうして憎み否定している自分自身の側面を他の人に見るとき、憎しみと軽蔑心が湧き上がり、攻撃せずにいられないのです。

勝俊くんは、もしそのまま育てば、人々を攻撃して人間関係のゴタゴタを繰り返し起こす大人になるでしょう。また家庭では、いつかお母さんに対してひどく反抗的になるでしょう。なぜなら、お母さんはありのままの勝俊くんを受け容れることができず、優秀でなければ認めないからです。しかし、彼のお母さんには、なぜ彼が反抗的になるのかは理解できないでしょう。なぜなら、すべて勝俊くんのためにと思って、一生懸命にやってきたからです。

勝俊くんだって、なぜお母さんにこんなに腹が立つのか、その本当の理由が自分でもわからないかもしれません。親は自分のためにしてくれたのだから、それに文句を言うのは理に合わないので、不満を表現できないこともあるでしょう。

勝俊くんが怒りや不満を感じるのは、挑戦と成長のチャンスを奪われたからです。そしてそれと同時に、「成長したい」「自分の力でやってみたい」という挑戦への欲求を、親が理解してくれないからでもあります。その怒りは、「僕のことを理解してほしい」という、無条件の愛を求める衝動が満たされないことの怒りです。この無条件の愛を求める衝動については、次節で詳しく学びます。

子どもから必要とされずにはいられない親

親によっては、子どもに必要とされたいあまりに、子どもの自己実現のチャンスを奪ってしまうことがしばしばあります。子どもが自分でできることを親がしてしまったり、「あれをしてはいけません、これをしてはいけません」と子どもを不安にして萎縮させてしまったり、子どもが自分で挑戦したいのにそのチャンスを取り上げてしまったりするとき、親は「子どものため」と思って行っています。しかし、子どもの能力や発達段階に適切な挑戦の機会を取り上げてしまう本当の理由は、子どもを親に依存的にさせるためであることも多いものです。

そういう親から、子どもは次のようなメッセージを受け取ります。「あなたは能力がないから私が必要です」。このメッセージは子どもの成長に重大な影響を及ぼします。自信がなく、他人に依存せざるを得ない、不安の高い子どもになりかねません。

親がそのような形で子どもを傷つけてしまうのは、親のなかにある愛情飢餓感が一因だと思います。子どもの関心を集めないと、寂しくて仕方がないのです。また、そのような親は、自分のことを無価値だと感じてもおり、それゆえ子どもから必要とされることによって、自分の価値を感じようとせずにはいられないことも多いでしょう。つまり、親自身が自信がなく、他人に依存せざるを得ない、不安の高い人だからこそ、親は意図的にしているわけではないのですが、子どもまでがそう育ってしまうような関わり方をしてしまうのです。

学校に行けない、会社に行けない、就職活動ができない、自信がない。そのような大人や子どもの多くが、ここでお伝えしている、自分の道を自分で拓き、自分のしたいことに挑戦し、自分の人生を自分らしく生きる、という自己実現のチャンスを奪われてきた苦しみを抱えているように、私には思えます。もっとも、完璧な親などいませんし、完璧な子育てもあり得ません。だから、親は誰だって子どもを傷つけることがあるし、誰もが子どものころに親から傷つけられて育ちました。

私たちが傷ついたのは私たちの落ち度ではありません。ただ、それを解決し成長するのは、私たち自身の責任です。

自己実現と充実感

自己実現を求める衝動は、命あるものに内在する根本的で激しい衝動です。私は自己実現とは、私たちがこの世に生まれて来た以上、すべての人が魂のレベルで望んでいることだと思います。ですから、自分にとって本音で大切なことを人生の中心に置いて、精一杯の自己実現をしながら生きているのではないとき、隠れた空虚感と悲しみを抱えながら生きることになるでしょう。そうなると、人生の意味を見出せないし、人生が退屈でつまらなく感じられるでしょう。多くの人々が、胸に抱える空虚感、悲しみ、退屈感をマヒさせようとして、ワイワイ騒いだり、アルコールや一時的なストレス解消の消費などに依存したりしているように、私には思えます。

反対に、私たちは自己実現を求める衝動から選択し、行動するとき、人生に意味と充実感を感じます。自ら「もっと良くなりたい」「もっと成長したい」と積極的に取り組みます。

〝やる気のない〟人たち

私は先ほど、「誰もが自己実現を求める強烈な衝動を持っている」とお伝えしました。ところが世の中には、やる気のないように見える人々がたくさんいます。学校でやる気のない生徒、会社でやる気のない社員、仕事もせずに引きこもっている人たちなど。「やる気のある人間とない人間がいる」というのが、世間の常識でしょう。

しかし、やる気がないように見える人たちは、真にやる気がないわけではなく、何らかの心の苦しみによって、本来の自己実現を求める衝動を抑えつけて生きざるを得ない人たちなのです。そして、自己実現を求める衝動を抑圧して生きざるを得ない深い苦しみに関してとても重要なことが、無条件の愛を求める衝動です。そこで、次節ではその衝動について学びましょう。

4 深く強烈な四つの心理的衝動②——無条件の愛を求める欲求

人は親密なつながりを求めます。その強烈な衝動は、「自分をわかってほしい」「自分を認めてほしい、受け容れてほしい」「守ってほしい」「好意的な関心を持ってほしい」といった欲求として感じられます。私たちは家庭でも、職場でも、友だちとの関係でも、「自分のことを認めてほしい」「自分のことを大切に思ってほしい」と強く求めているのです。

なかでも、子どもは親からの無条件の愛情を強烈に求めます。「無条件の愛情」ということに関連して、『3つの真実』（野口 2008）に載っている老人の言葉を紹介します。

子どもに教えてあげなさい。
『君はそのままで素晴らしい存在なんだ』と。

子どもの自尊心は、
いい成績を取ってほめられたときに満たされるのではない。
悪い成績を取っても抱きしめられたときに満たされる。
学校へ行けなくても抱きしめられたときに満たされるのじゃ。

いいことをしたからでも、いい結果を出したからでもなく、
自分があるがままで、そのまま無条件に受け容れられたときに、
その子の自尊心は満たされるのじゃ。

（野口 2008, p.90）

この老人が言うような無条件の愛を、子どもは特に親から強烈に求めます。その衝動は非常に強烈ですので、子どもは親の無条件の愛が得られないと認識したとき、ひどく不安になり、死の恐怖を感じることさえあります。幼い子どもは親から見捨てられると、自分の力では生きられないからです。さらに、子どもは恐怖を感じるとともに、無条件に愛してくれない親に対して、強烈な怒りを持つようになります。その怒りは、ときに殺人的な憎悪にまで悪化することもあります。

共感的カウンセリングは愛を提供する

攻撃的な人は愛に飢えています。いえ、攻撃的な人だけではありません。自分のことが好きになれない、自分を大切にできない、孤独など、心の苦しみを抱えた人は、無条件の愛に飢えているのです。そして、その根底にはほとんどの場合、親からの無条件の愛が得られなかったという感覚があります。

共感的カウンセリングは、まさに愛を提供する営みです。ただし、愛という概念はたいへん誤って理解されており、共感的カウンセリングが提供する愛は、世間でよく思われているような所有的で執着的なものではありません。「私にはあなたが必要です」というものではないのです。また、相手の良いところを良く評価することや、相手をほめることでもありません。「あなたは○○だから好き」と条件をつけたり、「あなたは○○が優れているわ」と評価したりすることではないのです。

共感的カウンセリングが提供する愛は、来談者の思いをなるべく来談者の身になって理解し、その人を無条件に受け容れて大切に思う愛です。来談者を「無条件に受け容れて大切に思う」とはつまり、来談者について「あなたのこれはだめだ」「これは良くない」というようなネガティブな評価がないことはもちろん、「あなたのここが良い」「これはあなたの長所だ」などのポジティブな評価もいっさいない、ということです。それゆえ、来談者に対して変わるよう求める思いもありません。同様に、来談者がカウンセラーのことを「良いカウンセラーだ」と思って好意を感じることも、「ダメなカウンセラーだ」と嫌いになることも、同じように受け容れます。

もちろん、カウンセラーも人間です。来談者をいつも完璧に共感して理解し、無条件に大切にできるわけではありません。ただ、カウンセラーにそれができればできるほど、来談者にとってカウンセラーとの関係が安全なものになり、その関係性のなかでこそ、自分が本当に感じていることや考えていることが、徐々に素直に理解できるようになり、そのままの自分を大切に感じるようになっていきます。

5 深く強烈な四つの心理的衝動③——「自分を表現したい」と求める衝動

誰もが自分を表現したい

誰もが「自分自身を表現したい」という、強烈な衝動を持っています。たとえ内気で口数が少ない人でも、インターネットの世界では匿名で自分の意見を頻繁に発信していたり、芸術、趣味、ファッション、仕事などを通して、自分を積極的に表現していたりするものです。

内気で口数が少ない人が自分のことをあまり話さない理由として、「人に本音を話すとわかってもらえるし、受け容れてもらえる」という信頼感に乏しいことが、しばしばあります。そういう人も、自分のことをわかってくれる人には話したいものです。人見知りに見える人でも、本音を話しても好意的な関心を持ってもらえ、わかってもらえ、受け容れてもらえることがわかれば、よくしゃべるものです。同様に、子どもが教師や親にあまり素直に話をしなくなるのは、本音を話してもわかってくれず、それどころか批判されたり正されたりするか、関心を持って聴いてはくれないからです。

誰もが、自分のことを自分の身になってわかってほしいと強く望んでいるし、そうしてくれる人には自分の思うことを正直に表現したいのです。だからこそ、共感的カウンセリングという営みが成り立ちます。

話せない来談者の心理

来談者の心に何も浮かばなかったり、頭が真っ白になったりして、話すことがなくなることがあります。それは決して、話したいことを話し尽くしたから話さないわけではありません。話すことが本当にないわけではないのです。来談者が話すことを思いつかないのは、心にあることを正直に話したらカウンセラーから悪く思われたり、否定されるのではないか、直されるのではないか、素直な思いを話しても共感的にわかってはもらえないのではないか、と恐れているときです。そのため、自分でもわからないうちに、考えや感情が浮かばないよう抑圧しているのです。

私たちは、心を許している人と一緒にいるときには、おしゃべりする話題が無尽蔵に出てきます。また、自分一人でいるときにも、いつも何かを考えています。ですから、カウンセリング場面において来談者が話すことが浮かばないときは、心を自由にさせることができず、来談者自身でもわからないうちに心を抑えつけているときなのです。

6 深く強烈な四つの心理的衝動④——「傷つきたくない、変化するのは怖い」と求める衝動

「変わりたい」vs.「変わるのは怖い」

自己実現を求める強烈な衝動は、「もっと成長したい」「もっと良い人生を生きたい」と求める衝動です。それは「変わりたい」と求める衝動だと言えます。ところが、私たちの心にはそれと正反対の、「変わりたくな

い」と求める強烈な衝動もあります。変わることへの恐怖です。変わることによって、傷ついたり、大切な何かを失ったりすることが怖いので、現状維持のまま、しがみつこうとします。

変化を怖れるのは未解決の心の痛みによる

変化を怖れる衝動の重要な源は、まだ癒やせていない心の痛みです。大切な人から愛情を得られないと感じた苦しみや、危険な思いをした恐怖などが強いので、「あんな思いはもう絶対にしたくない」と思うのです。

しかし私たちは、変化を怖れる衝動から行動するとき、成長することよりも変化しないことを優先させずにいられません。また、自分の行動を正当化し、今までの自分を認めてもらわずにはいられない気持ちになります。さらには、「自分なんか能力が低いから」とか、「学歴もないし」「そんな大した人間じゃないから」と、自分を制限する思い込みや制限の枠にしがみつきたくなります。

そうやって自分自身を制限することによって、成長のために危険を冒して失敗することを避けているのです。

変化への怖れは空しさにつながる

「自己実現を求める衝動」についてお伝えしたとき、その衝動に従って選択し、行動するほど、人生が充実し、人生に意味を感じる、とお伝えしました。それに対して、「変化・成長への恐怖」に基づいて選択し、行動すればするほど、成長の喜びも生きる充実感も感じられなくなり、自分のことが好きだとも思えなくなります。

誰にとっても、自分自身の心を見つめることは怖いものです。そのため、人はカウンセリングを受けることを怖がります。その怖れも、変化を怖れる衝動から来ています。カウンセリングを通して自分の内面を深く探求したりすると、自分でも気づかないうちに怖くて避けてきた感情が湧き上がってきて、それに直面してしまうのではないかという恐怖が、カウンセリングを受けることへの恐怖の大きな原因の一つです。「カウンセリングを受けたりすると、何か気味の悪いものや恐ろしいものが出てきそう」という、漠然とした不安を感じるのです。

自己実現を求める衝動は、感情を抑圧し続けることはやめて自分の本音の気持ちを感じたいし、自分を解放したいし、自由になりたい、ラクになりたい、と願います。しかし人は、変化を怖れる衝動によって、そんなことをするよりも、たとえ今のあり方が苦しくても現状を変えるのは怖い、と思うのです。

7 抑圧の源は親子関係

私たちがある種の感情を抑圧するようになる原因として最も重要なのは、多くの場合、幼少期における親との交流にあります。そのことについて説明します。

赤ちゃんは、生きることと成長することに役立つ経験を快だと感じ、反対に、生きることと成長にマイナスになったり、自分が傷ついたりする経験を不快に感じます。赤ちゃんは、体に良い食べ物を食べたいし、眠くなれば寝たいのです。お腹が空いたのに食べられなかったり、眠いのに眠ることができなかったりすると、不快で泣き出します。それが生物としての自然な感じ方です。赤ちゃんは、「こんなことを思ってはいけない」「こう感じるなんて人としてどうかと思う」などと、自分の本音の気持ちや欲求をジャッジすることはありません。自分のあらゆる感情も欲求も、自然に受け容れています。

母親からの価値の条件

そのような赤ちゃんの世界に、お母さんという存在が現れます。赤ちゃんは本来、自分自身のことが大好きです。ところが、次第に、お母さんをはじめとする他者が赤ちゃんのことを好きかどうかによって、自分のことを好きになったり嫌いになったりするようになります（Rogers, 1959, p.227）。つまり、自分自身についての感じ方が、周囲の人たちの反応によって揺さぶられるようになるのです。

お母さんは特定の価値観を持っており、赤ちゃんがお母さんの価値観に沿う行動をしたときには承認し、そうでないときには承認しません。たとえば、お母さんの作った食事を赤ちゃんがおいしそうに食べると喜び、反対に頑固に食べようとしないときにはあわてるでしょう。叱ることさえあるかもしれません。また、初めて見る火に手を入れようとすると、手をパシっと叩かれたり、きつく叱られたりするでしょう。

赤ちゃんはお母さんの愛情を強く求めますから、そのような経験をするうちに、自分が快と感じるか不快と感じるかということよりも、お母さんの愛情を受けられるかどうかを基準にして、行動するようになります。臨床心理学者のカール・ロジャースは、お母さんから愛されるかどうかの基準のことを「価値の条件（conditions of worth）」と呼びました（Rogers, 1959）。

そして、お母さんから取り入れた価値の条件にそぐわない感情、考え、行動は、「悪いもの」として抑えつけられます。自分自身でも知らないうちに否定するのです。たとえば、赤ちゃんがお母さんに腹を立てたとします。お母さんがそれを受け容れられず、赤ちゃんが腹を立てたからといって叱りつけたり、冷たく無視したりすると、赤ちゃんは怒りの感情を「お母ちゃんの愛情を奪う悪いものだ」と感じるようになります。そして、「怒る自分は悪い子だ」と感じるようになるのです。すると、腹が立っているときに怒りを感じられなくなります。そして、親への怒りが歪められて「ぼくが悪い子だ」と、罪悪感を抱いたりするようになることもあります。

同様に、弟を叩いたことをお母さんから厳しく叱られた子どもは、「叩いてない！」と主張するかもしれません。その子は、「本当は弟を叩いたけどウソをついている」という認識はなく、「ぼくは叩いていない」と本当に信じていることもあります。弟を叩いて母親から愛されない自分自身を認めることが、あまりに怖すぎるからです。

同じようなことは大人の世界でも頻繁にあります。私は教授会で、怒って興奮した年配の男性教授が議長から「先生、怒らないで冷静になってください」とたしなめられたときに、「怒ってません！　冷静じゃないのはあなたのほうだ！」と怒鳴っている場面に遭遇したことがあります。そういう人は、本当に自分は怒っていないと認識しているものです。その教授は生い立ちのなかで、親から怒りを受け容れてもらえなかったり、怒りのために親の愛情を失ったりした経験があったため、自分自身の怒りに強い怖れや罪悪感を持っていたでしょう。

また、母親が赤ちゃんのおしっこやうんこ、よだれや鼻水などについて、汚いと感じれば感じるほど、それは赤ちゃんへの接し方に表れるでしょうし、赤ちゃんはお母さんのそのような気持ちを敏感に感じ取るでしょう。すると赤ちゃんは、自分自身の体が汚く思えるでしょう。その程度が高いほど、自分の体に対する嫌悪感が強くなりますし、特に思春期になって性欲が高まると、自分自身の性的な側面についても罪悪感が強く受け容れがたくなることがしばしばあります。

そういうことが起きるのは、親がそのままの自分自身を愛して受け容れる、その程度が乏しいからです。たとえば、先ほどの例であれば、親が自分自身の動物としての側面（排泄物や性欲、食欲など）に嫌悪感があればあるほど、子どもの同じ側面を、心の底から純粋に愛して受け容れることが難しくなるのです。

他人への嫌悪感は、自分自身と親への怒りからくる

他人に対して、嫌ったり、腹を立てたり、軽蔑したり、悪口を言ったりすることの多い人ほど、自分自身への無条件の愛が乏しいものです。そのままの自分のことが嫌いなのです。そのままの自分のことが受け容れられず、自分自身に対して、「ああでなければならない」「こうでなければならない」とさまざまな制限を加えています。そして、その狭く固い〝べき〟に合わない他人に対して、批判的・攻撃的な思いが湧くのです。

しかし、本当はその人が他人に対して、嫌ったり、怒ったり、軽蔑したりしている、まさにその同じ特性を、その人自身も同じ程度に持っています。そういう人ほど、自分で自分のことを縛って制限しているために、人生の豊かさが減り、重荷が増えています。また、人への不信感が強いため、人間関係が乏しくなっていますし、人間関係で問題を持ちがちです。

そして、その人が他人に対して容易に感じる怒りや攻撃性は、根本的には親に向けられたものであることがとても多いものです。親が自分のことを無条件に受容し、愛してくれなかったことへの怒りです。その怒りは心に抑圧されてたまっており、何かのきっかけで湧き上がります。

反対に、「私は嫌いな人なんていません」とか、「人に腹を立てることなどない」と思っている人も少なくありません。そういう人は、怒りや攻撃心に対する恐怖や罪悪感が根深いため、怒りや攻撃心があるにもかかわらず、否認しているものです。また、否認している怒りや攻撃心を歪んだ形で放出しながら、他人に腹を立てたり攻撃したりしている事実を認めないこともあります。また、ときにその怒りと攻撃心を自分自身に向け、自分のことが好きだと思えないという感覚や罪悪感に苦しむこともあります。

そのように、自分の経験に無意識のうちにウソをついて、心の中に不一致な状態を作り出してしまう「悲劇的（tragic）」（Rogers, 1959, p.226）な発達過程が起きるのは、赤ちゃんが自分の自然な感情や考えを犠牲にして、親など重要な他者の期待に応えようとするからです。そんな不一致が心理的に不健康・不適応な状態を作り出し（Rogers, 1959, pp.203-204）、うつ症状、強迫症状、恐怖症など、心の苦しみの原因になります（Rogers, 1959, p.228）。

8　なぜ人は、共感的カウンセリングを通して変化するのか

私たちは共感的なカウンセラーと対話をするうち、カウンセラーが私たちの身になって共感的にわかってくれているし、わかったうえで高い程度に無条件で受け容れ、大切に思っているということが、徐々に感じられるようになります。それが感じられるほど、自分を表現したいという衝動の働きにより、自分の思いをもっと語って表現したくなります。そうして本音を表現すればするほど、カウンセラーはさらに私たちのことを共感的に理解できますから、いっそう深く細やかに理解され、受容されていることが感じられます。

そんな人間関係のなかで対話を重ねるにつれ、自己実現を求める衝動が湧き上がり、心の葛藤や重荷を解決したいと願うようになります。さらには、自己実現を求める衝動が持つ心の自己治癒力の働きにより、自分自身の心に起きていることを無理のないペースで見つめ、感じるようになっていきます。これまで自分でもわからないうちに、「自分は○○であるべきだ」「○○をするべきだ」「○○ではだめだ」と否定していた思いが、カウンセラーの共感と受容によって徐々に薄くなり、自分は本当は何を感じていて、何が好きで、何が嫌いで、何をしたいのか、何をしたくないのか、が感じられるようになっていきます。それは決して、理論や、理

屈や、心理テストの結果や、誰かの判断基準を自分自身に当てはめて、「私はこういう人間です」と考えるような自己理解ではありません。そうではなく、自分自身への愛ある受容的な、そして情緒的な自己理解です。

では、そのように人の根本的な癒やしと変容を支える深い共感的カウンセリングを行うには、どうすればいいでしょう。「どうすればいいか」という技術を学ぶ前にまず、本章でお伝えした「無条件の受容」や「無条件の愛」、そして「共感」について、それがどういうことかを理解する必要があります。

次章からそれらについて詳しく学びましょう。

第4章 共感

共感的カウンセリングにおける「共感」とは、どういうものを指すのでしょう。一般に人々が共感だと思っているものとはかなり違っているし、多くのプロカウンセラーが指す共感とも異なっていると私は感じます。そこで、共感的カウンセリングにおけるプロレベルの共感がどういうものかについて、私の理解をお伝えします。

共感的カウンセリングにおける「共感」とは、短く言うと、来談者が感じていることや考えていることを、なるべく来談者の身になってひしひし、ありありと想像して理解することを指します。共感的なカウンセリングの理論と実践で世界に大きな影響を与えた第一人者は、米国の臨床心理学者だったカール・ロジャース（Carl R. Rogers）だと言えるでしょう。ここでロジャースによる共感の定義を見てみます。

（共感とは）カウンセラーが、来談者の内的世界に起きる瞬間・瞬間の経験を、来談者が見るように見て、来談者が感じるように感じ、しかもカウンセラー自身の自己という分離性を失うことなく、つかむこと。

（Rogers, 1961, pp.62-63）

ここでロジャースが強調しているのは、来談者の心の世界に起きていることをカウンセラーが来談者の外側から見て、「ああだ、こうだ」と理屈でわかろうとしたり、分析しようとしたりすることではなく、なるべく来談者の身になって理解しようとする、ということです。

たとえば、早口でたくさん話す来談者について、「この人は外向的でおしゃべりな人だ」という判断を下すことは共感的理解ではありません。なぜなら、「外交的」も「おしゃべり」も、来談者の個人的な世界を来談者の身になって理解しているときに出てくる概念ではなく、来談者の外側からカウンセラーが行っている判断だからです。カウンセラーがある来談者について、「外向的でおしゃべりな人」だと考えること自体は悪いことではありませんが、それは共感的理解ではありません。

ロジャースによる、共感の別の定義を見てみましょう。

> 共感という状態、すなわち共感的であるということは、他者の内的準拠枠を、自分があたかもその他者であるかのように、しかも「あたかも」という性質を失うことなく、正確にかつ感情的な要素と意味とともに認識することである。それゆえ、他者の傷つきや喜びを感じ取るように感じ、それらの感情の原因をその人が認識するように認識するが、そのとき、「あたかも」自分自身が傷つきや喜びを感じているかのように、という認識を失うことがない。
>
> (Rogers, 1959, pp.210–211)

ここでロジャースが使っている「内的準拠枠（internal frame of reference）」という言葉は、その人自身の主観的な物の見方、という意味です。彼がここで言っているのは、来談者が感じたり考えたりしていることを、なるべくその人のものの見方に沿って理解する、ということです。しかもそのとき、「感情的な要素と意味とともに」認識することが重要だということは、つまり、来談者が感じている感情を自分のことのように想像して理解する、ということです。

たとえば、ある来談者がとても不安そうな様子で、「元気だった父親が突然、脳梗塞で倒れて入院しているんです」と話すとします。そのときカウンセラーが、単に客観的事実として「お父さんが脳梗塞で入院されているんですね」と理解して返したのでは、共感ができていません。その来談者にとって、元気だと思っていたお父さんが脳梗塞で倒れて入院していることがどういうことなのか、その来談者にとってそのことはどんな感じなのか、それを、カウンセラーがなるべく自分のことのように想像して感じることが大事なのです。

その来談者は父親を失う恐怖に襲われているのかもしれません。また、これまで親孝行を十分にできなかったことを悔やむ気持ちなのかもしれません。父親の病状に早く気づいてあげられなかったことに、罪悪感を感じているのかもしれません。父親に苦労をかけてきたことを、申し訳なく思っているのかもしれません。「人は死ぬ」という事実を突然突きつけられて、ショックを受けているのかもしれません。お父さんを救うことができないことに、無力感を感じているのかもしれません。それらすべてかもしれませんし、それ以外のことを感じているのかもしれません。このように、父親が脳梗塞で入院していることについて、来談者が感じている感情を、カウンセラーが自分のことのように想像して、情緒を伴って理解し、感じることが大切です。

ただし、そのときカウンセラーは、「『あたかも』自分自身が傷つきや喜びを感じているかのように、という認識を失うことがない」と、ロジャースは述べています。それは、来談者の感情はあくまで来談者の感情であって、カウンセラー自身の感情ではないという事実がわかっている、ということです。さらに、来談者の感情にカウンセラーが飲み込まれてしまったり、来談者の感情を理解しようとするあまり、カウンセラーまでが感情的に不安定になったりしない、ということです。

そのことについて、次により詳しく見ていきます。

1 感情の量ではなく、質を味わう

カウンセラーが来談者の感情を受け止め、共感することができるのは、カウンセラーが感情の量ではなく質を共有するからです（Greenson, 1967, p.368）。

たとえば、赤ちゃんが雷が怖くてパニックになって泣くのを見て、お母さんが赤ちゃんを抱きあげ「よしよし」となだめるとき、お母さんは赤ちゃんの恐怖を想像して感じています。しかし、お母さんは、赤ちゃんほど強く恐怖を感じているわけではありません。もし、お母さんが赤ちゃんと同じように激しい恐怖でパニックになったのでは、適切な世話はできません。赤ちゃんが感情的にパニックになる母親に育てられると、不安や情緒を止めるのが難しくなるかもしれません。または、感情体験があまりに強烈すぎるため、感情をマヒさせ情緒的に貧しくなり、自分自身に対して共感的になれず、人間的な豊かな情緒体験ができなくなるかもしれません（Kohut, 1984, p.121）。

共感的カウンセリングにおいて、カウンセラーは来談者が感じている感情を、あたかも自分のことのように想像し、感じようとします。しかし、来談者の憎悪、悲しみ、絶望感、罪悪感などを、来談者と同じぐらい強く感じて不安定になったり、来談者の強烈な感情に飲み込まれたりするわけではないのです。カウンセラーが来談者の感情に飲み込まれてしまわないことの大切さについて、ロジャースは次のように述べています。

私も相手のことをすごく感じますが、クライエントと同一視しているわけではありません。安定した気持ちなのです。私は、セラピストはクライエントの問題を取り込まないで、安定した気持ちでいることが重要だと考えています。

それを一人称を使って記述しておきましょう。私は自分が誰なのかをわかっている。だから、私は目の前にいる他者の世界に、自分を入り込ませていくことができる（それがどんなに恐怖を感じるような、狂ったような、奇妙な世界だったとしても）。なぜなら、自分の世界へ、自分自身へ、戻ってこられると知っているからである。自分自身が安定していないと、他者の世界にからめ取られて、誰が誰だかわからなくなる。それはとても苦しい状況である。

（Rogers & Russell, 2002, p.270）

2 来談者と一緒になって怒ることが共感ではない

共感とは、カウンセラー自身が怒ったり悲しみに沈んだりすることでもありません。カウンセラーが来談者と同じように怒ったり悲しみに沈んだりしたのでは、赤ちゃんの恐怖でパニックになるお母さんが、赤ちゃんを情緒的に支えることができないのと同じように、来談者の援助になりません。

たとえば、子どもが担任の先生から理不尽に叱られて腹を立て、そのことを母親に話したとします。そのとき、もしその母親が担任に対して子どもと同じように腹を立てるとすれば、それはカウンセリングにおいて大切な共感ではありません。カウンセリングで言う共感とは、その子どもの怒りを、あたかもその子であるように想像して感じ、「きっとこんな気持ちなのかな」と理解することです。

私の来談者は、以前受けていたあるカウンセラーとのカウンセリングを途中でやめたのですが、その理由について、次のように教えてくれたことがあります。

「以前のカウンセリングでは、父について取り組んでいました。でもそのカウンセラーに、本当の根っこのところがわかってもらえていないように感じていました。そのカウンセラーは父について、『能力がない人間です』『あなたの能力に嫉妬したんです』『トンビがタカを生むとこういうことが起きます』というようなことを言い、私はとても悲しくなりました。私は父にすごく怒りがあったのですが、カウンセラーにそう言われたとき、父はそんな人間ではない！　と思いました。私が古宮先生とのカウンセリングで、初めのころ父のことを話さなかったのは、もしかしたら心の中の父を守ろうとしたからかもしれません」

この来談者が語ったカウンセラーはおそらく、来談者の父親について怒りや軽蔑心を感じたのでしょう。カウンセラーがカウンセリング中にそのような感情を抱くのは、カウンセラー自身の未解決の問題によるものです。そのカウンセラー自身の、親に対する怒りと軽蔑心が湧き上がってきたのでしょう。それは、来談者のことを来談者の身になって理解する共感ではありません。ですから来談者は、そのカウンセラーに「本当の根っこのところがわかってもらえていないように」感じたのでしょう。

また、そのカウンセラーは、来談者の意見に賛成して父親のことを悪く言うことが共感を伝えることだ、という誤解もしていたのでしょう。来談者が父親への怒りを語るとき、その来談者に賛成して「あなたのお父さんは悪い人です」というような意味のことを伝えるのは、来談者の父親のことをカウンセラーの基準によって判断したものであり、来談者の身になって理解する共感ではありません。来談者が自分の肉親についての怒りや不満を語るとき、カウンセラーにとって大切なことは、肉親についての来談者の怒りや傷つきを理解することです。また、来談者には、肉親についてカウンセラーから悪く思われたくない、という思いもあるものです。その思いを理解することも、共感の一部です。

3　共感と観察の両方が必要

カウンセラーは、来談者の感情にどっぷり浸かりながらも飲み込まれてしまうのではなく、感情に浸かっている自分自身の心と来談者を、客観的に観察することが大切です。精神分析家のグリーンソンは、共感するための情緒的移入の能力と、自分自身を切り離して冷静に距離を取る能力の両方が必要であり、来談者への温かな関心と同情を持ちながらも、必要なときには冷静に距離を置く観察者の視点に、速やかに移行する能力が必要だと述べています（Greenson, 1967, p.393）。カウンセラーは、来談者の経験をなるべく来談者の身になって想像して傾聴する役割と、そうしている自分自身の反応と来談者を観察する役割を、行き来するのです（Greenson, 1960, pp.420–421）。

自分の反応は何を意味しているのか

カウンセラーはカウンセリング中に、以下のように自分自身の反応にその場で気づいて、その意味を吟味することがとても大切です。


「私はイライラを感じている。何が起きているんだろう？」

「来談者のことがかわいそうに思えて、救いたくなっている。自分のなかで何が起きているんだろう？」

「来談者にカウンセリングについて、理屈で説明をしたくなっている。自分の何が刺激されているんだろう？　来談者が自分のことを話そうとしないから、イライラしているのかな？」

自分自身の心に起きていることをその場で十分に吟味することなく、来談者を批判するような発言をしたり、来談者を救おうとしたり、来談者にすぐに説明したりするのではなく、自分自身のその反応を観察し、その反応を生かして、来談者のことをより共感的に理解することが大切です。

たとえば、来談者が自分のことを積極的に話そうとしないことにイライラを感じたとき、「カウンセリングでは自分のことを話すことが大切です」と指示や説教をするのではなく、来談者が自分のことを話そうとしないのはなぜなのかを、なるべく来談者の身になって理解しようとすることが大切です。同様に、来談者のことがかわいそうになって救いたくなっているときに、すぐに「大丈夫ですよ。あなたは人から好かれる人だと思います」と伝えたり、セッション時間を延長したり、有料のカウンセリングを無料で提供したりするのではなく、来談者に対して自分のなかに保護的な気持ちが湧いて救いたくなっている、という事実に気がつくとともに、その思いがなぜ湧いているのか、その思いが湧いていることから何がわかるのかを、即座に吟味することが大切です。

そんな気持ちが湧いているのは、カウンセラー自身が、過去に誰かを救うことができなかった罪悪感によるものかもしれません。また、来談者は、「私は力のない人間だからあなたが私を助けるべきだ」という無言のメッセージを周囲の人々に伝える人間関係のパターンを持っており、そのパターンにカウンセラーが反応しているのかもしれません。もしそうだとすると、その来談者は「自分に自信が持てない」「自分のことが好きになれない」という悩みでカウンセリングを求めて来たのですが、「私は自信のない人間だ」という自己概念を無意識のうちに利用して、人の愛情や関心や保護を得ているのかもしれない、という仮説が成り立ちます。さらには、その来談者は「人は弱い私の世話をすべきだ」という無意識の信念があるため、他人がそうしてくれないとき、そのたびに傷ついたり、怒って人間関係を壊したりして、孤独に苦しんでいるのかもしれません。

4 来談者の矛盾する感情や思考に共感する

来談者は、互いに矛盾する気持ちを持っているものです（Schafer, 1959, p.351）。その例の一つが、来談者は自己実現を求める衝動（「変わりたい」という衝動）と、「変わりたくない」と求める衝動の両方を、同時に持っているということです。来談者は「心の苦しみをなくしたい（軽減したい）」と願ってカウンセリングに来るのですが、苦しみの原因を解決するために必要な、「自分の心にあるものを直視し感じること」は怖すぎてできない、という思いもあります。

そのことに関して、カウンセラーが「あの来談者は良くなりたくないんだ」と話すのを聞くことがあります。その発言をするカウンセラーには、共感も無条件の受容も欠如しています。「良くなりたい」か「良くなりたくないか」の二者択一ではなく、すべての来談者が（そしてそのカウンセラー自身も）、「良くなりたい」という思いと、「でも、良くなるために必要な探求をすることと直面するのは怖すぎる」という思いの、両方を持っているものです。

共感的カウンセリングにおいて、来談者が変化に抵抗するように見えるとき、カウンセラーは彼・彼女のその怖れをなるべく自分のことのように想像して感じ、怖れている彼・彼女をありのままで受け容れることができればできるほど、来談者の心の支えになります。

5 共感できなかったカウンセラー

私は以前、大学の学生相談室で働くカウンセラーが一部の来談者について、「就職の悩みなので、大学の就職課に行って就職の情報を得たり、履歴書の書き方などを教えてもらうようにアドバイスしたんです。ところが、なかなか行かないんですよね。なぜそのとおりにしないんでしょうね」と嘆くのを聞いたことがあります。このカウンセラーには、来談者の真のニーズが見えていないし、本当の解決に必要なことが見えていなかった、と言えるでしょう。

そのカウンセラーが「大学の就職課に行ってくださいね」とアドバイスした大学生は、非常に強い対人恐怖の苦しみを抱えているため、就職課に行くことが怖すぎてできなかったのかもしれません。その状態のままだと、面接を含めた就職活動をすることはあまりに恐ろしすぎて、できないでしょう。

あるいは、カウンセラーに話した悩みごとの奥に、「自分自身の本当の感情や欲求を抑圧して生きて来ざるを得なかったから、自分の感情も欲求もわからないし、職業選択どころか、自分が何をしたいのかがわからないし、生きている意味も充実感もない」、という深く重篤な苦しみを抱えていたかもしれません。その状態のまま就職課に行っても、彼・彼女は適切な情報を得て、就職活動を成功させ、充実して生きることはできません。

来談者が就職課に行かなかったのは、カウンセラーのアドバイスが的外れだったからです。就職課で就職情報を得たり、履歴書の書き方を教わったりしても、問題は解決しないのです。その事実が、嘆くカウンセラーには見えていませんでした。

6 共感は複数のチャンネルで伝わる

共感的カウンセリングにおいて最も大切なことは、カウンセラーが来談者の考えや気持ち、また来談者にとっての悩みや苦しみがどういうものであるかを、なるべく来談者の身になってありありと想像することです。それが共感的理解につながります。そのうえで、カウンセラーは来談者が感じており、伝えようとしている大切なことを想像しながら理解し、その理解を言葉で返します。言葉で返すことを通して、来談者に共感が伝わります。

しかし、カウンセラーの共感は、カウンセラーの言葉以外の要素である声の質や表情を通しても、来談者に伝わります。さらには、カウンセラーと来談者の氣（エネルギー）を通しても、カウンセラーの共感が伝わると私は感じています。

たとえば、来談者が、「チームリーダーがいちいち指摘してくるのでイライラするんです」と語ったとしましょう。非共感的なカウンセラーは、それをただ言葉のレベルで理解して、〈チームリーダーがあなたのすることに細かく批判するから腹が立つんですね〉と返すとします。それに対して共感的なカウンセラーは、来談者の心にチームリーダーからの高い評価や好意を求める愛情欲求があること、そして愛情欲求の底に寂しさがあることを理解し、その理解に基づいて、愛情欲求が満たされなくて苦しんでいる来談者の苦悩を、なるべく自分のことのように想像しながら同じ言葉を返すとします。

両者は同じ言葉を返していますが、非共感的なカウンセラーではカウンセリング過程はあまり進まず、共感的なカウンセラーでは、来談者は深いレベルで「わかってもらえている」ということがより実感され、来談者の語りはより深まるでしょう。

このように、カウンセラーのあり方は、言葉以外のチャンネルも通して来談者に影響を与えます。

7 共感的カウンセラーの身体

カウンセラーは共感的な態度を保持するとともに、落ち着いてリラックスして安定していることが大切です。ある研究論文では、物事について「あれが悪い、これが悪い」と否定しないでそのまま受け容れる傾向が高く、また、あれこれ考えず心が静かで「いま・ここ」にいる「マインドフル」な状態の多いカウンセラーのカウンセリングを受けている来談者ほど、人間関係がより改善していました（Ryan et al. 2012）。さらに、カウンセラーがセッション前に五分間の瞑想をしたら、来談者のセッション満足度が高まったことを発見した研究論文もあります（Dunn et al. 2013）[*1]。

私はセッション開始時に、両手を重ねて下腹（丹田）に置き、口から細く長く「ふー」と息を吐きます。リラックスして落ち着くためです。読者の皆さまにもお勧めします。

＊1　二十五名の初心カウンセラーが、カウンセリング・セッションの前に、セッション直前五分間の過ごし方について、「五分間の瞑想をする」または「通常どおりに過ごす」のいずれかが入ったくじを引き、引き当てたくじのとおりに過ごしてから、カウンセリングを行いました。その実験を、カウンセラーたちが勤務する機関において数週間にわたって続け、「五分間の瞑想をする」条件では延べ六十八回のセッション、「通常どおりに過ごす」条件では延べ六十四回のセッションが行われました。なお、来談者たちには、セッション前にカウンセラーが瞑想したかどうかは知らされませんでした。そしてカウンセリング後に、来談者にセッションの効果を評定してもらったところ、セッション前にカウンセラーが瞑想したときのセッションのほうが、来談者たちはより効果的だと評定していました。

8 共感するとつらくなる？

来談者の苦しみに共感したために、カウンセラーがつらくなったり、しんどくなったりする、そんな経験をしたことがあるかもしれません。私たちは交流する人々から影響を受けますので、苦しむ来談者と一緒にいると、エネルギーを消耗したり、心身に暗い氣を受けたりするものです。ですから、カウンセラーはきちんと自分自身のケアをする必要があります。そのためにできることとして、ゆっくりお風呂に入る、適度な運動をする、瞑想する、親しい人と楽しい時間を過ごす、などがあるでしょう。また、自分自身がカウンセリングを受けることは、自己ケアにも効果的です。

しかし、来談者と一緒にいて自分がつらくなったり、しんどくなったりするのは、共感したから、もしくは共感しすぎたからではありません。それは、カウンセラー自身の未解決の苦しみが刺激されたからです。自分自身の未解決の苦しみが刺激されてつらくなるということについて、例を挙げて説明します。

私が学生のとき、ある事例研究会に参加しました。そこで検討された事例は、女性来談者が彼女の母親とのつらい関係について語ったものでした。その研究会はとても興味深く、私にとって充実した研究会になりました。ところが帰宅中の電車で、心身ともにどっと疲れが押し寄せてきました。無事に帰宅することはできましたが、疲労感が異常に強かったことを覚えています。私のその反応は、自分自身の母親に対する未解決の感情のためだったでしょう。当時の私はまだカウンセラーではありませんでしたが、もし仮にあのときの私が、カウンセラーとしてあの事例の来談者のカウンセリングをしたら、非常に苦しくなっていたでしょう。

このように、来談者の苦しみに共通する問題が未解決だと、カウンセラー自身の心の痛みが刺激されて苦しくなります。カウンセラーは来談者に共感するから苦しいわけではなく、カウンセラー自身の心の痛みに触れているから苦しいのです。

同様に、ある来談者が親への怒りを語っているとします。カウンセラー自身の心に、自分の親に対する怒りやうらみがあるほど、来談者の話を聴いているうちに来談者のことが、「悪い親に傷つけられた哀れでかわいそうな犠牲者」に思えてくるかもしれません。それは、カウンセラーが自分自身のことを犠牲者だと見なしているからです。同時に、カウンセラーは来談者の親に対して、「ひどい親だ！」と怒りや軽蔑心を感じるかもしれません。

また、カウンセラーが来談者の子どもに同一化して、来談者を敵視してしまうことがあります。たとえば、女性来談者が子どもに対する怒りを語っているとします。カウンセラーはそれを聴いていると、その来談者の身になって理解することができず、「この人は子どもに対して怒っているけど、この人のほうが悪い母親だ！子どもがかわいそうだ」と、来談者に腹が立ってくるかもしれません。

もうひとつ、たいへん多い例を挙げます。カウンセラーの心の深いところに、「人から必要とされたり、人から感謝されたり、成果を上げたりしなければ、自分は価値がない人間だ」という信念があれば、自分のカウンセリングがうまくいっているかどうか、上手にカウンセリングができているかどうか、ということがたいへん気になります。その状態では、来談者の身になって共感するゆとりは持てませんから、カウンセリングはうまくいきません。

これらはすべて、カウンセラー自身の未解決の心の葛藤によって、カウンセラーが苦しくなる例です。

9 理論は共感のためにある

来談者の苦しみを深く正確に、かつ共感的に理解するには、理論が必要です。理論があるからこそ、来談者の心に何が起きているかがわかるし、深く細やかな共感ができます。私にとって理論は、来談者を共感的に理解するためにあるのです。カウンセラーが理論の助けによって、来談者の苦しみをより細やかに、より深く、よりありありと想像し理解するほど、その理解は来談者に伝わります。すると、来談者はそれまでは直面することのできなかった深い感情や思いが感じられるようになり、それをもっと語りたくなります。それが、心の自己治癒力による動きです。

また、共感と切り離せないカウンセラーの重要な態度として、「無条件の受容」があります。理論は、受容のためにも必要です。そして、プロカウンセラーレベルの共感と受容をするために必要な理論として、私は精神分析理論を用いています。なかでも、「防衛」「抵抗」「転移」という概念は、来談者のことをなるべく来談者の身になって理解し、そのままの来談者を受け容れるために、私にとって特に有益です。

そこで、次の章で「無条件の受容」について詳しく学び、そのあと、防衛、抵抗、転移について学んでいきましょう。

第5章 無条件の受容

私たち誰もが持つ、とても強い情緒的ニーズ。それは、そのままの自分のことをわかってほしい、受け容れてほしい、大切にしてほしい、ということです。その人間関係を提供するのが、共感的カウンセリングです。ですから、共感的カウンセリングにおいては、そのままの来談者を受け容れる「無条件の受容」は、非常に重要で欠かせないものです。それは、来談者が何を言おうが、何を考えようが、何を感じようが、何を行おうが、カウンセラーはそのままの来談者を受容し、大切に感じている、ということです。

1 受容と共感はセットで存在する

無条件の受容は、前章で学んだ共感とセットで存在し、どちらか一方だけが存在するということはあり得ません。そのことについて説明します。

人はしばしば、他人から見ると「ヘンだ」とか、「おかしい」「ダメだ」「良くない」と思われることを、考えたり、感じたり、行ったりするものです。しかし、来談者の思いや行動について「ヘンだ」とか「良くない」と見なすとき、私たちはその人のことを、その人の身になって理解しているのではなく、その人について何か大切なことがわかっていません。

来談者のことを来談者の身になって共感的に理解するとき、ヘンに見える考えや行動も、本人にとってはとても納得できるものであることがわかります。ですから、それを変えようという思いはカウンセラーには生まれません。来談者の考え方、感情、行動などについて、おかしいと思ったり、それを変えたいという思いをカウンセラーが持ったりするのは、来談者の何か重要なことについて共感的理解が不十分なときです。そのようなとき、そのままの来談者のことを受容することができず、変えたくなります。

言葉を換えて言えば、共感的に理解しているが受容できないということは、あり得ないのです。また、来談者を理解したうえで受容することに意味があり、理解していない人を受け容れるということも、意味をなしません。共感的カウンセラーが目指すのは、来談者を深く共感的に理解し、理解した来談者をそのまま大切に思う（受容する）、ということです。

2　無条件に受容しようという意図について

来談者のことを来談者の身になって共感的に理解するとともに、来談者を無条件に受容しようというカウンセラーの意図について、それはどういうことなのか、より詳しく見ていくことにしましょう。私は来談者を、次のような人間関係の場にお迎えすることができれば理想だと思っています。

それは言葉では表せない感情である。しかし、もし言葉で稚拙に表現しようとすれば、次のような感情をすべて同時に感じている、と言えるだろう。

温かく抱擁されている、深く慰められている、愛情をもっていたわられている、深く大切に思われている、純粋に宝物のように扱われている、そっと優しく育まれている、深く理解されている、完全に赦されている、すべてが許されている、待ち望まれている、喜んで歓迎されている、完全に価値があると見なされている、うれしく祝福されている、完全に守られている、今すぐ完全な状態にされている、そして、無条件に愛されている。

（Walsch, 2006b, p.227）

ここで大切なことがあります。それは、来談者を無条件に受け容れ尊重するということは、来談者がカウンセラーのことをどう感じようが、その感じ方を無条件に受け容れて尊重する、ということです。ですから、来談者がカウンセラーについて、「冷たい」「カウンセラーとして無能だ」「厳しい」などと感じても、私がそのことで動揺したり焦ったりすることなく、それを許し認めることができるほど、私のあり方は来談者にとって支えになる、ということです。

また、右でお伝えした、来談者が「温かく抱擁されている、深く慰められている、愛情をもっていたわられている、深く大切に思われている……」と感じられるような関係の場にお迎えしようというのは、私の思いであって、来談者に実際にそう感じてもらおうとすれば、それは私のニーズです。来談者がどう感じるかをコントロールしようとするあり方は非受容的なのです。

傾聴された男性に起きた心の動き

傾聴の研修会で、参加者の和男さん（仮名）が話をして、私が傾聴のデモンストレーションをしたときのことです。五分ほどの短いものでした。

和男さんは傾聴デモンストレーションのあと、このように感想を話しました。「(古宮先生は)『がんばっていますね』という言葉は使わなかったけど、そうおっしゃっていただいたので、今の自分でいいんだ、と感じられました。『まだ自分という花を咲かせることはできていないけど、その時期も大事なんだよ』みたいに言っていただいたので、今のこの時期も貴重なんだな、と感じます」。

しかし、私はその傾聴デモンストレーションにおいて、「がんばっていますね」と良い評価をするような言葉も、「花を咲かせてない今の時期も大事なんだよ」というように保証したり、教えたりするような言葉も言いませんでした。和男さんもそれはわかっていましたが、今の自分がそのまま受け容れられ、「自分は自分のままで価値がある」というように、自分自身を肯定する気持ちが芽生えたそうです。

3 真の自己肯定感とは

和男さんが感じたものが、本当の自己肯定感だと思います。本音を語っても、それを聴き手から正そうとはされないし、変えようともされないし、救おうともされず、ただ共感的に理解され、そのままの自分を受け容れられる経験。それを続けることで、来談者が自分自身を肯定する、そういう心の動きが起きるのです。その心の動きは、「あなたは花じゃなくてもいいのですよ。自分に自信を持ってください」と言われたから自信を持とうとすることとは、本人にとってかなり違って感じられるものです。

自己肯定感が低い人はたくさんいます。多くの人が、自分自身のことをなかなか受け容れられないし、自分のことが愛せない、そういう悩みを持っています。そのためよく、「自分自身を批判しないで自分の長所を探しましょう」というようなアドバイスがなされます。しかし、そのやり方では、本当には自己肯定感は上がらないと思います。自分自身の長所を見つけることによって感じられる自己肯定感は、一時的ないつわりのもので、それによって自分を好きになろうとすると、自己肯定感のアップダウンに翻弄され続けることになります。同様に、来談者をほめることによって自己肯定感を高めようとすることも、自己肯定感のアップダウンを作り出しかねないのではないかと思います。

共感的カウンセラーが来談者の身になって理解し、受容し、それが来談者に伝わるほど、時間がかかることはあっても、来談者の心に変化が起きます。その変化によって生まれるのが、本当の自己肯定感のように思います。

4 変化には否定が含まれている

第3章「人間の心の成り立ち」で学んだように、私たちには「成長したい、変化したい」と求める強い衝動があります。しかし、変化したいという欲求は、今の自分自身に対するかすかな否定を含んでいます。そして、誰かを助けようとすることには、援助される人にとって、今の自分に対するかすかな否定の行為である、という側面もあります。

それゆえ、私たちが誰かを助けようとするとき、相手に対して、「あなたは間違っている」とか、「あなたはヘンだ」というメッセージを伝えてしまうことがあります（ハコミネットワークジャパン 2009）。たとえば、素人の悩み相談の場面で、「君は考えすぎだよ」「あなたの考え方はおかしいよ」「物事をそんなに悪く受け取るもんじゃないよ」などと、相談された人が言うのは珍しいことではないでしょう。それらは、悩みを相談した人にとっては傷つくアドバイスです。そのように、性急に解決法を提示しようとすると、相手を傷つける結果になりかねません。共感的カウンセラーはそのことを理解することが大切です。

5 来談者を変えたくなるとき

カウンセラーが来談者を変えようとして、アドバイスをしたり、教えたり、来談者の行動や考え方を変えようとして質問したりするとき（「お子さんが怒るのも、もっともだと思いませんか？」など）、来談者への共感的理解も無条件の受容も不十分です。なぜなら、カウンセラーがアドバイスしようとするのは、「こんな考え方や、感じ方や、行動をする来談者はいけない。もっと違うように考えたり行動したりしないといけない」と見なしているからです。つまり、現在の来談者のあり方を、そのまま無条件に受け容れてはいないのです。具体的には、次のようにカウンセラーが考えているときがそうです。


「この来談者に、ありのままの自分を受け容れるようになってもらおう」

「この子は、いじめられるから学校に行きたくないと言う。いじめっ子がいるからという理由で学校に行かない選択は短絡的だし、この子のためにならない。もっと他の選択肢に気づいてもらおう」

「何とかしてこの来談者の抑うつ気分を軽減しなければ」

「来談者に私を信頼してもらい、心を開いてもらおう」

「この来談者はこれからもカウンセリングに来てくれるだろうか。中断するとまずい」


来談者を無条件に受容するということは、来談者が自分自身のことを好きであろうが嫌いであろうが、学校に行こうが行くまいが、うつ病であろうがなかろうが、カウンセラーを信頼して心を開こうが開かまいが、カウンセリングを継続しようが中断しようが、その来談者を受け容れる思いに変化はなく、そのまま同じだけ受容するということです。これについては、次のような反論があり得るでしょう。

「来談者は自分のことを好きになりたい（うつの苦しみから回復したい、学校に行けるようになりたい、など）、と願ってカウンセリングに来ているんだから、自分を好きになれるよう（うつの苦しみが減るよう、学校に行けるよう、など）援助することがカウンセラーの役割だ」

「カウンセラーを信頼してもらい、心を開いてもらわないと、援助できない」

「カウンセリングにしばらく通うことが必要だ。だから通ってもらおうとするのは当然のことだ」

これらの反論はもっともです。来談者の援助のために、カウンセリングをするのですから。

変えようとすると、変化をさまたげる

しかし、私の共感的カウンセリングの実践と指導の経験では、来談者を変えようという意図をカウンセラーが持つと、援助のさまたげになります。カウンセラーがそういう意図を持つとき、来談者の「自分を受け容れることが大切だとはわかっているし、自分を好きになりたいのになれない」苦しみも、「いじめられるからといって学校を休んだりはしたくないけど、どうしても行けない」苦しみも、「カウンセラーのことが信頼できない」「カウンセリングをやめたい」という思いも、来談者の身になって理解することができないからです。

このことに関して、ロジャースは次のように述べています。

私たちの臨床経験と研究から、次のことが明らかになったように思えます。それは、カウンセラーが、来談者をありのままに見て、受け容れ、一切の評価をせず、来談者の感じ方、考え方、見方の世界に入るとき、来談者は自由になるということです。そして、来談者は自分自身の人生と経験を新しく探求していき、経験のなかに新しい意味と、新しい目標を見出していきます。

しかし、セラピストは来談者に、結果について一〇〇％の自由を許すことができるでしょうか。来談者に、彼・彼女自身の人生をつくり、歩んでいってほしいと、セラピストは心から純粋に思っているでしょうか。来談者に、社会的な目標であれ反社会的なものであれ、倫理的な目標であれ非倫理的なものであれ、自由に選ばせるつもりがあるでしょうか。セラピストにその態度がなければ、来談者にとってセラピーが深遠な経験になるかどうかは疑わしいでしょう。さらに難しいことは、来談者が次の選択をすることを、心から認められるかということです。成長と成熟よりも退行を選ぶことを、心の健康よりも神経症を選ぶことを、援助を受け容れるのではなく拒否することを、生よりも死を選ぶことを。

来談者が、どんな結果をも、どんな方向性をも自由に選ぶことを、セラピストが一〇〇％認めるときにのみ、来談者の建設的な行動をする能力と可能性の強さを見ることになる、と私には思えます。死という選択を認めるとき、生が選択されます。神経症の選択を認めるとき、健康な正常性が選択されます。セラピストが、来談者中心療法の核となる仮説に完全にのっとって行動するほど、仮説の正しさについて、より確固たる証拠が得られるのです。

(Rogers, 1951, pp.48–49)

6 共感的カウンセリングでは来談者に何をするのか

来談者の苦しみが減ったり解決したりしなければ、プロカウンセリングの意味はありません。ところが、私はここまで、共感的カウンセラーは来談者の苦しみを減らそうとしないことが大切だ、とお伝えしています。では、苦しみを減らそうとしないのであれば、カウンセラーは何をすればいいのでしょうか。

その答えは、来談者の思いをなるべく来談者の身になって理解する、ということです。たとえば、「自分のことが好きになれない」という苦しみを語る来談者に対しては、自分を好きになってもらおうとするのではなく、その人の苦しみを、なるべくその人の身になって、共感的に理解しようとします。「いじめられるから学校に行きたくない」と語る来談者に対しては、いじめられる苦しみを減らそうとか、何とか学校に行けるようにしようとするのではなく、いじめられる苦しみをなるべく来談者の身になって共感的に理解しようとします。

同じように、カウンセラーに対して心が開けない来談者の援助をするときには、心を開くことの怖れを克服してもらおうとか、乗り越えてもらおうとはしません。ですから、「怖がらなくていいですよ。どうぞ気楽に話してください」とは言いません。それよりも、来談者がいかに私のことが怖いかということを、なるべくその人の身になって理解しようとします。そして言葉にするときには「ご自身のことを話すのが怖い、そういう気持ちなのですね」と応答するかもしれません。大切なことは、来談者の今・ここでの思いを、なるべく来談者の身になって理解しようとすることです。

苦しみを減らそうとしても意味がない

私がこれまでカウンセラーの指導（個人スーパービジョンなど）をしてきた経験では、カウンセラーが来談者の苦しみを減らそうとしてアドバイスをしたときには、来談者には共感も受容も伝わらないため、あまり意味のないことがほとんどです。

たとえば、ある初心カウンセラーは、「自分自身の気持ちが自分でもわからない」と語る来談者に対し、「どんな感情でも自分自身で受け容れ、よく感じてあげてください」とアドバイスしました。そのカウンセラーは自分自身でもカウンセリングを受け始めていましたので、私はこう尋ねました。「もし、あなたのカウンセラーが『感情をよく感じてください』とアドバイスをしたら、あなたにとって意味がありますか」。そのカウンセラーは笑い出して、「いいえ、そんなのは気休めにしか感じられません」と答えました。カウンセラーは「正しいことを伝えている」と思っても、肝心の来談者にはそのようなアドバイスは役に立ちません。かえって、自分の感情を感じたくても感じられない苦しみの深さを理解されていないことが伝わり、心を閉ざしたくなるでしょう。

7 アドバイスをしてはいけないというルールがある？

ここまでお伝えしていることは歪んで理解されることが多いので、注釈をします。

共感的カウンセリングにおいて、「アドバイスをしてはいけない」「答えを教えてはいけない」というルールがあるかのような教え方や学び方をする人がよくいます。「来談者自身が答えを見つけることがカウンセリングだから」ということです。

しかし、私はそのような教え方、学び方は好きではありません。共感的カウンセリングの本質を外しているからです。「アドバイスをしてはいけない」とか「答えを教えてはいけない」というルールがある、と考えると不自由になります。しかし私は、アドバイスをしたり、答えを教えたりすることが来談者に役立つなら、どんどんアドバイスをしたり教えたりするべきだと思います。

そうは言っても、私自身は、来談者にアドバイスをしたり教えたりすることはほとんどありません。日本で開業カウンセリングを行って十五年ほどになりますが、その間、来談者にアドバイスをしたことが数回あります。そのすべてが当時の私の援助能力を超えた来談者で、いずれもアドバイスをしたセッションを最後に中断しました。ともかく、私はあまり援助できなかった事例を除けば、アドバイスをすることは皆無です。そのやり方だけが絶対に正しいと主張するつもりはありませんが、私のこれまでの実践ではそうです。

しかしそれは、アドバイスをしてはいけないというルールが先にあるからではなく、来談者のことを共感的に理解すると、アドバイスをしたり教えたりしたのでは問題は解決も軽減もしないことがわかるから、そうしようという思いさえ起きないからです。だから結果としてアドバイスをしていないのです。

8　来談者の心にどんな変化が起きるか

人間には誰にも、「自分のことをわかって受け容れてほしい」「愛してほしい」という強烈な衝動と、「自分を表現したい」という衝動があります。それらが共感的なカウンセリング関係のなかで満たされるほど、来談者は、「傷つきたくない、変わるのは怖すぎるから変わりたくない」という衝動にしがみつかずにおられなかった当初の状態が、徐々に緩んでいきます。そして、それにつれて、自己実現を求める衝動・心の自己治癒力がだんだんよみがえります。すると、徐々に次のような変化が起きてきます。

①痛みや傷つきを癒やし、苦しみの原因を根本から解決してもっと良い人生にしよう、という動きが起きてきます。やる気が湧いてきます。

②現実をより客観的に見るゆとりができます。

③考え方がより柔軟になります。物事について、「白か黒か」という見方から、「白も黒も両方あるなあ」という見方、感じ方になります。同様に、「絶対にこれしかない、こうでないとダメだ」という見方、感じ方から、「こういうやり方、見方もあるな、できるな」という見方、感じ方になっていきます。

④自分の純粋な感覚が信頼できず、他人に頼るあり方から、自分の正直な気持ち・感覚をより信頼するようになります。

⑤自分のことが好きだと思えないあり方から、自分をそのままで、より好きで大切だと感じ、自分のことをより受け容れられるようになります。

⑥他人から悪く思われる不安が減り、より自由でラクになります。

⑦心の痛み、苦しみ、怒り、憎しみ、寂しさから他人に反応することが減り、穏やかさ、寛容さ、共感的理解から他人に反応することが増えるので、人間関係がより調和した豊かなものになります。

実証的研究によってわかっていること

客観的な根拠に基づいて仮説を科学的に検証する研究を実証的研究と呼びます。心理学において、カウンセリングの何が効果を発揮するのかを明らかにするために実証的研究が多く行われています。それらの研究により、カウンセリングの効果を左右するとても大きな要因は、特定のテクニックよりも来談者とカウンセラーの関係性の質であり、より具体的にはカウンセラーの共感と純粋さ、治療同盟[*2]、そして本章で学んでいる来談者へ無条件の受容であることが、繰り返し明らかになっています（Miller et al., 1997；Wampold, 2015）。

9 共感と無条件の受容はすぐには伝わらない

共感と無条件の尊重はいつもセットで存在し、共感的カウンセリングはそれが基盤になって、来談者の癒やし、成長、変容をうながす貴重なサポートになります。そして、カウンセラーが来談者のことを共感的に理解し、無条件で大切に受容することができ、そのことを来談者が感じられるほど、来談者にとっては、カウンセラーとの関係が安全なものになります。

しかし、共感的カウンセリングの実践において、カウンセラーが深く細やかに正確に共感し、高い程度に受容していても、そのことが来談者にすぐに伝わって、カウンセリングの癒やし、成長、変容の過程が、容易かつスピーディーに進むとは限りません。その理由は、私たちの心には誰にも防衛と抵抗という働きがあり、なかでも抵抗の重要な源として、転移という現象があるからです。それらの働きを理解することが、共感的カウンセリングに欠かせないと私は思います。

そこで次章から、防衛と抵抗、そして転移について詳しく学びます。

＊2　治療同盟とは、来談者とカウンセラーの間に信頼関係（ラポール）があり、かつ、カウンセリングの目的と方法について合意して、一緒に取り組む協力関係を指します。

第6章 防衛と抵抗

1 防衛とは

私たちは、自分の心にある感情や考えに、いつもすべて素直に気がついたり、それらを感じたりするわけではありません。自分自身では受け容れがたい感情や考えなどについては、自分でも知らないうちに抑えつけ、自分ではそんなことを感じたり考えたりはしていないと思っています。それが、感情や考えを無意識の領域へと抑圧するということです。その働きを防衛と呼びます。

防衛の例

私たちは、「自分が本当に感じたり考えたりしていることや、自分が行った行動」と、「自分が感じたり考えたりしていると思っていることや、自分が行ったと思っていること」との間に、不一致があります。そして、防衛の強い人ほどその不一致が大きいものです。

たとえば親との関係において、程度の差はあれ、誰もが傷つきや、怒り、悲しみなどを経験して育ちます。また、それらの未解決の問題（未解決の苦しみ）によって、現実の生活にさまざまな苦しみが生まれているものです。ところが、その程度が大きいにもかかわらず、「私は親に愛されて育ったので問題はありません」「親に感謝しています」「親との関係については解決しました」と信じている人は多くいます。また、誰かに対して腹が立っているのに、自分ではそのことがわからなかったり、怒りではなく罪悪感を感じたりする人も、とても多いものです。

不一致な親の例

防衛によって引き起こされる、「自分が感じたり考えたりしている」ことと「自分が感じたり考えたりしているつもりのこと」との間の不一致について、別の例で検討します。

たとえば、子どものころに親から「勉強にまじめに取り組み、成績の良い子だったら認めるけど、そうでなければ認めない」というメッセージを強く受け取った人が、大人になって子どもができたとします。その人は、自分の子どもが勉強にまじめに取り組まないとき、イライラして子どもを叱るかもしれません。そのときその人は、「子どものためにしつけをしている」と信じています。確かに、その人の心に子どものためを思う気持ちはあるでしょう。しかし、それだけではなく、自分自身が親から受けた攻撃を、自分の子どもに対して行っているという面もあるものです。

ですが、子どもを叱っている本人は、勉強にまじめに取り組んで良い成績を取らなければ親から認めてもらえなかったその悲しみと寂しさは、意識レベルでは感じていません。さらには、自分のことを、努力や成績に関係なく、無条件に認めて受け容れてはくれなかった（と信じている）親に対する怒りも、意識してはいないでしょう。それらの寂しさ、悲しさ、怒りは、無意識領域へと抑圧されているのです。そのとき意識レベルで感じられているのは、子どもに対するイライラや、子どもの将来への不安だけでしょう。

2　ある感情を避けるために、別の感情を利用することがある

私はあるとき、駅のホームで女子高生二人が、だらしない格好をして、慣れないタバコをふかしながら、大きな声でキャッキャと騒ぐ様子を目にしました。彼女たちは一見楽しげな様子なのですが、見ていても、決して楽しそうには感じられませんでした。私には、彼女たちは心にある抑うつ感情、空虚感、劣等感、イライラ、悲しみなど、何らかのつらすぎる感情を感じないようにするために、無理に楽しげに振る舞っているように感じられました。

カウンセリングにおいても、私の来談者でいつもニコニコして元気よく話す女性がいました。しかし、いつも笑顔の彼女と一緒にいても、私は少しも楽しくは感じませんでした。彼女は根底にあるうつ気分を感じないようにするために、いつもにこやかで明るく振る舞っていたのでしょう。そのような防衛を「躁(そう)防衛」と言います。高揚した躁(そう)気分を感じることによって、うつ気分を感じないようにしているのです。先に述べた駅のホームでタバコをふかしながら騒いでいた女子高生たちも、躁防衛の例でしょう。

また、人によっては傷ついたときに、その痛み（悲しみ、寂しさ、弱さ、甘えたい欲求など）を感じるのを避ける目的で、怒りを感じることもしばしばあります。または、怒りを感じたときにそれを押し殺す目的で、自己嫌悪や罪悪感を感じて落ち込む人も、珍しくありません。それも、本当の感情を感じることを避ける目的で、他の感情を感じている例です。

このように、一見楽しげだったり、抑うつだったりするとき、それらの感情は、より根底のもっと苦しい感情を感じないための防衛であることがあります。

来談者の例

私たちは防衛という心の働きによって、受け容れがたい苦しみを感じないよう自分を守ることができるのですが、その一方で、防衛があるからこそ苦しみの原因がわからなくなるため、解決することができません。苦しみの原因に直面することなく、原因とは違うことについて悩むのです。ですから、来談者があれこれ気に病んでいるとき、本当に直面する必要のあることを避け、かわりに別の事柄について悩んでいるものです。自分ではそうとは気がつきませんが。

たとえば、三十代女性の宏美さん（仮名）は、「人目が気になる」「みんながができることを自分はできなかったらどうしようと気になる」と訴えて、カウンセリングに来ました。その不安のために「人間関係がとてもしんどい」と言います。宏美さん自身は気づいていないのですが、彼女は幼いころ、おしっこやうんちを漏らしたり、食卓で飲み物をこぼしたりしたとき、潔癖症傾向の高い母親から強い嫌悪感を向けられました。宏美さんはそのため、「あなたは汚い」というメッセージを感じて育ったのです。

彼女はさらに、両親からしばしば、「つねに何事もきっちりできなければならない。そうでなければあなたを受け容れないし、愛さない」というメッセージも受け取りました。たとえば、宏美さんは子どものころに食事中、食べ物をこぼすとひどく叱られ、嫌悪感を向けられました。また、小学校の図工の宿題で、紙をはさみでまっすぐに切ることができず曲がってしまったとき、お父さんからバカにされました。なお、親自身が宏美さんに対して「つねに何事もきっちりできなければならない。そうでなければあなたを受け容れないし、愛さない」というメッセージを伝えようと意図していたかどうかは、宏美さんのカウンセリングにおいて重要ではありません。重要なことは、宏美さんがそう受け取った、ということです。

宏美さんは、「人目が気になる」「みんなができることを自分はできなかったらどうしようと気になる」という悩みでカウンセリングを求めて来たのですが、彼女が本当に苦しんでいるのは、「私は汚い人間だ」という自己否定と、「すべてをきっちり完璧にできていない自分は価値がない」という自己無価値感です。さらにその底には、親が自分をありのままに愛してくれなかった（と彼女が信じている）ことから来る深い寂しさと、そんな寂しい思いをさせた親への激しい怒りがあります。

つまり、宏美さんの苦しみの底には、過去の経験から生まれた自己否定、自己無価値感、親の愛情が十分に受けられなかった深い寂しさ、親への激しい怒りがあります。しかし、それらの感情を本当に感じることはできません。そのかわりに、「人目が気になる」「みんなができることを自分はできなかったらどうしよう」という表層的なことに、二十年以上もずっと悩んでいるのです。

宏美さんは心理学関連の本を読み、「人目を気にせず自分を信頼しましょう」「自分を許しましょう」という教えを実践しようと、努力してきました。そういう本を読んだときは、心が少しラクになることもありました。しかし、原因を解決しないまま意識の力で努力しても、真の変化は起きず苦しんできたのでした。

カウンセリングによってどう変化するか

宏美さんのように、私たちは自分の悩みの本当の根本はわからず、自分なりのやり方で悩みに対処しようとします。しかし、根本的な原因は、これまでの自分なりのやり方を繰り返したのでは解決しません。では、共感的カウンセリングを通して悩みの根本的な解決に取り組むと、何が起きるでしょうか。

共感的カウンセリングを通して自分自身に向き合う過程が進むにつれ、直面することを避けてきた事柄に、自分のペースで徐々に直面し始めます。安全なカウンセリング関係のなかで、自分の心を見つめて語ることを通して、心の防衛を少しずつ緩めていくのです。それは、心が健康で自由になっていく過程であり、それが起きるのは、自己実現を求める衝動（心の自己治癒力）によるものです。

しかし、防衛されている思考や感情について知的に理解しても、変化は起きません。それどころか、かえって真の癒やしと成長から離れてしまいかねません。心理学の知識をつけたり、自分の問題について頭であれこれ分析したりしても、真の変化は起きないのです。宏美さんの例では、ここでお伝えしているようなことを彼女に教えたり、宏美さんがカウンセリングについて学んで、その知識を自分に当てはめたりしても、「人目が気になる」不安や、「みんなができることを自分はできなかったらどうしよう」という不安は、ラクにはなりません。

しかし、宏美さんが共感的カウンセリングを通して自分の心にじっくり向き合うにつれ、それまで防衛してきた自己否定と自己無価値感の中心にある、寂しさや怒りなどの感情が、カウンセラーとの安全な関係のなかで、少しずつありありと感じられるようになります。宏美さん自身が彼女のペースで徐々にそれらを語り、それらを本当に感じて語る過程を歩むうち、自分への感じ方、人への感じ方に前向きで建設的な変化が徐々に起きてきます。

3 カウンセラー自身の防衛

防衛は、程度の差はあれ、すべての人の心にあります。しかし、カウンセラー自身の防衛が強いほど、人としてさまざまな心理的な重荷、制限、傷つきやすさに苦しむことに加え、カウンセリングにも支障になります。私自身のカウンセラーとしての成長過程と、カウンセラー養成に関わってきた経験から、カウンセリングがうまくできない最も大きな原因は、カウンセラー自身の防衛です。言い換えると、カウンセラー自身の未解決の心の葛藤（心の痛み、傷つき）だと言えます。比較的わかりやすい例だと、自分自身の怒りを恐れているカウンセラーは、来談者が怒りを表現したときに動揺したり、来談者が怒っているという事実を見過ごしたりしてしまうことが、しばしばあります。

また、来談者の話を聴いているときに、カウンセラー自身がしんどくなることも珍しくありません。私のカウンセリングに通っていた隆之さん（仮名）という来談者は、前の女性カウンセラーが彼女自身の母親への怒りを解決できていなかったために、隆之さんの話を落ち着いて共感的に聴くことができなかったそうです。隆之さんは、「あのカウンセリングは私にとって良い経験にはなりませんでした。私は途中で行かなくなったけど、あのまま続けていてもダメだった」と語りました。

カウンセラー自身の未解決の心の痛みのために、来談者に共感することが難しくなる別の例として多いのは、カウンセラー自身が来談者の話を聴いていると怒りや悲しみが湧いてきて、来談者への共感が難しくなることです。たとえば、どんな親も子どもを愛しており、たとえ子どもを虐待したりネグレクトしたりする親でさえ、心の底に子どもへの愛がありますが、カウンセラー自身に親への未解決の怒りや傷つきが強くあるほど、そのことが見えません。そして、来談者が親との関係でどれほど傷ついたかを話すのを聴いていると、来談者の親に対して腹が立って仕方なくなったり、または、来談者のことがとても哀れに思えたりします。怒りも哀れさも、カウンセラー自分自身の痛みを感じているのであり、来談者の痛みを来談者の身になって想像して理解する共感的理解とは、離れたあり方です。

また、カウンセラーが来談者に批判的になり、来談者を責めたり説教したりする、そういう事実を私は複数の来談者から聞いたことがあります。カウンセラーが来談者に対して、共感と無条件の受容ができず、責めたり説教したりする原因は、カウンセラー自身の未解決の心の痛みです。対人援助職を目指すある女性が、トレーニングを通して自分自身の未解決の問題に気がつき、「自分には抑え込んでいるネガティブな感情、わだかまりなどはないと思い込んでいました」と語ってくれたことがあります。彼女が自分には未解決の問題はないと信じていたのは、防衛によるものです。

カウンセラーがカウンセリングを受けるのはとても重要なことですが、日本ではプロカウンセラーの多くが、自分自身は本格的なカウンセリングを受けないのが実情です。このことに関連する大切なことを、第14章「力のつくトレーニング」で詳しくお伝えします。

ここまで、防衛について学んできました。次に、防衛と表裏一体の関係にある「抵抗」について学びます。抵抗は、カウンセリングにおいていつも来談者の心にありますし、抵抗にどう対処するかはカウンセリングの成否を左右する、たいへん重要なものです。

4 抵抗とは何か

共感的カウンセリングでは、対話の内容は来談者に委ねられます。来談者が話そうと思うことを自由に話すのです。このとき来談者は、自分でも知らないうちに防衛して気づかないようにしている感情や考えをカウンセラーに話すことはありません。自分でもそんな感情や考えがあることがわかっていないのですから。

先ほどの「人目が気になる」「みんながてきることを自分はできなかったらどうしよう」と気になる、という悩みでカウンセリングを求めて来た宏美さんの例では、仮に宏美さんの心に防衛の働きがなければ、彼女はカウンセラーに対して、自己否定、自己嫌悪感の本当の核心について語るでしょう。同様に、親から「汚い子だ」と思われて、本当はどれほど怖くて、惨めで、寂しかったか、そして、そんなふうにしか扱ってくれなかった親に対してどれほど怒っているか、その寂しさ、惨めさ、怒りを、いま・ここでひしひしと感じながら語るでしょう。

しかし、実際のカウンセリングにおいては、カウンセリングが深まるまでは宏美さんはそれらの核心について語ることはなく、はじめは「人目が気になる」不安や、「みんなができることを自分はできなかったらどうしょう」という不安について語るでしょう。そして、それらの不安の根底にある記憶、考え、感情が頭に浮かぶことはありませんので、それらをカウンセリングが深まるまでは話すことはありません。つまり、宏美さんは、共感的カウンセリングにおいては何を話してもいいにもかかわらず、彼女にとって本当に重要なことについては、初めのうちは語らないのです。このような、カウンセラーに向けて自由に話すことをさまたげる心の働きを、抵抗と呼びます。

防衛と抵抗はコインの裏表の関係にあります。心にある重要なことを、意識レベルではわからないようにしている心の働きを防衛と呼び、防衛された内容をカウンセラーに話さないのは、抵抗が働いているからです。また、抵抗とは、心にある大切なことを包み隠さず語るという、自由連想をさまたげる心の動きである、とも言えます。それはまた、「過去にうずもれていた重要な体験や感情を思い出し、洞察を得て、変わりたい」という願いをさまたげる力だと言えます（Greenson, 1967, pp.59-60）。

抵抗によってカウンセラーの受容的態度が伝わらない

私たちの最も基本的な葛藤の一つは、心の苦しみを解決し、より自分らしく花開こう、成長しよう、変化しようと求めてやまない「自己実現を求める衝動」と、「変化を怖れ、現状維持を求める衝動」との葛藤だと思います。そして、共感的なカウンセラーが提供しようとするのは、来談者の思いを深く細やかに理解するとともに、その来談者をそのまま受け容れ、尊重する人間関係です。私たちはそんな人間関係にいると心地良く感じ、心の自己治癒力が引き出され、心の痛みや葛藤が解決する方向へと徐々に進みます。

ところが、その変化がたとえ心の痛みや葛藤を解決し、より自由にラクになる方向へのものであっても、私たちの、変化を怖れ現状維持を求める衝動にとっては、脅威なのです。ですから、カウンセリング関係においても、来談者の心には「変わりたくない、深い自分を発見したくない」という抵抗が動きます。援助能力の高い共感的カウンセラーほど、私たちが何を話しても何を感じてもそれを受け止め、共感的に理解するのですが、そのようなカウンセラーに対してでも、私たちはなかなか自由に話すことができないのです。

抵抗はすべてのセッションにおいて、すべての来談者の心に、大なり小なりあります。それを理解しておくことは、共感のために重要です。ときどき、初心カウンセラーが事例について話すとき、「来談者が心を開いて何でも話せるよう、共感と傾聴に努めました」と述べることがあります。そのカウンセラーが共感と傾聴に努めること自体はいいのですが、来談者は決して「何でも話せる」ようになることはありません。程度の差はあれ、心をありのままに感じて話すことについては、不安があるのです。その不安に思いをはせることが、来談者の気持ちを共感的に理解するために重要です。

抵抗は無意識的

抵抗は本人に意識されていることがあります。無理やりカウンセラーのところに連れてこられた人が、「話すものか」と思って黙っているのは抵抗の表れです。また、「こんなことは恥ずかしくて話せない」と思うときも、抵抗が意識化されています。その例は、第9章の雄介くんの事例でお見せします。

しかし、カウンセリングにおいて特に重要な抵抗の源は、無意識の領域にあります。たとえ来談者本人が、「こんなことはカウンセラーからヘンに思われるから話せない」と羞恥心を意識しているときでも、その羞恥心の本当の源は、意識ではわかっていないことが多いものです。そして、カウンセリングが効果を表すのは、その無意識の部分の源にまで変化が起きたときです。

そのことについて、次節から詳しく考えていきます。

5 抵抗の表れ方

私たちが本当に心を開いて自由に話をするとき、話の脈絡は飛び、順序も論理性もあまりありません。自分のことも話すし、他の人のことも話すし、昨日の出来事を話していたかと思えば来週のことを話したり、事実を説明していたかと思えば感情を語ったり、ある事柄について話しては違う事柄へと話題が移る、饒舌(じょうぜつ)に話すときもあれば間が多くなることもある、という具合です。また、何を言いたいのかが聞いていてわかりやすいものです。連想が自由に流れ、自発的に会話をしているときはそういうものです。ですから、その反対の次のような行動はすべて抵抗の表れです。

- 現在のことばかりを話し、過去のつらいことについては語らない。
- 過去のことばかりを話し、現在の苦しみや状況について語らない。
- 自分のことばかりを話し、配偶者のことや親のことなど、重要な他者について語らない。または、語ってもごく短く表面的な話しかしない。

- 他者のことばかりを話し、自分の感情や行動については語らない。
- 自由な連想に沿って語るのではなく、順序良く正しい筋道で話そうとする。ときには、話すことを紙に書いて持参し、それに沿って話す。
- 沈黙がなく話し続ける。
- 沈黙がやたらに多い。
- 出来事を説明するばかりで感情を表現しない。
- 感情が先走るばかりで、何が起きたか、誰が何を言ったかなど、具体的な事実についてわかるように語らない。
- 特定の事柄ばかりにこだわって話し、話題が広がらない。
- 何についても詳しく話さないうちに話題が次々と変わるため、どの事柄についても、詳しくはわからない。

これらはすべて、来談者が何かを避けているサインです。つまり、来談者の心で抵抗が働いているために、本当に重要なことはつらすぎて話せていないときなのです。では、何を避けているのでしょうか。

抵抗が働く目的は、最も簡潔に言うと、感じると苦しすぎて耐えがたい感情を感じないようにするためです。過去のことばかり話すのは、現在の苦しさを感じることを無意識のうちに避けているからです。現在のことばかりを話すのは、過去の何かを思い出すことや、未来への不安を感じることを避けているからです。自分のことばかりを話すのは、ほかの誰かに対する怒りや憎しみ、依存的な甘え欲求など、何らかの感情を避けているからですし、他人のことばかりを話すのは、自分の感情に注意を向けて、感情をじっくり感じることを避けているからです。順序良く正しい筋道で話そうとするのは、「自由に話したらとんでもない感情、考え、空想などが出てくるかもしれない」という怖れのためかもしれません。または、「順序立てて理性的に話さないと、カウンセラーは私のことをバカだと思うだろう」という恐怖のためかもしれません。その恐怖を避けるために、論理的にきちんと話そうとするのです。

沈黙せず話し続けるのは、沈黙するとつらすぎる感情やファンタジーが湧いてきそうになるので、それを避けているためです。その感情やファンタジーとは、たとえば怒り、悲しみ、または愛情を求める依存的な感情かもしれませんし、誰かが自分のことを嫌っているというファンタジーかもしれません。反対に沈黙が多いのは、「カウンセラーから認められたり、受け容れられたりするようなことだけを、話さないといけない」という思いのために、話すことが思い浮かばないからかもしれません。私たちが初対面の人と会話をするとき、何を話せばよいかわからないのは、「自分の悪い部分を隠さなければ嫌われるから、ありのままを話してはいけない」という禁止、つまり抵抗が無意識のうちに働くからです。または、沈黙が多いとき、カウンセラーへの怒りや不信感のために、話すことを意識的に拒否していることもあるでしょう。

また、客観的な事実ばかりを話して感情を表現しないのは、感情を避ける目的のためです。感情を避ける目的で思考を使っているのです（Greenson, 1967, p.91）。それは、物事を知的に処理することによって、感情を感じないようにしている人に特徴的なあり方です。そういう人にとって、感情は恐ろしいので抑えていますが、抑えつけているからこそ、ときに爆発することがあります。また、そのように感情を避ける目的で知識を使う人は、心の苦しみを心の問題だと認識することができないため、体の不調として認識する傾向があります。そういう人は、ストレスによる身体的疾患や身体的不調に苦しむ傾向があります。内科で自律神経失調症などの診断を受ける患者に、そういう人が多くいます。

その反対に、事実を具体的に語らないときは、何が起きたかを細かく具体的に思い出して語ると、その出来事にまつわる感情が湧き上がりそうになるので、それが怖すぎるからです。同様に、どの事柄についても詳しく話すことなく内容が次々に変わるのも、多くの場合、深く詳しく話すとつらい感情や記憶が出てきそうになるので、それを避けているからです。反対に何か特定の事柄ばかりについて話すのは、話すことを避けている何か別のもっとつらい事柄があるからです。たとえば、母親への怒りばかりを語る来談者が、実は父親に対していっそう激しい怒りや傷つきなどの感情があるために、父親について話すことを意識的または無意識的に避けているようなことは、珍しくありません。

カウンセリングにおいて来談者がそれらの行動をとっているときは、彼・彼女が何の感情やファンタジーがつらすぎて避けているのか、そして、その感情やファンタジーを意識することがなぜつらいのかを理解しようとすることが大切です。

抵抗は来談者とカウンセラーの関係において表れる

本章では、カウンセリングによる癒やしと変容の過程をさまたげる心の働きである、抵抗について学んできました。抵抗とは、ここまで学んできたように、変容をさまたげる力から生まれる、という見方ができます。つまり、私たちの心には「苦しみ、傷つき、矛盾を解決して、もっとラクに自由になろう」とする自己治癒力がありますが、それに対抗して、「本当の感情を感じるのは怖すぎるから、抑圧したままにしよう、変化しないようにしよう」とする強い衝動もあり、その後者の衝動が抵抗の源である、という見方です。それは、個人内に抵抗をみる見地です。

しかし同時に、抵抗とは来談者がカウンセラーに向けるものである、という対人関係に抵抗の源を求める見地もあります。それはつまり、抵抗の源を「転移」という現象に見るということです。その見方では、転移こそが抵抗の最も重要な源であり、カウンセリングの成否は、転移による抵抗を適切に扱うことができるか否かによってほとんどが決まると言えます。さらに、転移は来談者の思考、感情、行動を理解する際にも、とても大切な概念だと思います。ゆえに、転移は共感的カウンセリングにおいて、非常に重要な現象です。そこで次の章から、転移について学びます。

第7章 転移とは何か

「転移」とは、親など過去の重要な人に対して抱いた感情、思考、行動などを、今の人間関係において繰り返す反応を指します。過去の人への反応を、現在の別の誰かに対して繰り返すわけですから、転移反応は非現実的で不合理です。しかし、私たちが誰かに対して転移反応を起こしているときは、現実に対して反応していると信じており、自分の反応が非現実的で不合理なものであることには気づいていません。

たとえば、先生や警察に反抗する非行少年の場合、彼らは、「自分たちがそれほどまでに腹を立てるのは、先生や警察が悪いからだ」と信じており、心の底にある幼少期における重要な大人（親など）に対する激しい怒りと憎しみを、現在の権威者に対してぶちまけていることには気づいていません。

同様に、幼少期に満たされなかった愛情欲求の充足を求めて恋人に甘える男女は、自分たちが幼児期に親に対して抱いた感情や衝動、態度をもって恋人に反応します。しかし彼らは、恋人に甘えるのは相手を愛しているからだと思っており、それが不充足の幼児的欲求から来ていることには気づいていません。仮に、彼らが自分の愛情欲求の幼児的な性質に気づいていたとしても、愛情欲求が満たされなかったことの深い悲しみ、寂しさ、親に対する強烈な敵意などは、その一部しか感じられていません。

このように、恋愛関係において、成熟した大人として対等に相手を尊重し合うという程度が少なく、転移の程度が高いほど、別れたときの心の痛みは激しいものになります。もしくは、傷つくことが怖すぎるため、親密になれない人もいます。

転移には「陽性転移」と「陰性転移」があります。「陽性転移」とは、相手に近づきたいと思ったり、相手から愛情や関心を求めたり、性的な関係を求めたり、相手のことを理想的な人間だとあがめたりする反応です。反対の「陰性転移」とは、相手を避けたくなったり、怖れたり、軽蔑したり、嫌悪を感じたりする反応を指します。

親から無条件に愛されたという実感が乏しく育った人ほど、そのことから来る寂しさ、恐怖、悲しさを抱えており、激しい転移を起こしやすい状態にあります。私たちの他人に対する反応にはすべて、過去の反応を現在に持ち越している転移の側面と、今の現実を正しく認識している現実的な側面の、両方があります。転移とは、私たち誰もが持つ人間的な反応なのです。また、転移は人に対してだけではなく、国家、学校、組織など集団に対してや、ペットなど動物に対しても起こします（Greenson, 1967）。

そしてカウンセリング関係は、特に転移を引き起こしやすい関係の一つです。それは、主に次の二つの理由によります。一つは、助けを必要としている来談者がカウンセラーに援助を求める、という構図が、幼少期における親子の上下関係の再現であることです。さらに、来談者が自身のとても個人的な内容を打ち明け、ある程度の期間にわたって定期的に会うことから生じる情緒的親密さも、来談者に（そしてカウンセラーにも）幼少期の親子関係を無意識のうちに思い出させます。

転移はカウンセリングにおいて、とても大切な現象であり、転移への対処の善し悪しが、カウンセリングの成功と失敗を左右する最も重要な要因です。次節から、陽性転移と陰性転移、そして両価性について学んでいきましょう。

1 陽性転移

激しい転移反応の最もわかりやすい例の一つは、恋人や配偶者の愛情と関心を求める強烈な執着と、その相手が自分の要求を満たさないときの激しい怒り、憎しみ、攻撃です。そのような心の痛みの激しい人ほど、恋人や配偶者に対して、その人がいなければ生きていけないとか、自分は空っぽになってしまう、と強く感じます。それは、相手の愛情や関心を強く求める依存的な陽性転移の一種であり、その源は幼少期に親に対して感じた感情です。私たちはもう幼い子どもではありませんから、現実には恋人を失っても何の問題もなく生きていけます。また、恋人がいないと自分が空っぽになるように感じるのは、恋人といる間は、親から無条件の愛情を受けられなかったと信じていることから来る空虚感を一時的に埋められるからですが、恋人の関心を失ったとたん、その空虚さを再び感じてしまうからです。

特に多く見られるもう一つの陽性転移反応の例として、上司や先生など目上の人や権威者からの承認や好意を、強く求めてやまない気持ちがあります。また、すべての人から良く思われないと不安になるのも依存的な転移反応で、それが対人不安（対人恐怖、引っ込み思案、人見知り）の症状です。

転移は退行を伴っている

私は先ほど、「依存的な転移反応」という言葉を使いました。しかし、「依存的」という表現はあまり適切なものではありません。と言うのは、転移反応には、幼い子どもが親を激しく求めてやまない強い執着があるため、「依存的」という言葉のニュアンスでは弱すぎるからです。たとえば、赤ん坊が母親から見捨てられると、ものすごい恐怖を感じて激しく泣き叫ぶでしょう。母親を強烈に求めているからです。私たちが誰かに向けて甘えの転移反応を起こしたときの心の状態は、「依存的」というよりも、赤ん坊がお母さんを求めて泣き叫ぶような、相手を強烈に求めてやまない激しい執着であることがしばしばあります。ですから、来談者の転移反応を共感的に理解しようとするときには、彼・彼女のそれほどの強い執着と、それが満たされないときの激しい恐怖と怒りに思いをはせることが必要です。

激しい転移反応を起こさざるを得ない愛情飢餓の苦しみを抱えている来談者のことを、単に「この人は寂しいんだな」とか「人の目が気になるんだな」と理解したのでは、共感不足です。その来談者が感じている苦しみは、成熟した大人が感じているものというよりも、幼い子どもが生存の危機に瀕して感じている苦しみだと想像するほうが、彼・彼女の感じ方により近いでしょう。

なお、恋人や配偶者に向けて、その人がいないと生きていけないかのように感じるのは、執着的な陽性転移の感情であるとともに、理想化転移の感情でもあります。つまり、恋人や配偶者に、自分の苦しみの原因を取り除き、苦しみから救ってくれる理想的な像を求めているのです。それは根本的には、自分を無条件に愛し、いつも温かい関心を向けてくれる、理想の両親像を求める衝動から来るものです。

2　陰性転移

ところが、恋人・配偶者がその理想化転移の欲求を満たさないときには、その人に対して激しい憎しみと攻撃心が生まれます。それが陰性転移です。本当は、恋人に求めているのは、幼いころにずっと欲しかったのに得られなかった、自分をいつも一〇〇%受け容れて愛してくれる理想的な親の愛情です。ところが、現実の恋人は決して理想的な親ではなく、自分と同じように心の痛みも欲求も持っている人間ですから、その理想化転移の期待は必ず裏切られます。そのとき、恋人に対して強い失望感、怒り、憎しみ、攻撃の感情が生じるのですが、本当はそれらの感情は、自分を無条件で十分に愛してくれなかった親に対する抑圧された怒り、憎しみ、攻撃が、恋人へと対象を向け変えて突出したものです。

それゆえ、親から無条件に愛されたという実感の乏しい人ほど、周囲の人々に向けて、そのような執着の強い理想化された甘えの転移反応を頻繁に起こし、その転移欲求が満たされないたびに、裏切られたとか、傷ついたと感じる経験を繰り返さざるを得ません。そしてその都度、人への怒り、憎しみ、不信感をさらに増幅させます。ですから、そのような人にとって人間関係は、怒り、傷つき、寂しさ、不安などの苦しみの多いものになります。

愛情が欲しいがゆえに、求めることができない

ここまでお伝えしたように、「親は自分のことを無条件には愛してくれていない」と感じて育った傷つきの深く激しい人ほど、その寂しさを埋めようとして他人の愛情と関心を強く求めるわけですが（陽性転移）、それと同時に、「他人は自分に対して親のように拒否的だ」という基本的な感覚（陰性転移）を持っています。そのために、自分から他人の愛情や関心を求めることが非常に恐ろしく感じられます。それはちょうど、好意を寄せている異性に緊張と不安のために話しかけられないという状態と同じです。愛されない可能性が怖すぎて、愛を求めることができないのです。そして、その反応が広く一般の人々へと拡大されたものが、対人恐怖（対人不安、人見知り）の症状です。

3 陽性転移と陰性転移は同時に存在する

ここまで見てきたように、陽性転移と陰性転移は、コインの裏表のように必ず同時に存在します。しかし、そのどちらかだけが表面に出て、もう一方は隠れているものです。そういう人の人間関係は、ジェットコースターのように浮き沈みの多い、そして葛藤の多い苦しいものになります。特に恋愛関係・夫婦関係がそうなりがちです。または、そうなるのが怖いので、人に向けて感情的な愛着を抱かないよう壁を作り、本音は見せない表層的な付き合いだけをします。すると、人間関係も夫婦関係も、愛情も親密さも乏しいものになります。

〝クレーマー〟の苦しみ

陰性転移反応には、軽蔑心、不信感、警戒心、恐怖、嫌悪感など、さまざまな感情があります。それらの感情のうち、抑圧された怒りや攻撃を容易に行動化するのが、いわゆる「クレーマー」と呼ばれる人たちです。そうような例を見てみましょう。ある小学生の男の子を持つお母さんの語りです。

「聞いてください！　息子の担任たら、ひどいんです！　先日ね、クラスの子どもたちを二人一組にして、一人が算数のドリルしている間、もう一人に時間を計らせたんですって。うちの子どもは先に時間を計る役目になったんですけど、相手の子がドリルを終わったときに授業時間が終わっちゃって、それで、担任の先生ったら、うちの子には『ドリルを家でやってきなさい』と言ったんです。だから宿題になったんですよ！　どうしてうちの子が宿題を増やされないといけないんです?!　担任の先生の時間の使い方が下手だからって、うちの子はとんだとばっちりですよ！

それにね、うちの子が友だちの椅子の上に靴を履いたまま乗ったことを担任の先生が責めて、それ以来、学校に行けなくなったんです！　指導が厳しすぎるんです。ドリルのことといい、何もうちの子を目の敵にすることはないのに！

担任に何度も電話をして抗議をしたんですけど、ラチがあかないんですよ。だから、校長にも教頭にも電話や手紙を出して抗議したんですけど、担任を守るばっかりで……。教育委員会にも訴えているんですけど、担任を辞めさせようとはしないんです。学校も教育委員会も、子どもを不登校にするような教師を放置しているんですよ！　私は子どものためにこんなにしているのに、学校も教育委員会もぜんぜん対応しないんです！

そんなこんなでね、先日ね、保護者懇談会があって、私ね、腹が立つもんだから、教室の入り口に立ったまま中に入らずに、『先生のことが信頼できません』と言ってやったんです！」

このお母さんの陽性転移と陰性転移

このお母さんの、担任の先生への激しい憤りという陰性転移感情の裏には、理想的な担任像を求める理想化転移が存在していることがうかがえます。たとえば、クラスの半数だけに追加の宿題を出したことは不公平なことかもしれませんが、このお母さんは担任に対して、時間をいつもうまく使い、彼女の息子さんに決して不公平なことをしない、完璧な教師であることを求めています。これが、陰性転移の裏に潜む陽性転移です。また、保護者懇談会で教室に入らず、「先生のことが信頼できません」と言った行動にも、「私がどれほど傷ついているかをわかってほしい」という、担任の理解と愛情を求める陽性転移が見えます。

子どもの問題で相談に来る親の多くは、学校や担任を責めます。このお母さんもそうです。その背景には、「子どもに問題があるのは自分のせいではない」と信じたい気持ちがあるでしょう。彼らが「担任が悪い」「学校が悪い」とかたくなに主張するのは、心のどこかで、「私が子どもを傷つけた」「うちの家庭に問題があって子どもを苦しめている」というようなことを感じているのに、そのことに直面できないからかもしれません。

なぜこのお母さんはそこまで怒らざるを得ないのか

このお母さんは息子さんが不利益を受けると、あたかも彼女自身が不利益を受けたように感じるようです。彼女は、「私は子どものためにこんなにしている」と述べていますが、本当は子どものためではなく、彼女自身の心の痛みが喚起されたために、これほどまでに怒らざるを得ないのです。と言うのも、子どもの立場に立てば、母親が担任や校長先生、教育委員会に何度も抗議をしたり、保護者懇談会の場で教室に入らずに「先生のことが信頼できません！」と言うなどの行動は、ひどく迷惑なことでしょう。

このお母さんは自分自身の心の痛みが刺激されたので、子どもの気持ちを理解するゆとりを失っているのです。彼女は幼いころに、親から「不当に扱われた」「不公平に扱われた」「気持ちを無視された」などと感じる経験を繰り返し、そのことへの憎しみを癒やして手放すことができていないのでしょう。彼女の子どものころの親子関係は悲劇的なものであり、彼女はかなりひどく傷つけられてきたのでしょう。そして彼女は、そのことの激しい悲しみと慢性的な深い孤独感に苦しみながら、生きているのでしょう。

このお母さんのような保護者の攻撃はときに、担任の先生を辞めさせようとしたり、先生の人生を潰してしまおうとしたりするほどの、残忍さと執拗さを帯びることがあります。教師をしている人なら、おそらくそんな例を見聞きしたことがあるでしょう。その残忍な攻撃性は、本当はその保護者が自分自身の親に対して抱いているものですが、親に対する攻撃性は怖ろしすぎて感じることができないのです。

来談者の転移反応に適切に対応できるかどうかが、深い共感的カウンセリングによって援助ができるかどうかを左右する、最も重要な要因です。ではここから、来談者の転移反応にどう対応すればいいのかを、お伝えします。

4 転移反応への対応において留意すべきこと①——転移であるという事実を理解する

共感的カウンセリングが深まるにつれて、来談者は、普段は感じたり語ったりしないようにしている深い傷つきを感じ始め、語り始めます。それとともに、カウンセラーへの転移反応が強くなっていきます。どの来談者も、多少ともカウンセラーから悪く思われないようなことだけを話したり、もしくは良く思われるようなことだけを話したりするなど、〝良い来談者〟を演じようとするもので、カウンセラーはそのことを知っておくことが大切です。

さらに、幼少期からの愛情飢餓の傷つきの激しい来談者は、かなり非現実的で過剰な愛情欲求をカウンセラーに向けるようになります。来談者によっては、セッションを延長してほしい、喫茶店で会ってほしい、慰めたり勇気づけたりしてほしい、職場や家族に電話をして説得してほしい、アドバイスが欲しい、などを求めるようになります。

しかし、それらのリクエストに応じてそのとおりにすればするほど、来談者の要求はどんどんエスカレートするでしょう。いくらしても満足せず、もっと、もっとと求めるようになります。すると、カウンセラーにはまるで、いくら与えても満足せず際限なく求めて来る、子どもを相手にしているかのように感じられます。なぜそう感じられるかと言うと、愛情飢餓の状態にある子どもを相手にしているからです。つまり、そういう来談者は、幼少期に親から得ることができなかった関心と愛情を、カウンセラーに求めているのです。しかし、カウンセラーはその来談者が幼かったときの父親や母親ではありませんから、いくら要求どおりにしても、来談者は満足できません。

そして来談者は、カウンセラーから求めるものが得られないとき、とても寂しく感じたり、落胆したり、怒りを感じたりします。もっとも、それらのマイナス感情を感じないようにしたり、隠そうとすることも少なくありませんが。

私たちカウンセラーが来談者に、「あなたはとても価値ある素晴らしい人です。だから心配はいりませんよ」「あなたのことが大好きです」などと、なぐさめたり勇気づけたりしない理由の一つは、来談者の求める転移性の愛情欲求を私たちが本当に満たすことは不可能だ、という事実にあります。そのようななぐさめや勇気づけを上手に与えれば、来談者は少し気持ちが楽になるかもしれません。ところが、そのようにしてしまうと、苦しみの根本にある原因に向き合うことから来談者をいっそう遠ざけてしまいます。

また、来談者の気持ちが楽になるその効果は、一時的なものにすぎません。来談者の心にある深い寂しさと怒りは、遅かれ早かれ浮上してしんどくなり、再び転移性の（幼児的な）愛情欲求を満たしてほしい、と私たちにいっそう求めるようになります。*3

＊3　ここで述べている内容は、精神分析理論の自我心理学に属する考え方です。この考え方に対して、コフートをはじめとする精神分析的自己心理学などの立場では、この本文にあるような安易ななぐさめや勇気づけはしませんが、カウンセラーが来談者の転移欲求を治療的に応じることの重要性に着目します。また、ハコミセラピーと呼ばれるカウンセリング法では、来談者が過去のつらい体験によって得られなかった情緒的滋養を与えることを、治療的要因として重視します。転移についての学びはどこまでも深く広くできるものであり、学べば学ぶほど転移という反応の奥深さが感じられます。

カウンセラーの愛情と関心を、来談者の心にいる愛情飢餓で寂しくて泣いている子どもが求めているのです。そのことを理解し、来談者が長年にわたって苦しんできたその苦しみを想像して、共感することが大切です。次節では、そのことについてさらに詳しく見ていきます。

5 転移反応への対応において留意すべきこと②——来談者の孤独感に共感する

すべての来談者が、程度の差はあれ、親の無条件の愛情を十分に受けられなかったという感覚と、孤独感の苦しみを抱えています。ですから、はじめのうちは孤独感についてまったく話すことのない来談者や、「私は親から愛されました」と信じてそう語る来談者も、カウンセリングが進み、自分が本当に感じていることに開かれるにつれ、親から無条件に安定した愛情を十分にもらえなかったという実感とその苦悩が感じられてきます。ですから、カウンセリングでまず大切なことは、来談者の深い孤独感をできるだけ彼・彼女の身になって想像し、その苦悩をともに味わおうとすることです。

ただし、来談者の反応について、「これは転移だ」とラベルを貼っても意味はありません。転移という概念によって理解することがなぜ有用かというと、非現実的なために理解しづらい来談者の反応を、共感的に理解できるからです。

来談者の転移に気づいたときには、そして特に、それが人生初期段階への退行による転移であることに気づいたときには、大人の来談者の心の奥に潜んで、寂しさと恐怖と怒りに泣いている幼児を目の前にしていると想像することが大切です。さらには、その幼児が感じているであろう感情を、私たちカウンセラーも、自分のお腹や胸など身体でありありと想像して感じることが大切です。それがプロレベルの深い共感につながります。

来談者の陽性転移（カウンセラーへの好意、憧れ、愛情欲求など）に共感するときに欠かせないことは、来談者の私たちへの思いに、幼い子どもが親との身体的・情緒的な親密さを求める執着的な愛情欲求（広義の性的な愛情欲求）の質があることを理解することです。そして、そんな幼児的な愛情欲求を私たちに向けずにはいられない愛情飢餓感の寂しさを、なるべく来談者の身になって、カウンセラー自身の身体でありありと想像することです。来談者の心の痛みが深く激しいほど、これが当てはまります。

たとえば、私たちが来談者から好かれたとき、それは「大人としてのさわやかな好意」ではなく、親密さを求める幼児的で執着的な欲望かもしれません。しかし、その場合でも、その執着的な性質は防衛され隠されており、健康的でさわやかな好意であるかのように見えることも多いでしょう。

同様に、カウンセラーへの陰性転移に共感するときに欠かせないことは、来談者にとってカウンセラーは、来談者をかつてひどく傷つけた人のように思えるのであり、そこには何らかの激しい心の痛みがある、という理解です。さらには、その来談者の心の奥には、カウンセラーの愛情を求める強い思い（陽性転移）も潜んでいる、ということを理解することも大切です。

来談者の孤独感の苦悩に耳を傾けるとき、本章でお伝えしている激しい孤独感の症状が生じるメカニズムを頭の片隅に置いて聴くと、傾聴の助けになるでしょう。と言うのは、彼・彼女がなぜ孤独を感じざるを得ないか、その症状のメカニズムを理解しなければ、彼らの孤独感は非現実的なため、共感的に理解することが困難だからです。理解できないと、来談者の語りについて、「そんなに寂しがらなくても友だちも家族もいるのに」「そんなに寂しいなら、もっと自分から話しかければ友だちが増えるのに」のようにしか思えないでしょう。

するとと、彼・彼女の深い孤独感と、それを感じながらもどうしようもできない苦しみに共感するよりも、アドバイスをしたくなるかもしれません。「ご自身から声をかけてみるといいですよ」などと。しかし、それをしたのでは、アドバイスでは解決しない根本的な問題に取り組んで変容が起きるカウンセリングにはなりません。

愛情飢餓感の強い来談者ほど、人といるときでさえ、寂しくてたまりません。それは、相手に対して自分の欲求をすべて満たしてくれる非現実的な理想像を求めるがゆえに、何度も裏切られてきたためです。また裏切られるのが怖くて、心を開けません。それゆえ、「氣」の交流がないので、一緒にいても寂しさは消えないのです。また、心の痛みの深く激しい来談者ほど、信頼できる友だちや仲間を作ろうとすることもなかなかできません。仲良しになろうと近づいたのに拒絶されるという可能性が、怖すぎるからです。

共感的カウンセリングにおいては、来談者のその身動きできない苦しみを、できるだけ彼・彼女の身になってひしひし、ありありと共感的に理解し、その理解を言葉で返すことが大切です。そのようなカウンセリングのやり取りが、彼・彼女のサポートになります。

6 転移反応への対応において留意すべきこと③——カウンセリングの枠を守る

カウンセリングには、「枠」（または治療構造）と呼ばれるものがあります。それは、「カウンセラーはここまではするけど、これ以上のことはしない」という境界のことです。たとえば、セッションの場所と時間を決め、それ以外の場所で会ったり、電話相談に応じたり、スケジュール外のセッションの要求に応えたりすることはありません。時間を延長することもありません。料金を決め、その料金を払えば来談者と会います（無料カウンセリングとして契約している場合を除く）。共感的カウンセラーは来談者の話を聴くことが仕事であり、それ以外のことはしません。たとえば、相手の体に触れたり、どこかに付き添って出かけたり、来談者にプレゼントをしたりなどです。

それらの枠があるのは、カウンセラーがカウンセリングに集中するために必要だからです。ですから、それらの枠を守ることが、来談者の利益になります。面接の開始時刻が決まっているから、カウンセラーはそれに備えてスケジュールを管理し、体調を整えることができます。終了時刻が決まっているから、セッション中は来談者に集中することができます。もしもカウンセリングがいつ始まるかわからない、いつ終わるかわからないという状況だと、カウンセラーは話を聴きながら、内心では「いったいこの話はいつ終わるんだろう……次の予定があるんだけど……」と心配になって、集中できなくなります。

また、枠はカウンセラーを守ることによって来談者の利益を確保するためであるとともに、来談者を不要な傷つきから守るためでもあります。来談者の転移反応が激しくなると、カウンセラーは来談者のエスカレートする要求に応えることができなくなってきます。たとえば、初めのうちはセッション時間を大きく延長したり、来談者の求めに応じて夜中の電話相談に応じたり、喫茶店で会ったり、料金を後払いにして面接をしたりするなどはできるかもしれませんが、それを続けるにも限界があります。それでやむなく要求を拒否すると、来談者にとってそれは大きな拒絶体験になります。来談者は、カウンセリングによってよけいに傷つく結果になるのです。ですから、来談者が傷つく結果にならないよう、はじめから枠を守ることがとても大切です。

ただし、ときに枠を外すのが必要なことがあります。しかし、枠を外すのはあくまで例外的なことですし、その例外を行う理由は、カウンセラーの「嫌われたくない」「怒りを向けられたくない」などというニーズによるのではなく、来談者のためであることが大切です。いつ、どの状況で、どれだけ枠を外すか、そして枠を外した後どう対応すれば援助的かについては、個別に考えて対応する必要があります。ですから、有能なプロカウンセラーのスーパービジョン（個人指導）を通して検討することが必要です。

7　カウンセリングにおいて留意すべきこと①——転移関係における新しい経験が、癒やしと変容をもたらすことを理解する

一般論と「いま・ここ」の語りの違い

来談者Aさんは次のように語ります。

「私は人への依存心が強くて、そのくせ、人を信じないで疑いの目で見てしまうんです。そして、相手が私の希望どおりにしてくれないと、すごく腹が立つんです」

Aさんが語る内容は、あくまでも面接外のことについての一般論です。そういうことについて語る過程は必要ですし、その語りにカウンセラーが理解的に耳を傾けることは大切なことですが、これと次の来談者Bさんの発言を比べてみましょう。

（カウンセラーに腹を立てて）「先生はいつもそうして、面接の終わり時刻になったらすぐに終わろうとする！　先生にとって私はただのビジネスの相手なんですね！　私のことを本当に大切には思っていませんよね！」

Bさんのように、来談者がカウンセラーに向けて「いま・ここ」で彼・彼女の怒りをありありと感じ、語り、それを理解され、受け容れられる経験のほうが、Aさんのように面接外の一般論について語って理解されることよりも、ずっとインパクトのある経験になります。

このように、激しい孤独感に苦しむ来談者のカウンセリングにおいて根本的な変容をもたらすのは、来談者がカウンセラーに向けて生じた甘え、執着、怒り、軽蔑心などの転移感情をありありと感じ、語り、それを共感的に理解されることです。

カウンセリングの枠を守ることの意味

そのような過程が起きるためにも、カウンセラーが枠を守ることが必要になります。来談者がさまざまな要求をしたとき、カウンセリングの枠から踏み出すような要求には応じないで、あくまで枠を守りながら、彼・彼女の気持ちや考えを、彼・彼女の身になって、できるだけ共感的かつ受容的に理解し、その理解を伝える、という態度を維持することが大切です。

カウンセラーが枠を守るときの態度は、来談者にとって「受容的」とか「共感的」などの言葉が持つ、いかにも優しく温かいニュアンスとは相容れない、厳しく、ときには冷たい態度にさえ感じられ、来談者は悲しんだり、失望したり、怒ったりするかもしれません。そうなったときには、来談者のその感情をできるだけ共感的に理解して、その理解を言葉で返そうと努めることです。そして、来談者がカウンセラーに対するネガティブな感情を、なるべく十分に語り尽くせるよう応答することがとても大切です。

応答の例

「私が時間を延長しないので不満をお感じなんですね」
「いつも時間が来ると終わることについてどう思われるか、話せますか？」
「私たちの毎週の話し合いが終わるたびに、寂しいような、不安なような感じがされるんでしょうか？」

その過程を経て、やがて来談者は徐々に、カウンセラーにそれほどまでに激しく愛情や関心を求め、執着し、腹を立てざるを得ない、その根本にある寂しさや傷つきへと洞察が進んでいきます。

カウンセリングの関係が、来談者にとって新しい対人体験になる

カウンセラーが来談者の怒りや来談者から嫌われることを怖れて、彼・彼女の過剰な要求に応えるとき、それは受容的でも共感的でもない、迎合的なあり方です。それはしばしば、彼・彼女が今までの人間関係で繰り返してきたパターンです。つまり、親や職場などの周囲の人たちは、来談者の過剰な要求を断ることができずにそれに応じると同時に、内心では負担感、不満、怒りなどを感じて、来談者を嫌ったり距離を取ったりするのです。カウンセラーも同じ行動を繰り返したのでは、来談者にとって有益な新しい体験にはならず、来談者の援助になりません。

来談者がカウンセラーに対して怒っても、軽蔑しても、嫌悪しても、カウンセラーは不安定になったり攻撃し返したりしないで、そんな自分をありのまま受容してくれるという経験が、カウンセリングの経験です。それは来談者にとって、過去のつらい体験とはまったく異なる新しい体験になります。それが来談者の変容の源

になります。なお、来談者の過去のつらい体験のなかでも中核的なものは、親に対して怒るとひどく罰されたり、親があまりに不安になったりしたために、「怒りは危険だ」と実感した体験であることが多いものです。

来談者は転移関係において、自分の問題パターンを繰り返す

ここで、カウンセリングにおいて「転移」の持つ重要な意味のうち、二つのことをお伝えします。

転移の持つ重要な意味の一つ目は、来談者は彼・彼女の苦しみ（主訴）の原因となったパターンを、カウンセラーとの関係で繰り返す、ということです。来談者のなかには、人から嫌われたり拒絶されたりして傷つくことがないよう、自分から先に人を嫌ったり攻撃したりする人がいます。または、すべての人から好かれようとして「良い人」の仮面をかぶり続け、なかなか本音では交流できない人もとても多いものです。そのいずれであろうと、その感じ方や行動のパターンが来談者の人生において孤独や断絶、人からの攻撃などの困難をつくり出しています。そして来談者は、そのパターンをカウンセラーに向けて繰り返します。

たとえばそれは、「カウンセラーに心を開くと傷つくから自分の心は閉ざしておき、先にカウンセラーを攻撃しよう」とか、「本当の自分を見せるとカウンセラーに嫌われるかもしれないから、良い人だと思ってもらえるように振る舞わないといけない」という、隠された信念のパターンかもしれません。または、その底にある寂しさの感情パターンが再現され、毎回のセッションの終了時刻が来るたびに、見捨てられ感と寂しさを感じるかもしれません。あるいは、他人から攻撃されないよう先に自分から攻撃する行動パターンを繰り返して、カウンセラーに嫌みを言ったり、批判したりするかもしれません。もしくは、「良い人」を演じるパターンを再演し、カウンセラーから期待されることを話して「良い来談者」になろうとする行動パターンかもしれません。

カウンセラーは、来談者が人生で困難をつくっているパターンを、そのようにカウンセリング関係において繰り返している事実に気がつき、そのことを来談者が実感を持って理解するよう介入することが大切です。そのためには、まずはそのパターンがある程度の強さと明らかさを持って表れるまで待ってから、そのことを指摘するのが適切なことが多いと思います。

たとえば、カウンセラーへの不満や怒り、嫌われるのが怖いといった感情を、来談者がありありと感じるまで傾聴を続け、それを来談者が感じているまさにその瞬間に、共感的に来談者に次のように伝えると援助的でしょう。

「時間を延長して話し合いを続けてほしいのに、私がそうしないからいま、腹が立っておられる。あなたが、『人に期待をし、それを相手が満たしてくれないとすごく腹が立つ』とおっしゃったそのことがいま、私たちの間で起きているのかなと思うのですが、いかがですか？」

「私があなたの求めに応じないので、寂しくて悲しいんですね。そして、あなたがおっしゃっておられるのは、お母さんがあなたを大切にしてくれなかったから、ずっと感じてこられた寂しさと共通するところがある、ということなんですね」

右のような解釈は、あくまでカウンセラーが来談者の苦しみを共感的に理解し、その理解を共有するために行うものですから、その内容とタイミングが適切だと、来談者はわかってもらえたとホッとする感覚を持つものです。そのときには来談者の連想がさらに進み、語りが深まっていきます。

転移によってカウンセラーは大きな影響力を持つ

カウンセリングにおける転移の二つ目の重要な意味は、来談者からカウンセラーに向けられた転移が深まるほど、来談者にとってカウンセラーは、幼児期の親と同じような深く大きな影響力を持つようになる、ということです。そこに変容の希望と、来談者をいっそうひどく傷つけてしまう危険性の両方が生まれます。そして来談者は、カウンセラーの無条件の尊重と共感的理解を実感できればできるほど、人間に対する信頼を回復できるのです。

そして来談者は、カウンセラーとの転移関係のなかで、カウンセラーに対して怒っても、悲しんでも、寂しがっても、何を感じても、何を話しても、共感的に理解され受け容れられるとき、「私のなかにある怒りも、攻撃性も、甘えたい欲求も、寂しさも、恐れる必要はないんだ」と実感によって悟ることができます。

来談者のなかには、私たちカウンセラーのことが好きであるかのように振る舞うと同時に、「あなたは私が好きですか?」と問いかけてくるような言動をする人がいます。すると私たちは、「はい」と答えないと来談者が怒りだしそうに感じられ、プレッシャーがかかります。そのとき私たちは、来談者の陽性転移の底にある陰性転移（怒り、攻撃心）を感じ取っているのです。

では、そういう場面ではどう対処すれば援助的でしょうか。逆転移を起こしやすいカウンセラーほど、「私を好いてほしい」と求める来談者の気持ちを、共感的に理解しようとする態度を保つことが難しくなります。そのため、「はい」と答えたり、追い詰められて「私のことではなくあなたの気持ちを話してください」などと言うことで、来談者をいなそうとしたりします。つまり、追い詰められて求められている答えを与えたり、追い詰められて苦し紛れに何かを言ったりするのです。

しかし、そのようにして追い詰められて対応したのでは、来談者が自分の愛情飢餓感の痛みや潜んでいる怒りに、実感で気がつく過程をさまたげてしまいます。すると、人生の初期に無条件の愛情を得られずどれほど寂しく、恐ろしく、腹が立ったかを、実感で理解することが難しくなります。そのような場面で大切なカウンセラーの態度は、「**好奇心**」です。つまり、**「この来談者は私の好意を求めておられるけど、それってどんな思いなんだろう」というような、来談者の気持ちを探求しようとする態度です。**

そして、来談者がどれほど強烈に私たちから情緒的・身体的な親密さを求めているか、そして、長年にわたって内心ではどれほど寂しくて怒りがあったかを、なるべく来談者の身になって想像して理解しようとすることが大切です。共感的かつ受容的なあり方で、「私に好いてほしいという気持ちがおありでしょうか?」とか、「私の好意を求めるお気持ちだけど、私があなたを好いているかどうかわからず、不安もおありなんでしょうか?」などと応答するのは、ひとつのやり方でしょう。

すると来談者は、カウンセラーが「あなたが好きです」という意味のことを、はっきり伝えてくれないこと(求めている愛情欲求を満してもらえないこと)への不満と寂しさを感じながら、その気持ちをかなり語れるようになるかもしれません。その過程には何カ月も何年もかかるかもしれませんが。それが起きると、来談者の連想は親のことへと進んでいき、やがて、子どものころから(ときに幼児期から)心に抱えて来た孤独感と親への怒りが語られるようになるものです。

そして、それらの感情をフルにかつ純粋に感じて語る経験を通して、来談者の気持ちや感じ方、考え方に変化が生まれていきます。なお、「それらの感情をフルにかつ純粋に感じて語る」とは、カウンセラーがそれらを語ってもらおうとか、感じてもらおうとする指示や誘導によって語るのではなく、来談者の心が自然にそれらの連想へと進み、自ら感じて語ることを指します。傷つきが深く激しい来談者ほど、その過程には毎週一回のカウンセリングで何年もかかることもありますし、カウンセラーの能力が低かったりすると、その過程は起きづらくなります。

カウンセリングとは、私たち誰もが持つ心の傷つきやすさに触れる営みです。そして来談者が彼・彼女の傷つきやすさから起きる敵意や攻撃心をカウンセラーに向けるとき、カウンセラー自身の傷つきやすさが刺激されます。そのとき、傷つきやすさを抱えているカウンセラーほど、自分でもわからないうちに自分を守ろうとしてしまい、来談者の攻撃の底にある傷つきやすさに共感したり、受容したりするゆとりを失ってしまいがちになります（岩壁 2007, pp.175–177）。

しかし、自分自身の基本的な傷つきやすさを、自分自身のカウンセリングを通して、より高い程度に解決できているカウンセラーが、来談者が怒っても悲しんでも寂しがっても、何を感じても何を話しても、高い程度に理解的かつ受容的な気持ちで共感的に聴くことができるほど、深い援助ができる可能性が高まります。カウンセラーがそのような安定して共感的なあり方ができるということはあくまで理想論であり努力目標ですが、その程度が高いほど、来談者にとって深い癒やしと成長が起きやすくなります。

来談者は、自分の怒りや悲しみなど本音を語り、それを共感的に受容される経験を繰り返すうちに、やがて自分の反応が非現実的であることを悟るようになります。それとともに、そんな反応を起こさざるを得ない寂しさ、空虚感、怒り、憎しみといった心の痛みに触れ始めます。さらにそれらの痛みを感じ、語り、理解される過程を通して、来談者の心に少しずつ建設的な変化が起きていきます。

面接の頻度について

そのような過程が十分に起きるためには、面接をある程度の頻度で行うほうがよく、毎週一回は面接を継続することが望ましいでしょう。心の傷が深く、苦しみの激しい来談者の場合は、さらに頻度を多くする必要があります。面接の頻度が少ないと、来談者は自分のなかに抑圧されてきた感情、考え、空想に直面することがつらくしんどくなるし、それゆえにカウンセリングの過程が深まらず、変化が起きづらいし、起きてもその変化は表層的で、一時的なものになりやすい傾向があるでしょう。

8 カウンセリングにおいて留意すべきこと②——転移感情を十分に話せるよう応答する

転移に効果的に対処するには、来談者の転移感情を十分に語ってもらい、それを十分な時間をとって共感的に聴く過程が必要です。

私がカウンセリングを受けていて、「セッションには絶対に遅刻してはならない」と、強迫的に考えている自分に気づいたことがありました。そのことについて語るうちに、私の母親が時間に遅れるのをひどく嫌ったこと、そして私が遅れたときに厳しく叱ったことを思い出しました。また、セッションに遅れると、「カウンセリングに対する抵抗だ」とカウンセラーに思われるのではないかと考え、私はそれが嫌で、「抵抗をしない良い来談者」になろうとしていたことにも気づきました。そして、そのような依存的な転移を起こさざるを得ない原因である、愛情欲求の不充足をもたらしたつらい出来事などについて、理解的で共感的なカウンセラーに語りました。すると、私のなかから、セッションに遅れないで行こうとする強迫的な気持ちが消えていきました。その後も、セッションにはだいたい時間どおりに着きましたが、それは「遅れてはならない」という神経症的で強迫的な意識からではなく、「自分のために遅れずに着いて、五十分のセッション時間をフルに使いたい」という現実的な欲求からでした。その変化とともに、普段の自分からも肩の荷がおり、肉体的に軽く自由になったように感じたことを憶えています。

9 カウンセリングにおいて留意すべきこと③——自分自身の未解決の心の葛藤を高い程度に解決する

ここまでお伝えしてきた、来談者がカウンセラーとの転移関係のなかで、怒りでも愛情を求める衝動でも、何を感じて語っても共感的に理解され、受け容れられて、変容が起きるという過程が実現するためには、カウンセラーに次の二つのことが求められます。

一つ目は、カウンセラーが自分自身の怒りを高い程度に受け容れ、それにオープンであることです。そうでなければ、来談者が怒りや自己嫌悪感など激しい痛みの感情に触れたときに、カウンセラー自身が不安になってしまい、じっくりと共感し、受容することができなくなります。

二つ目は、カウンセラー自身が自分の心の深くにある愛情飢餓感の痛みを、高い程度に癒やし、手放せていることです。それができていない程度に応じて、来談者からの評価や好意を求めてしまいますから、来談者から嫌われたり怒りを向けられたりすると、不安になります。そのために、自分でも気づかないうちに来談者から好かれようとしたり、嫌われないようにしようとしたり、また、質問をされると、「来談者が表現している考えや感情を彼・彼女の身になって理解し、その理解を返す」、という傾聴の基本を守ることよりも、答えずにはいられなくなったりします。来談者から何かを要求されるとその要求どおりにするのも、来談者から嫌われないようにしようとしてしまう例の一つです。

カウンセラーが、来談者の主観的な経験を理解するのではなく、来談者を苦しい感情から救済しようとしてしまうとき、深い援助はできません。それはしばしば、カウンセラーの持つ、「優しい人だと思われたい」という欲求によるものです（岩壁 2007, pp.108–109）。そうなると、カウンセリングの関係は、来談者にとって自分の感情、考え、ファンタジーなどを自由に感じ語ることのできる関係ではなく、〝あなたは良いカウンセラー、私も良い来談者〟という、一見すると仲良しの表層的な関係になります。それは来談者にとって、本音の出せない〝カウンセリングもどき〟の関係でしかありません。

岩壁（2007, pp.205–206）は、カウンセリングの客観的研究の知見をレビューして、次の二点を明らかにしています。

① 来談者はカウンセラーに不満があってもそれを表現することは極端に少ないし、カウンセラーも、来談者が内心では不満を感じている事実を察知できない。

② カウンセリングの失敗に至るプロセスとして、来談者の怒りや敵意に対してカウンセラーが自分では気づかないうちに間接的に反撃したり、感情的に距離を取ってしまったりすることが挙げられる。

もちろん、完璧な人間はいませんし、完璧なカウンセラーはいませんから、完璧なカウンセリングもあり得ません。私がここでお伝えしていることは程度の問題ではあります。

しかしそれでも、私は、自分自身のカウンセラーとしての成長の過程、大学院で臨床心理士を育ててきた経験、および臨床心理士のスーパービジョンをしてきた経験、その三つの経験すべてにおいて、カウンセラー自身の心の痛みと葛藤を高い程度に癒やして解決することが、援助能力を高めるために必須であることを繰り返し感じています。それをしないで来談者の激しい感情や衝動にさらされると、カウンセラーにとってあまりに強いストレスになり、効果的な援助はできなくなるでしょう。

また、転移を理解するには、カウンセラー自身がカウンセリングを通して自分の心に向き合い、自分自身の転移反応をありありと実感することが必要です。そのとき転移が本当に理解できます。また、その経験がないと、転移反応が人としての弱点や欠点であるかのように感じられ、来談者の転移反応に気づいたときに、どうしても来談者を見下す思いが生まれます。**カウンセラーが自分自身の転移を実感を通して受容的に理解してこそ、来談者の転移反応に共感することができるし、転移を経験している来談者を尊重し受容することができるのです。**

カウンセラー自身が深いカウンセリングを受けて変容の過程を通ってきた足跡（そくせき）が、高い援助能力を伸ばすために必須だと思います。


ここまで、共感的カウンセリングを実践するために重要な、基礎知識をお伝えしてきました。次章からは、ここまでの理解を共感的カウンセリングでどう実践するかについて、二つのカウンセリング対話を通して明らかにしていきます。

第8章 共感的カウンセリングの実際1

カウンセラーが具体的にどう応答すれば共感が伝わりやすいのか、反対にどう応答すると共感が伝わらないかについて、二つの事例におけるカウンセリング対話を詳しく分析しながら学んでいきます。

二つの事例について私がお勧めする読み方は、次のとおりです。

まず、事例の対話を読んでください。そのとき、来談者の心理をどう共感的に理解できるかを考えながら、ゆっくり読みましょう。また、カウンセラーの理解と応答には、適切なものも不適切なものもあります。カウンセラーの理解と応答が適切なときには来談者の語りが深まりますし、そうではないときには来談者の心の探求がストップし、表層的な語りになります。来談者のそのような心の動きと発言についても考えながら、ゆっくり読みましょう。次に、事例ごとの解説を読みます。必要に応じて対話のところまでページを繰って、しょっちゅう戻りながら解説を理解してください。最後に、対話をもう一度読みましょう。そのときには、解説で理解したことを思い出しながら、カウンセリング対話で何が起きているのかがより深く理解できるよう、考えながら読みましょう。

カウンセリング対話と人間の心について理解を深めるには、そのような読み方を何度も繰り返す必要があります。二つの事例の対話と解説を繰り返し考えながらお読みになることをお勧めします。

1 事例――男性が怖いと訴える女子大生とのカウンセリング対話*4

来談者は女子大学生の紗良(さら)さん。市役所に設けられている女性相談ルームでの初回面接の場面です。以降、カウンセラーの発話は「**カ**」、紗良さんの発話は「**紗**」と示します。**数字**は、次節の「解説」で、面接場面での発話を取り上げる際の目安としてつけてあります。なお、「解説」内では、カウンセラーの言葉は〈 〉で示します。

カ1 紗良さん、初めまして。カウンセラーの○○といいます。
紗1 こんにちは！ 初めまして。よろしくお願いします！
(とても明るい様子で元気に挨拶するので、カウンセラーは少し驚く。その後、お互いに向き合って着席する)
カ2 今日は暑いですねー！
紗2 はい、暑いですね！ 汗をかいちゃいました！……でも、優しそうなカウンセラーの先生で良かったです！
カ3 ありがとう。そう言ってもらってうれしいです！ 今日は電車で来たんですか？
紗3 はい、○○駅まで電車で、そこから歩いてきました。
カ4 それは暑かったでしょう！ よく来られましたね！
紗4 はい、ありがとうございます。
(この後も紗良さんとカウンセラーは、天気と紗良さんの着ているかわいい服について、少し雑談をする。そ

してカウンセリングの対話が始まる）

カ5　カウンセリングを始めましょう。じゃ、よろしくお願いします。

紗5　はい、こちらこそよろしくお願いします。

カ6　今日はどういうことでお越しになったのですか？

紗6　前にもカウンセリングを受けてたんですけど、お母さんが女性相談室のカウンセラーに相談しなさいと勧めるから、来ました。

カ7　前にカウンセリングを受けたことがおありなんですね？

紗7　はい……。話すことをノートに書いて来ました。（かばんからノートを取り出して開き、膝に乗せる）ここに書いて来たことを話したらいいですか？

カ8　ええ、いいですよ。

紗8　（ノートに目を落として読む）あの……えっと……、私、男性が怖くて、男性が近くにいるとすごく緊張して冷汗が出たりするんです。私は大学生なんですけど、学校に、やたらとなれなれしくしてくる男子がいるんです。そういうのとかすごく嫌で……。

カ9　男性がすごく怖くて、なれなれしい男子も本当に嫌。

紗9　（ノートから目を上げて話し始める。紗良さんはこの時点から以降はノートを見ることはあまりなく、だいたいカウンセラーのほうを向いて話す）。男子が、何て言うか侵入してくる感じがして。女子とは話せるんですけど、男子は怖いんです。

＊4　この事例は、私の経験に基づいて作成したものです。

力10　女子にはちょっと安心できるけど、男子は怖い。
紗10　私は逃げてるのに、なれなれしくやって来るんです。大学を出て、外にブラブラしに行くこともあるんです。
力11　耐えられないほど、しんどくなることがあるんですね。
紗11　両親に言ってもわかってくれないんです。それに、コンビニとかでも近くに男性がいると、怖くなって苦しいんです。両親に言っても「怖いわけ、ないじゃないの」と否定するんです。
力12　男性が嫌なんですね。
紗12　前にガソリンスタンドの男性の店員に、私の体をジロジロ見られたことがあって、それからガソリンスタンドの店員が怖くなってしまって……。
力13　それは気持ち悪いですね！
紗13　……え、気持ち悪いというか……怖かったんです。
力14　怖かった。
紗15　はい……私、人にうまく話せないんです。緊張しちゃって。
力16　このカウンセリングはどうですか？
紗16　楽しいです。スッキリするし。
（カウンセラーには、紗良さんのこの発言は本心ではないように感じられた）
力17　それはよかったです。
紗18　はい……男の人が近づいてくると、頭が痛くなるんです……。
力19　どうして男の人が近づくと頭痛になるんでしょうね……？

紗19　わからないけど、電車に乗るときとか、知らない男の人たちと近くになっちゃうので、音楽をイヤフォンで大音量で聴くんです。耳に悪いですよね？　耳に悪くないようにするにはどうすればいいですか？

力20　うーん……大音量は悪いですね。

紗20　クヨクヨしすぎかな？　楽しいことをすればいいですか？

力21　そうですね。誰でもストレスはあるから、クヨクヨ悩みすぎないことが大切だと思いますよ。

紗21　そうですよね！……でも、友だちってなかなかできないんです。私、友だちが多いタイプじゃないし、自分のことをあまり話さない性格なので……。女の子ってかわいい女子が好きじゃないですか？　私はブスだって自覚してるんで。

力22　えっ、そんな、紗良さんは全然ブスなんてことはありませんよ。

紗22　いえ、それに、すべてピタッとわかり合える人じゃないと、仲良くなりたくないんです。私って、基本的に誰かとくっついてるのが好きなのかも。でも、いちおう仲良しの感じの子にも、いつも気を遣ってるんです。表面的な楽しさって感じ。

力24　ご自分のことをよく見て、気づいておられるんですね。

紗23　そうですか?!　いろいろ考えて分析しちゃうんです。私ってどうしてこうなのかな、とか……そうしてグルグルしちゃって……。

力24　一人であれこれ考えて苦しくなるんですか？

紗24　ちょっと関係ない話かもしれないんですけど、小さいとき、両親がよくケンカしたんです……暴力にもなって……私と妹が止めに入るんですけど、子どもなので止められなくて。

力25　ご両親が激しいケンカする場にいてつらかったんですね。だけど、どうしようもできなかった……。

紗25　（五秒沈黙）……それで自分から人に壁を作っちゃうのかな……？

力26　人を警戒する……。

紗26　夜中とか、突然涙が出て、眠れなくなることがあるんです。そんなとき、どうしたらいいのって……。

力27　涙が出たときどうすればいいのか、知りたいと思われるんですね。

紗27　はい……どうすればいいですか？

力28　夜中に突然つらくなって、それは耐えがたいほどなんでしょうか？

紗28　はい……昨日も親のことがあって、ケンカっていうか……晩ごはんを食べるのもめんどくさくなって……。

力29　晩ごはんは食べなかったんですか？

紗29　夜中にちょっとだけ食べたんですけど、ダイエットになるし、いいんですけど。

力30　ダイエットになってよかった、と思われるんですね。

紗30　まあ……そうですね……。ちゃんと食べないといけませんか？

力31　栄養が偏ると良くないけど、あまり神経質に考えるのもどうかと思います。

紗31　そうですよね……でも、急に泣きたくなることがあって。

力32　どうしてなのかな？

紗32　どうしてなんですかねぇ……疲れてるのかな……？

力33　……。

紗33　英語の小テストがあったんです。私、テストの前って異様に緊張するんです。だから疲れてるんですかね？

力34　英語は苦手？

紗34　はい、苦手です！（笑）中学生のときからちゃんとやらなかったんで、私が悪いんですけどね……どうして私、怠けちゃうんですかね？

力35　英語など、勉強がさっさとできない自分が好きだと思えないんですか？

紗35　イライラしちゃうんです。自分に。

力36　イライラする。

紗36　完璧症なんですよ。英語だって、いい点が取れないかもしれない、と思うと勉強する気も起きない……。私ってめんどくさい人間なんです！　あーっ、人間ってどうしてこんなにめんどくさいんですかね?!　周りの人たちも！

力37　周りの人たちもすごくめんどくさい。

紗37　そう、そうなんです！　なんでこんなに疲れるんですかね……。

力38　すごく疲れる。

紗38　人が怖いんだと思うんです。本当は……。

力39　人が怖い。

紗39　そう、なんか、私っていつも怯えてる感じがします。

力40　いつも怯えてる。

紗40　はい……この話をすると、お父さんを思い出すんです……。（目に涙をためる）

力41　お父さんのことでつらい思いをされたんですね。

紗41　お父さんが怖かった。

力42　怖かった……。

紗42　はい……（五秒沈黙）……小さいとき、お父さんのあぐらの膝の上によく座らされて、すごく嫌だったんです。かわいいんだろうと思うんですけど……。

力43　お父さんは紗良さんのことをかわいがったんですね。

紗43　嫌だけど、大嫌いになれないところもあるんです。

力44　嫌だけど嫌いだと思えない気持ちもある。

紗44　だからよけいつらいんです……。

力45　それはつらいわね……そういうとき、どうしてるんですか？

紗45　うーん……友だちを作ったら楽しくなるかな、と思って、新学期のクラスで私から女の子たちに話しかけるようにしたんです。

力46　紗良さんから積極的に声をかけたんですね。

紗46　それなのに、後で聞いたんですけど、私のことを陰で、「あの子ちょっとうるさい」とか、「なれなれしい」って言ってる人がいるよって、ある子がわざわざ私に言いに来て、私「何言ってるのよ！　イヤな女！」と思ったけど、そんなことは口に出して言いませんけど、周りの子たちが声をかけないから、私からがんばって話しかけてるのに、その私を悪く言うなんて、死んでしまえって思うんです、ホンネは。

力47　紗良さんが気を遣ってがんばって声をかけたのに、それを努力もしない女の子たちに悪く言われて、ものすごく腹が立つんですね。

紗47　どうしてあんなことが言えるのか、全然理解できません！

力48　うん、うん。

紗48　でもね、ちょっと仲良くなれそうな感じの女の子が見つかったんです。「今度お茶しよう」って話になったんです！　お茶することになったときは、悩みごとをしゃべり倒すぞ、とか思って（笑）

力49　友だちを見つけようと前向きに努力してるんですね。ごめんなさい、もう時間なので。

紗49　はい、終わりですね。

力50　今日は、紗良さんが男性が怖いこと、人に対して警戒心があること、そしてそれは子どものころ、お父さんにあぐらの膝の上に座らされたこと、お父さんが怖いけど、大嫌いになれないことと関係がありそうだということ、また、急に涙が出たりしてつらいときがあるけど、友だちを作って状況をより良くしようと努力していること、などについてお話をされました。次のカウンセリング予約はどうしますか？

紗50　あ、そうですね……どうしたらいいですか？

力51　毎週一回、この曜日に来ることにされたらいいと思うんですけど。

紗51　あ、はい、わかりました。あの、先生は学生のとき、私みたいに悩みました？

力52　友だち関係ではすごく悩みましたよ。裏切られたり、陰口を言われたり。自分が好きになれなかったし、うちも両親の仲が悪かったんで、紗良さんの気持ちはわかります。

紗52　そうなんですね……。

力53　じゃ、来週、同じ時間にお待ちしていますね。

紗53　（ニッコリして）はい、ありがとうございました！

2 解説——女子大生とのカウンセリング対話

元気な挨拶から、何を共感的に理解するか

紗良さんはまず、「**紗1**」において、明るく元気な様子で挨拶をしました。その行動は何を示しているでしょう。私たちは気持ちが本当に明るい人と交流すると、自分の気持ちも明るくなるものですが、この場合の紗良さんはカウンセラーが驚くほど明るい様子だったことから、彼女の明るさは純粋なものではなく、意識的もしくは無意識的に明るく振る舞っていたことが推測できます。

紗良さんは、カウンセラーおよびカウンセリングに対する恐れを、明るく振る舞うことによって感じないようにしていたのでしょう。それは「反動形成」という防衛機制です。反動形成とは、感じることがあまりに不安になる感情を感じないようにする目的で、正反対の感情を過剰に強く感じる、という形の防衛機制です。このときの紗良さんは、カウンセラーおよびカウンセリングへの怖れを感じないようにする目的で、怖れとは正反対の明るい感情を感じようとがんばっていた、ということが推測されます。

また、彼女は人間関係のなかで怖れを感じたときには、明るい様子でカモフラージュすることによって、怖れを悟られないように振る舞うパターンがあることが予測できます。そのため、彼女は人から自分の本当の気持ちを隠そうとするので、人間関係において孤独になりがちだろうということも推測できます。

さらには、紗良さんがそういう対人パターンを身につけていることから、彼女は幼少期に親など大切な人から、何かを怖がったりしたときに「そんなことじゃダメだ！」と批判され、それは子ども心にかなりつらい経験だったことが推測されます。それは、愛情を失いそうな恐ろしく寂しい経験だったでしょう。だからこそ、

「怖がったら愛情を失うんだ！　これからは愛情を失わないよう、明るく元気な子を演じなきゃいけない」と決めたため、今でも、カウンセラーに会うというような怖い対人場面では、明るく元気な子を自動的に演じてしまうのです。それゆえ、紗良さんの不自然な明るい挨拶は、彼女の人間関係の特徴が表れた転移反応です。カウンセラーは、人に対してそのように怯えざるを得ない紗良さんの不安な気持ちをおもんばかりながら、一緒にいることが大切です。

紗良さんが「**紗2**　優しそうなカウンセラーの先生で良かったです！」と言ったことからも、カウンセラーから好かれたくてたまらない彼女の思いがうかがえます。彼女はそのとき、自分の心にある大切なことを話すことができず、まず、カウンセラーに好かれるようなことを話したわけですから、それは抵抗の表現です。

このときカウンセラーは、〈**カ3**　ありがとう。そう言ってもらってうれしいです！〉と愛想よく返していますが、これは拙(つたな)いと思います。紗良さんの、「いい子にするとカウンセラーは喜んでくれて、私を好いてくれる」という信念を、いっそう強めかねないからです。

雑談

カウンセラーは最初、天気と紗良さんの洋服について雑談をします。これもまずいことです。初心のカウンセラーのなかには、来談者の緊張を解こうとして雑談を始める人がいますが、カウンセラーが雑談を始めると、来談者には「カウンセリングの時間はそれほど大切なものではありません」とか、「私はここであなたと一緒に苦しみの原因解決に本気で取り組む覚悟はありませんので、苦しくない話題に時間をいい加減に使いましょう」というようなメッセージが伝わりかねませんし、そのような雰囲気がかもし出されかねません。

もっとも、施設によっては、待合室で待っている来談者をカウンセラーが迎えに行き、カウンセリングルームに入るまで廊下を一緒に歩く構造になっている場合があります。そのとき、廊下を歩きながら〈今日は迷わず来れましたか？〉というような話をするぐらいなら構わないでしょう。しかしカウンセリングルームに入ってから雑談をするのはよくありません。また、来談者から雑談を始めた場合は、カウンセラーはただ〈うん、うん〉とうなずいて聞くぐらいにしましょう。雑談に活発に反応して、あれこれおしゃべりになるのはよくありません。

過去のカウンセラーの影響

紗良さんは、「**紗6**　前にもカウンセリングを受けてた」と語ります。以前、カウンセリング的な援助を受けたことのある来談者の場合、前のカウンセラーとの関係は、今のカウンセラーに対する態度に影響を与えます。前のカウンセラーが来談者と高い信頼関係を築くことができていたら、来談者は今のカウンセラーのこともある程度は信頼できる状態でやって来ます。つまり、「カウンセラーは安全な人で、自分のことを正直に話しても、怒ったり、情緒不安定になったり、私を否定したり、責めたり、直そうとしたりしない」と、ある程度は信頼できるのです。

反対に、前のカウンセラーがあまり受容や共感ができていなかったら、それができなかった程度に応じて、来談者は今のカウンセラーに対して警戒心を持って来談します。その場合には、カウンセリングの初期の段階（週一回のカウンセリングの場合、最初の数カ月から半年ぐらいが目安）において、前のカウンセラーへのネガティブな感情が語られ、そのことに共感し、受容する過程が必要になります。

前のカウンセラーとの関係で起きたネガティブな経験について、来談者が話したいようであれば、〈前のカウンセラーさんと何があったか言えますか？〉のように尋ねるのは、適切な介入です。そして、来談者が前のカウンセラーに裏切られたとか、否定されたと感じている場合には、〈前のカウンセラーに裏切られたと感じておられるんですね〉〈そのカウンセラーから否定されてつらかったんですね〉のように、来談者の傷つきに思いをはせながら応答するのが適切です。そのような介入によって、来談者はそのことについてさらに語りやすくなります。

ただし、それはあくまで、来談者が話したいときに話したい内容に水を向けることが目的であって、来談者に話す内容を指示するのは、まずい介入です。来談者が自分の感情をいっそう強く、明確に感じながら話すとき、心がより開かれていくからです。来談者が話したくないと思っている事柄（または話せない事柄）を話させようとすれば、来談者はカウンセラーから求められたり尋ねられたりしたから話すかもしれませんが、それは事情聴取にしかなりません。そのような会話では、来談者の純粋な感情の動きはなく、ただ求められたことについてしゃべるだけですから、カウンセリングにはなりません。

紗良さんがノートを書いて来た意味

紗良さんは、話す内容をノートに書いてきました。その行動も、先ほどの明るい挨拶や、「紗2　優しそうなカウンセラーの先生で良かったです！」という発言と同じで、カウンセラーに対する怯えの表れでしょう。つまり、「きちんと話さないといけない」と緊張しているのであり、その緊張感の底には怖れ（陰性転移）があります。何を話すかをあらかじめ考えて決めておくということは、何を話さないかを決めておくことでもあり、それは抵抗です。本人にはその自覚はありませんが。

来談者の苦しみの根本原因は、話す事柄として来談者が選んだこと以外の事柄が、密接に関係しているものです。共感的カウンセリングにおいて、来談者があらかじめ準備してきた内容を話しても、変化は起きません。来談者は、初めのうちはあらかじめ考えて来た内容を話すものです。それをするうちに、来談者には、自分をカウンセラーがそのまま受容していること、そして自分の気持ちをカウンセラーが共感的にわかってくれていることが徐々に伝わります。それとともに、来談者は少しずつ、より自由に話すことができるようになります。

ここで大切な注釈です。来談者に、〈話す内容を準備するのはよくありません〉とか、〈カウンセリングでは、あらかじめ準備していないことを話しましょう〉のようなメッセージを伝えても助けにはならず、かえってカウンセリングの深化をさまたげます。なぜなら、カウンセラーがそのように教えるとき、来談者に伝わるのは、「カウンセラーを警戒し、ちゃんと話せるように準備せずにいられない怯えを、カウンセラーは理解も受容もしていない」ということだからです。仮に、カウンセラーから〈あらかじめ準備していないことを話しましょう〉と言われても、来談者は何を話せばいいか余計わからなくなりますし、来談者はその指示に従おうとして、いっそう不自由になります。

同様のことは、素直な感情を感じることが苦手な来談者に、カウンセラーが〈感情を感じることは大切です〉とか、〈感情を感じましょう〉などと教えることにも言えます。来談者はそのように教えられると、かえって本当の純粋な感情を感じづらくなると思います。

なお、紗良さんがこれほどカウンセラーを警戒している理由の一つとして、前のカウンセラーの対応が拙かった可能性があります。紗良さんは「**紗2**　優しそうなカウンセラーの先生で良かったです！」と言いましたが、それは、前のカウンセラーは紗良さんにとって、厳しい人だとか、怖い人だと感じられたからかもしれません。カウンセリングの現在の段階では、紗良さんは前のカウンセラーとの間に何があったかを話したそうではありませんから、無理にそのことに話題を振るのはまずいでしょう。共感的な傾聴を続けていけば、近いうちに、紗良さんのほうから、前のカウンセラーに対する思いが語られるようになる可能性が高いでしょう。

男性への恐怖心と嫌悪感が語られる

紗良さんは、男性への強い恐怖心と嫌悪感について語り始めます。カウンセリング・セッションにおいて、まず大切なことは、来談者の苦しみの訴えに特に共感的に応答することです。このセッションでは紗良さんの男性への恐怖心と嫌悪感が、それに当たります。

このカウンセラーの、〈**カ9**　男性がすごく怖くて、なれなれしい男子も本当に嫌〉〈**カ10**　女子にはちょっと安心できるけど、男子は怖い〉という応答は、とても適切です。カウンセラーは紗良さんの苦しみを、なるべく自分のことのようにありありと想像して感じながら、それらの応答をしたのでしょう。そのためカウンセリングが深まり、紗良さんは苦しみを語り始めます。

来談者に尋ねてもムダな質問

紗良さんが男性に対する強い恐怖心と嫌悪感を語った時点で、カウンセラーによっては、〈どうして男性が嫌なんですか？〉〈怖いんですか？〉と尋ねる人もいるでしょう。その質問が適切な場合はあります。それは、来談者が、「なぜ男性が嫌なのかを今から話したい」と思っている場合です。しかし、カウンセラーにはなぜ紗良さんが男性が嫌なのかがわからないから〈どうして男性が嫌なんですか？〉と尋ねるのは、効果的な応答ではありません。そのことについて考察しましょう。

来談者は、自分の苦しみの本当の原因はわかっていません。あれこれ理屈で分析してわかっているつもりの来談者であっても、本当のところはわかっていません。ですから、来談者は主訴の原因を尋ねられても本当のことは答えられません。紗良さんの場合には、男性が怖い理由を尋ねられたとしたら、理屈で答えるかもしれません。たとえば、「ガソリンスタンドの店員さんが私の体をジロジロ見たからです」「男性のほうが体が大きくて、力が強いから怖いんです」「世の中にはレイプとか痴漢とか、たくさんあるじゃないですか。だから怖いんです」など。しかし、それらは本当の答えではありません。本当の答えが心から実感でわかっていたら、症状に苦しむことはないのです。来談者に理屈で答えさせたり、説明させたりすればするほど、来談者にとっては実感から離れていき、変化から遠ざかります。

また、来談者はかなりつらい経験をして、ひどい心の痛みを抱えている可能性があります。紗良さんの場合であれば、男性が怖くてたまらない背景に、たとえばレイプ被害があるかもしれません。そういう来談者に、〈なぜ怖いんですか?〉のような質問をすると、過去のつらすぎる体験を無理やり思い出させる可能性もあります。すると、来談者はさらに傷つきます。来談者がなぜ症状に苦しまざるを得ないか、その本当の原因については、来談者に尋ねるのではなく、カウンセラーが理論をもとに推測することであり、また、カウンセリングを通して一緒に探究していくことです。

来談者の対人恐怖を理解する

カウンセラーは、〈**カ9**　男性がすごく怖くて、なれなれしい男子も本当に嫌〉と、共感的な態度で適切に応答しながら寄り添えています。そのため、紗良さんは少し安心し、ノートを見るのではなく、その場で話したいことを話すことができるようになりました。そして苦しみについて語り始めたのです。そして、「**紗9**　男子が、何て言うか侵入してくる感じがして。女子とは話せるんですけど、男子は怖いんです」と話しました。それに対するカウンセラーの、〈**カ10**　女子にはちょっと安心できるけど、男子は怖い〉の応答について検討します。

カウンセラーは、〈女子には怖くないんですね〉とか、〈女子には安心できるんですね〉のようには返さず、〈女子にはちょっと安心できるんですね〉と返しました。これは適切だと思います。と言うのは、この来談者は対人恐怖が強いため、女子といても一〇〇％ラクなわけではないだろうからです。ですからここで、カウンセラーが紗良さんの対人恐怖の苦しみを理解せず、「紗良さんは女子といるとラクなんだ」と考えると、共感がズレることになります。ですから、カウンセラーが〈**カ10**　女子にはちょっと安心できるけど（以下省略）〉と応答したのは、紗良さんの人への恐怖をおもんばかる適切な応答だったでしょう。

ただここでは、女子についての言及は省いて〈男子は怖い〉のように、男子に対する恐怖だけに言及したほうが、より良かったかもしれません。と言うのは、ここで紗良さんが言いたいのは、女子といるとラクだということではなく、「男子が怖い」ということだからです。**カウンセラーの応答はなるべく長くせず、来談者がわかってほしいこと、最も大切なところだけを、短く返すよう留意しましょう。**

来談者の行動よりも感情を言葉にして応答する

カウンセラーが受容的かつ共感的に応答していますので、紗良さんは苦しみをさらに語ることができています。そして、「大学にいられず外に出ることもある」と述べています。カウンセラーはそれを受けて、〈**カ11**　耐えられないほど、しんどくなることがあるんですね〉と応答しています。これも適切な応答です。

このことに関連して、多くのカウンセラーがしてしまう、まずい応答があります。それは、来談者の感情に応答するのではなく、行動に応答することです。たとえばこの場面だと、もし〈大学を出るんですね〉と応答をしたとすれば、行動に応答したことになります。紗良さんがわかってほしいのは、大学を出るという行動ではなく、そうしないではいられないほど苦しい、ということです。ですから〈大学を出るんですね〉と行動に言及して返したのでは、共感が伝わりづらくなります。

そのことについて、もう一つ例を挙げて説明します。たとえば来談者が、母親に対する怒りをわかってほしくて、「昨日、母と電話していたらムカッとなっちゃって、怒鳴りつけたんです」と話したとします。その発言について共感が伝わりやすい応答は、〈お母さんに対して、抑えられないほど腹が立ったんですね〉〈怒鳴らずにいられないほど腹が立ったんですね〉〈むちゃくちゃ腹が立ったんですね〉のようなものでしょう。ところが感情に言及する応答ではなく、〈お母さんに怒鳴ったんですね〉と行動に言及する応答をすると、共感はあまり伝わりませんので、来談者はより深いことは話しづらくなります。

親についての語りは重要

紗良さんは「**紗11**　両親に言ってもわかってくれないんです。……（中略）……両親に言っても『怖いわけ、ないじゃないの』と否定するんです」と語っています。ここまで、カウンセラーが紗良さんの語りに共感的に寄り添っているので、紗良さんの男性恐怖という症状の下にある、より深い悩みが語られ始めました。カウンセリングの重要な進展です。

私たちは、親に対する見方と感情から、人生全体にわたる重大な影響を受けています。ただそれは、「親から愛されたと本人が思っているから良い」とか、「親から愛されなかったと本人が思っているから悪い」というような、単純なものではありません。しかしそれでも、親についての見方と感情は、私たちの人生を左右するとても大きな影響力を持っています。ですから、来談者が親について語るときは、ほとんどの場合、とても重要な発言です。カウンセラーは紗良さんの両親に対する怒りや悲しみを、なるべくありありと想像して理解しながら、〈ご両親は紗良さんがどれほどつらい思いをしているかを、わかってくれないんですね〉のように応答すれば、共感的だったでしょう。

しかしカウンセラーは、両親に対する紗良さんの不満や怒りの語りの重要性を見過ごしてしまったようで、〈**カ12**　男性が嫌なんですね〉と応答しました。このように、来談者が親の話をしたときにその重要性を理解せずに応答すると、来談者は、このカウンセラーに親のことを話しても仕方がないんだと感じて、親の話をしづらくなることがあります。

紗良さんの抵抗が高まる

紗良さんの抵抗が表れたようです。両親についての思いが症状の奥にある苦しみにつながっているのでしょうが、それについては話せなくなりました。そのかわりに、「**紗12**　前にガソリンスタンドの男性の店員に、私の体をジロジロ見られたことがあって、それからはガソリンスタンドの男性の店員が怖くなってしまって」と、症状の話に戻りました。そこから、〈**カ13**　それは気持ち悪いですね！〉「**紗13**　……え、気持ち悪いというか……怖かったんです」と対話が続いています。カウンセラーは、紗良さんがガソリンスタンドの男性店員に対する嫌悪感を語ったのだと理解して、〈気持ち悪いですね〉と応答したのですが、紗良さんはそれを、「怖かったんです」と修正しました。

カウンセラーが来談者のことをいつも一〇〇％完璧に理解し、共感することは不可能ですし、それができる必要もありません。カウンセラーの理解が不足していたり、間違ったりしたときは、このときの紗良さんのように来談者が修正してくれます。カウンセラーは紗良さんの修正を正確に理解して、〈**カ14**　怖かった〉と修正して応答しました。適切な応答です。すると紗良さんは「**紗15**　はい……私、人にうまく話せないんです。

緊張しちゃって」と語りました。これは非常に重要な発言です。このとき、紗良さんの心に何が起きていたのでしょうか。

紗良さんは、人から良く思ってもらえないことへの激しい怖れを抱えて生きていますので、カウンセラーに対しても怯えがあって、なかなか心を開くことができずにいます。そのときに、カウンセラーが先ほどお伝えしたように、両親への怒りという重要な語りについて応答せず、素通りしてしまいました。そのため、いっそう語りづらくなったのです。紗良さんは、カウンセラーに対するその語りづらさを、「**紗15**　私、人にうまく話せないんです。緊張しちゃって」という発言で表現したのです。

カウンセラーに対するネガティブな表現は非常に重要ですから、それには共感的に応答することが必要です。紗良さんのこの発言は、ネガティブな発言の一つです。そしてカウンセラーは、紗良さんのこの発言がカウンセラーに対する怯えの表れではないか、と感じ取ったのでしょう。その感じ方は的確です。そこで〈**カ16**　このカウンセリングはどうですか？〉と尋ねました。しかし、このときの紗良さんには、カウンセラーへの怯えを素直に語ることができるほど、カウンセラーを信頼できてはいませんでした。カウンセラーには、そのことへの共感的理解が欠けていました。ですから紗良さんは、「**紗16**　楽しいです。スッキリするし」と答えましたが、カウンセラーにはそれが、彼女の本心ではないことが感じられました。

来談者がカウンセラーへの不満を感じ、正直に語ることができないときに、このようにカウンセラーに対する思いを質問してもムダです。来談者はカウンセラーにウソを言わないといけなくなり、負担になります。カウンセラーがこのような質問をしてしまうのはしばしば、来談者のニーズに適切に応えるものではなく、カウンセラー自身の「来談者から悪く思われているかもしれない」という怖れからです。

紗良さんは、カウンセラーに対する怯えの気持ちを理解されていませんし、また、そんな状態なのにカウンセラーに対する思いを質問されたので、語りを深めることができなくなりました。そのため、症状についての話に再び戻らざるを得なくなりました。それが「**紗18**　はい……男の人が近づいてくると、頭が痛くなるんです」という発言です。それについてのカウンセラーの、〈**カ19**　どうして男の人が近づくと頭痛になるんでしょうね？〉も、不適切な質問です。

先ほどお伝えしたように、来談者は症状の本当の原因はわかっていませんから、このような質問は無益です。カウンセラーの共感の欠如と応答のまずさのために、カウンセリングの過程は深まらず、しばらく止まってしまいます。

来談者の語りが表層的になる

「**紗19**　わからないけど、電車に乗るときとか、知らない男の人たちと近くになっちゃうので、音楽をイヤフォンで大音量で聴くんです。耳に悪いですよね？　耳に悪くないようにするにはどうすればいいですか？」〈**カ20**　うーん……大音量は悪いですね〉。この対話は、紗良さんの深い苦しみである男性恐怖と対人恐怖の苦しみの原因を探求して解決する方向の対話ではなく、とても表層的なものです。そうなった原因は、ここまでのカウンセラーの非共感的な理解と応答にあります。そのため紗良さんの語りはいっそう、「**紗20**　クヨクヨしすぎかな？　楽しいことをすればいいですか？」と、苦しみを一時的にごまかす方向へ進んでいますし、それに対するカウンセラーの〈**カ21**　そうですね。誰でもストレスはあるから、クヨクヨ悩みすぎないことが大切だと思いますよ〉という応答も、問題解決からいっそう離れて、苦しみをごまかす方向へと対話を進めてしまっています。

来談者が対話をもとに戻す

しかし紗良さんは、共感が不足しているカウンセラーをもとに戻します。それは、紗良さんに力があるから可能になった動きです。「**紗21**　そうですよね！……でも、友だちってなかなかできないんです」。紗良さんのこの発言は、カウンセラーへの一種の反論です。カウンセラーは、〈誰でもストレスはある〉と発言することで、紗良さんの激しい苦しみを軽く見ていることが露呈し、さらには〈クヨクヨ悩みすぎないことが大切だと思いますよ〉と、そんなアドバイスでは解決しない紗良さんの深い苦しみへの無理解を、露呈しています。紗良さんはそれに対して、「友だちができない」という悩みを語ることによって、そんなアドバイスでは解決しません、と訴えているのです。

そして彼女は、「**紗21**　私、友だちが多いタイプじゃないし、自分のことをあまり話さない性格なので」と語っています。紗良さんはこの時点では自分について、友だちが少ない〝タイプ〟であり、〝性格〟だと思っています。さらに続いて、私はブスだから女子の友だちができない、という意味のことを話します。この時点の紗良さんにはまだ、彼女の孤独の本当の原因が、紗良さんの心にある非現実的で過剰な恐怖である、ということへの洞察はありません。このことについては、後ほど戻って解説します。

紗良さんの、「**紗21**　私はブスだって自覚してるんで」という発言を、カウンセラーは「**カ22**　全然ブスなんてことはありませんよ」と否定しています。これも非共感的な応答です。雑談であれば、そう返すことで話し手の苦しみを逸らしたり、ごまかしたりすることもあるでしょう。しかし、誰にも話せない苦しみに一緒に取り組む共感的カウンセリングにおいては、来談者の苦しみをこのようにごまかしたり否定したりするのではなく、紗良さんが自分自身のことをブスだと感じているということについて〈紗良さんが探求したいと思う限り）、一緒により深く理解していこうとする意図で対話を進めることが援助的です。

また、初心カウンセラーに多い不適切な反応として、〝共感的〟で〝温かく〟反応しようとして、感情に過剰に反応することがあります。たとえば、次のようにです。

来談者　（淡々と話す）会議でみんなの前で係長に否定されて、あとでしんどくなったんです。

カウンセラー　（大げさな表情と声の様子で）そうだったんですか‼　それは本当にしんどかったでしょう！

来談者　（戸惑った様子で）え、まあ……。

カウンセラーがすることは、来談者がわかってほしいことをなるべく来談者の身になって想像して理解し、その理解を言葉で返すことです。来談者は苦しい気持ちをそれほど強く感じていないのにカウンセラーが大げさに返すのは、共感がずれています。カウンセラーがそのような応答をするのはしばしば、「来談者から共感的なカウンセラーだと思われたい」という、カウンセラー自身の欲求のためです。

苦しみの原因へと語りが進む

紗良さんとの対話に戻ります。紗良さんは、「**紗22**　すべてピタッとわかり合える人じゃないと、仲良くなりたくないんです。私って、基本的に誰かとくっついてるのが好きなのかも」と述べています。これは重要な発言です。どう重要なのでしょうか。

それらの発言には、紗良さんの過剰な愛情欲求が表現されています。「すべてピタっとわかり合える人」

「くっついていられる人」を求める思いは、幼児が理想的な母親を求める思いに共通しています。しかし、現実の大人の人間関係において、すべてピタッとわかってくっついていられる理想的な人はいません。ですから、紗良さんにとって人間関係は満たされないものです。

さらに、紗良さんは、幼児が理想の母親を求めるような愛情欲求を、大人になっても他者に向けずにおれないほど深い寂しさを感じていますから、人がその愛情欲求を満たしてくれないときには、容易に傷つきます。ですから、傷つかないよう紗良さんは人を警戒し、心を閉ざしています。そのため「いちおう仲良しの感じの子」にもいつも気を遣わざるを得ず、そのため人間関係が満たされない、空しく寂しいものになっています。彼女はそのことを、「表面的な楽しさって感じ」と表現しています。

紗良さんの苦しみを共感的に理解するには、彼女の慢性的な寂しさと孤独感に思いをはせることが、とても大切です。カウンセラーの目の前にいるのは大人の紗良さんではなく、心理的には、いわば親の愛情が得られず寂しくてたまらない幼児なのです。そう理解するとき、紗良さんの苦しみに思いをはせることができます。

ところが、カウンセラーは紗良さんの深い苦しみの訴えを共感的に理解して、その理解を言葉で返すのではなく、〈**カ23**　ご自分のことをよく見て、気づいておられるんですね〉と、彼女をほめるような応答をしています。初心カウンセラーのなかには、来談者の気持ちをラクにしようとか救おうなどとして、来談者をほめたり長所を指摘したりする人がいます。しかし、苦しんでいる人の身になれば、そうしてほめられてもラクにはなりません。

たとえば、あなたが最愛の恋人に突然フラれて、今とてもつらい思いでいるとします。その苦しみを思い切って人に打ち明けたところ、「あなたは魅力的だから大丈夫です」となぐさめられたり、「この経験によって成長するからがんばって！」と励まされたりしても、気持ちが本当にラクになることはないでしょう。そんなふうに言われると苦しみを語りづらくなるし、苦しみがあまりに激しいほど、「この人も私の苦しみをわかってはくれないんだ」と、かえって孤独感が募るかもしれません。

紗良さんの心にも同様の動きが起きたようです。彼女は、〈**カ23** ご自分のことをよく見て、気づいておられるんですね〉と前向きに応答したカウンセラーに対して、自分の苦しみをわかってもらっていないと感じたのでしょう。だから、いかに苦しいかをわかってほしくて、「**紗23** そうですか?! いろいろ考えて分析しちゃうんです。私ってどうしてこうなのかな、とか……そうしてグルグルしちゃって……」と語りました。紗良さんは苦しみに何とか対処しようとして、いろいろ考え分析するのですが、人は苦しいときに自分であれこれ考えてもなかなか解決しないものです。カウンセラーが必要なのはそのためです。

苦しみの原因が自分の心にあることへの洞察が始まる

紗良さんの苦しみの訴えに対して、カウンセラーは〈**カ24** 一人であれこれ考えて苦しくなるんですか？〉と応答します。カウンセラーはこの応答を、紗良さんの苦しみを想像しながら、共感的な表情と声で行ったのでしょう。紗良さんにはカウンセラーの共感が伝わり、語りが深まります。それが、「**紗24** ちょっと関係ない話かもしれないんですけど、小さいとき、両親がよくケンカしたんです……暴力にもなって……私と妹が止めに入るんですけど、子どもなので止められなくて」という発言です。それに対するカウンセラーの〈**カ25** ご両親が激しいケンカする場にいてつらかったんですね。だけど、どうしようもできなかった……〉の応答も適切です。そのため、紗良さんは「**紗25** それで自分から人に壁を作っちゃうのかな」と語っています。

この語りは、カウンセリング過程の重要な進展を示しています。紗良さんは先ほど（**紗21**）、友だちは多いタイプではないとか、自分はかわいくないから女子に人気がない、という意味のことを語りました。そのときの紗良さんは、自分に友だちがあまりいない原因は、自分がそういう性格だからだし、外見も良くないからだ、と語っていたわけです。ところが、ここで彼女は、「友だちができない原因は、自分から壁を作るからかもしれない」と話し始めたのです。

カウンセリングがこのあと共感的かつ受容的に進んでいくと、紗良さんはさらに、自分から人に心の壁を作っているという事実と、そのことから来る寂しさを、よりはっきり感じるようになります。さらにカウンセリングが進めば、なぜ人に壁を作らざるを得なかったのかについて、自ら過去の体験を思い出すようになります。

紗良さんの、自分から人に壁を作るのかもしれない、という意味の重要な発言を受けて、カウンセラーの〈**カ26**　人を警戒する〉は適切です。そのため、紗良さんは苦しみをいっそう素直に語ることができ、「**紗26**　夜中とか、突然涙が出て、眠れなくなることがあるんです」という発言になりました。ただそれでも、紗良さんは自分の苦しみを感じて語ることを避けたくなり、「**紗26**　そんなとき、どうしたらいいのって……」という発言につながりました。それは、夜中に涙が出て眠れなくなるほどの苦しい感情について、止めたいぐらいつらすぎてたまらない、という訴えです。

対処法について思考しても解決しない

紗良さんのその訴えに対するカウンセラーの、〈**カ27**　涙が出たときどうすればいいのか、知りたいと思われるんですね〉という応答は非共感的です。紗良さんの苦しみから離れて、「どうすればいいか」という知的な話にしてしまいました。そのため、紗良さんの語りはストップしてしまって、それ以上自分の心を語ることができなくなりました。そこで、紗良さんは「**紗27**　どうすればいいですか？」と質問することで、間を埋めたのです。質問した紗良さん自身も、カウンセラーに答えることはできないということは、うすうすわかっていたでしょう。

苦しさを共感的カウンセラーの支えとともに探求していくことを避け、「どうすればいい？」と対処法についてあれこれ考えても、問題は解決しません。

カウンセラーが修正する

ここでカウンセラーは、対話を修正しました。紗良さんがつい先ほど語ったばかりの苦しみの訴えに、話を戻したのです。〈**カ28**　夜中に突然つらくなって、それは耐えがたいほどなんでしょうか？〉「**紗28**　はい……昨日も親のことがあって、ケンカっていうか……晩ごはんを食べるのもめんどくさくなって……」と、苦しみについての語りに戻ることができ、さらには親のことについて自ら言及しました。

紗良さんのこの発言も重要です。彼女の語りの流れを見ると、夜中に突然涙が出て眠れなくなる、という苦しい症状の背後に、親に対する感情が関係していることが示されています。ここでカウンセラーの適切な応答としては、紗良さんの気持ちを想像しながら、〈親御さんのことで、すごくイヤなことがあったんですね〉のようなものが考えられるでしょう。

カウンセラーが話を逸らしてしまうと、話が表層的になる

ところがカウンセラーは、〈**カ29**　晩ごはんは食べなかったんですか？〉と、紗良さんの苦しみの訴えから話を逸らし、晩ごはんを食べたかどうかという話題に変えてしまいました。そのため、紗良さんは苦しみを語ることができなくなり、「**紗29**　ダイエットになるし、いいんですけど」と、苦しみをごまかす語りをしまし

た。しかもカウンセラーは、紗良さんのその発言が本心ではないことを見抜けなかったのか、〈カ30　ダイエットになってよかった、と思われるんですね〉と応答しました。

これはとても不適切な応答です。紗良さんにとっては、昨夜ご飯を食べたかどうか、ダイエットになるかどうかは、カウンセラーに共感的にわかってほしい最重要の事柄ではありません。紗良さんは食事のことについてさらに話します。紗良さんは、カウンセラーの共感が欠如しているため大切なことが話せなくなり、どうでもいいことしか話せなくなったのです。

このような対話が増えれば増えるほど、来談者にとってはカウンセリングの意味が感じられず、「カウンセラーはただ話を聞くだけだ」と不満に感じて、カウンセリングをやめてしまいます。

ストレスの原因は心の痛み

しかし、紗良さんには力があります。対話を重要な事柄へと戻しました。「紗31　そうですよね……でも、急に泣きたくなることがあって」がそれです。それに対するカウンセラーの〈カ32　どうしてなのかな？〉という応答も、不適切なものです。そんな質問をされても、来談者は真の理由を語ることはできません。

それでも紗良さんは、「紗33　テストの前って異様に緊張するんです」と語りました。これも重要な発言です。この発言からうかがえることは、紗良さんは、良い成績を取れば親など重要な他者から認めてもらえるけど、成績が悪いと認めてもらえないとか、愛してもらえない、と感じているということです。無条件の親の愛情をあまり感じられないのです。勉強のストレスの根本に、その愛情飢餓感の苦しみがあることがうかがえます。

ここからのカウンセラーの応答は、紗良さんが伝えたいことを変えたり邪魔したりせず、共感的に沿うものです。〈カ35　英語など、勉強がさっさとできない自分が好きだと思えないんですか？〉〈カ36　イライラする〉がそうです。その共感的な応答によって対話が進みます。「紗36　完璧症なんですよ」いう発言は、親など重要な他者から求められたとおりにしないと愛されなかったと感じた経験から来る、不安の表現です。「完璧にしなければダメだ」という思いの底には、「親など重要な他者の目から見て、完璧にできなければ、自分は愛される価値のある人間になれない」という、恐怖に彩られた信念があります。

完璧症の底にある怒り

そのような完璧症の底には、無条件に愛してもらえなかった寂しさが潜んでいますし、さらには、無条件に愛してくれない重要な他者（親など）への激しい怒りがあります。「紗36」の発言に、紗良さんの怒りが出てきました。まずは自分自身への怒りです。「紗36　私ってめんどくさい人間なんです！」。そして、それが表現され受容されたら、さらにその底にある、人への怒りが感じられてきました。「紗36　あーっ、人間ってどうしてこんなにめんどくさいんですかね?!　周りの人たちも！」。

紗良さんの表現に対して、カウンセラーはとても適切に応答しました。〈カ37　周りの人たちもすごくめんどくさい〉〈カ38　すごく疲れる〉。カウンセラーが共感的に寄り添ったので、紗良さんは自分の心に本当は何が起きているのかを、探求し始めました。その表現が「紗37　なんでこんなに疲れるんですかね……」という発言です。

紗良さんの心の探求が進み、対人恐怖をありありと感じて言語化しました。「紗38　人が怖いんだと思うんです。本当は……」。さらに、紗良さんは「今・ここ」において、人への恐怖をありありと感じ始めました。「紗39　私っていつも怯えてる感じがします」。

苦しみの源へと対話が進む

カウンセラーは、〈**カ39**　人が怖い〉〈**カ40**　いつも怯えてる〉と、共感的について行っています。そのため紗良さんの心の探求はいっそう進み、お父さんの話に入ります。対人恐怖の苦しみの源に、お父さんに対する怒りや傷つきがあることがうかがわれます。

このように、共感的で受容的なカウンセラーとの対話によって、来談者の心の探求は徐々に、苦しみの本当の源へと、自らから進んでいきます。「**紗40**　はい……この話をすると、お父さんを思い出すんです……（目に涙をためる）」。場面でのカウンセラーの応答は適切です。〈**カ41**　お父さんのことでつらい思いをされたんですね〉〈**カ42**　怖かった……〉がそうです。

すると紗良さんの語りは、お父さんへの恐怖と、幼少期にお父さんが彼女に性的に接触したことへと進みます。〈**カ43**　お父さんは紗良さんのことをかわいがったんですね〉という応答は不適切でしたが（紗良さんは、お父さんからかわいがってもらってうれしかった、ということを話したいわけではありませんでしたので）、それ以外の応答は適切でした。すると、紗良さんの語りは、彼女の本音の思いへと深まっていきます。

親に対する愛憎の相反する思い

紗良さんは「**紗44**　嫌だけど、大嫌いになれないところもあるんです」と語ります。とても重要な発言です。子どもをひどく傷つける親に対してでさえ、子どもは愛情を求める思いがあるからです。このことを理解するのは、共感において、とても大切なことです。

ほとんどすべての来談者が、カウンセリングが進むにつれ、親への怒りを語るようになります。しかし、たとえ「親は大嫌いです」と親に対する憎悪ばかりを語る来談者であっても、彼・彼女の心の奥には、親の愛情を激しく求める強烈な欲求もあります。つまり、親への憎しみが一〇〇%ではなく、本音では「お父ちゃん（お母ちゃん）大好き！」という強烈な思いもあるのです。カウンセラーがそれを理解することは、正確な共感のために重要です。

仮に、カウンセラーがそれを理解せず、〈あなたのお母さんはひどいですね〉と応答すると、来談者は防衛的になります。すると、安心して自分の気持ちを探求し、感じ、語る過程が止まってしまいます。母親への強い憎しみを語る来談者の心にさえ、その奥には「お母さんを悪者にしないでほしい！　お母ちゃんが大好きで、お母ちゃんに愛してほしいから」という思いがあるからです。ですから、母親への激しい怒りを語る来談者に対しては、〈お母さんはひどいですね〉とカウンセラーの評価や思いを返すのではなく、来談者の怒りとして、次のように応答するのが適切です。

〈お母さんに腹が立って仕方がないんですね〉
〈お母さんへの憎しみも感じるんですね〉
〈お母さんに対してすごく怒りも感じるんですね〉

また、そのときカウンセラーは、来談者の心には母親に甘えたい、母親からの愛情がほしいと、強烈に求める衝動もあることをわかって応答することが、正確な共感のために大切です。

父親からの性的虐待の可能性

次に紗良さんは、子どものころに父親のあぐらの膝の上に座らされた、と述べています。これも非常に重要な発言でしょう。カウンセラーがここまで、一定の共感的かつ受容的な態度で紗良さんの語りについていくことができたために、紗良さんは男性恐怖の核心に迫る内容に入り始めた可能性があります。つまり、紗良さんの男性恐怖の源は、幼少期の父親との関係にあるのかもしれないということです。

可能性として、紗良さんの父親は幼い彼女に性的な欲求を感じて体を触り、幼い紗良さんにもそのことが感じられたのかもしれません。もしそうだったとすれば、それは父親による過剰な性的刺激だったはずで、紗良さんにとって、父親の愛情と性的関心は同じものだと感じられたのかもしれません。そうだとすれば、男性からの関心はすべて、父親が彼女に向けた性的関心のように感じられるのかもしれません。そう考えると、紗良さんがなぜ男性をひどく怖れずにはいられないかが、想像できるでしょう。

紗良さんのここまでの発言からは、父親による身体的接触がどの程度の性的な接触だったかはわかりませんが、ひどい性的虐待があった可能性もあります。一般に来談者は、特にカウンセリング初期において、苦しみについて少なめに話すものです。それは抵抗（第6章参照）によるもので、苦しみを感じることが怖すぎるためです。来談者の実際の苦しみは、来談者の語りから受ける印象よりも、ずっと強いことが多いものです。カウンセラーはそのことを頭に入れて聴くことが大切です。

カウンセラーが、紗良さんのお父さんに対する嫌悪感と愛情欲求を想像しながら、共感的な応答を続けていけば、彼女の語りは男性恐怖という症状の根源へと自然に近づいていき、その対話を通して、男性への感じ方は少しずつ変化していくでしょう。

親などから性的虐待を受けた人の心理

親、親せき、きょうだいなど、親しい人から性的虐待を受けた人の心理について、わかっておく必要のある大切なことがあります。それは、虐待された人は、虐待について強烈な嫌悪感や恐怖などを感じていると同時に、正反対の感情も持っていることがある、ということです。

たとえば、女児が父親から性的虐待を受けた場合、女児にとってそれが激しい嫌悪感と恐怖の体験であっても、同時にそれは、父親から特別な関心を得る体験でもあるかもしれません。また、性的虐待において肉体的快感も感じるかもしれません。虐待をされた人にとって、そのような秘めた喜びを感じている自分自身に気がつくと、自分のことがひどく醜く思えるものです。そのため、強い罪悪感や、「自分は汚い人間だ」というような、自分自身を責める思いに苦しむことがあります。来談者がそのような隠れた葛藤に苦しんでいる可能性があることを、知っておく必要があります。

カウンセラーが再び感情から逃げる

〈カ45　それはつらいわね……そういうとき、どうしてるんですか?〉というカウンセラーの応答は、拙いものです。苦しみに寄り添うことを避け、どうすればいいか、と行動によって対処しようとする発想だからです。先ほどお伝えしたように、苦しみに向き合うことを避けて、どうすればいいかという対処法をあれこれ頭で考えても、問題は解決しません。おそらく、カウンセラーがこのような応答をしたのは、来談者の苦しみを受け止めることがつらくて、できなかったためでしょう。そしてカウンセラー自身が、自分自身の感情に向き合うことを避けて、どうすればいいかとあれこれ考える、そういうあり方をしている可能性が高いでしょう。

そのためこの場面で、〈どうしてるのか〉と、行動を尋ねたい思いが浮かんだのでしょう。

人としてのカウンセラー自身のあり方が、カウンセリングに表れます。だからこそ、カウンセラー自身が腰を据えて、深いカウンセリングで自分自身の癒やしと成長に取り組むほど、カウンセラーとしての大切な素養が磨かれます。

来談者の連想が示すもの

紗良さんはお父さんのことでつらくなるときに、〈**カ45**　そういうとき、どうしてるんですか?〉というカウンセラーの質問に対して、「**紗45**　友だちを作ったら楽しくなるかな、と思って、新学期のクラスで私から女の子たちに話しかけるようにしたんです」と答えました。紗良さんのこの答えは、父親に関する苦しみや、人が怖いといった症状の根本に、孤独感の苦しみがあることから湧いた連想でしょう。

カウンセラーは紗良さんのこの語りについても、気持ちを受け止めて寄り添うのではなく、〈**カ46**　紗良さんから積極的に声をかけたんですね〉と、話を逸らしてしまいます。紗良さんはそれに対して、彼女の苦しみがわかってもらえないので、わかってもらおうとして、一部の女子たちから「うるさい」とか「なれなれしい」と悪口を言われている、という悩みを話しました。

紗良さんの激しい攻撃心が表れる

次に紗良さんは、積極的に声をかけているのに彼女のことを悪く言う女子らへの、激しい怒りを語ります。「**紗46**　その私を悪く言うなんて、死んでしまえって思うんです、ホンネは」。この語りは、かなり激しい攻撃心の表れです。私たちの文化では、一般的に特に話しづらい事柄は、怒り・憎しみ・攻撃心と、性的なことです。ですから、来談者がその二つのうち、いずれかについて語ったときには、特に受容的かつ共感的に応答することが大切です。

この場面がそうで、カウンセラーは〈**カ47**　紗良さんが気を遣ってがんばって声をかけたのに、それを努力もしない女の子たちに悪く言われて、ものすごく腹が立つんですね〉と応答しました。カウンセラーが、紗良さんの殺したいほどの怒りと攻撃心を想像しながら、こう応答したのなら、これはとても適切な応答です。紗良さんはそれを受けて、「**紗47**　どうしてあんなことが言えるのか、全然理解できません！」と述べます。彼女は怒りを「いま・ここ」で、ありありと感じていることがうかがえます。

このように、感情が自然にありありと感じられるようになるカウンセリング過程が、来談者にとっては意味があると感じられます。このような過程を経るとき、セッション後の来談者の感じ方に、少しずつ変化が起きていきます。

ただし、カウンセラーが〈感情は大切なので、よく感じましょう〉というように教えるのは、かえって逆効果だと思います。「感情を感じるべきだ」というような理屈で、自分自身に強制したのでは、本来の癒やしと成長は起きないでしょう。また、紗良さんのように対人恐怖の症状を持つ来談者の心には、強烈な怒り・攻撃心とともに、それへの恐怖・罪悪感もあります。ですから、対人恐怖に苦しむ来談者のカウンセリングにおいては、怒りや攻撃心の表現に特に気をつけて、共感的に応答する必要があります。このことについては、次の雄介くんの事例でより詳しく解説します。

来談者の強すぎる愛情欲求が再び表現される

紗良さんは、「**紗48**」において、仲良くなれそうな女子が見つかったことを語り、その人と一緒にお茶をすることになったら「紗48　悩みごとをしゃべり倒すぞ、とか思って（笑）」と語ります。この発言にも、紗良さんの過剰な愛情欲求が表現されています。通常、人はお互いをより知るにつれて、少しずつ自分のことを話すようになるものですし、そのときには互いに話し合い、聞き合います。しかし紗良さんは、まだそれほど親しくない人に対してまで、「悩みをしゃべり倒したい」、そして聴いてほしい、と求めているのです。

愛されなかったという、幼少期からの愛情飢餓感の苦しみを強く抱えている来談者ほど、このように周囲の人たちから愛情を過剰に求めます。しかし、周囲の人たちが子どもに対するように、来談者に一方的に関心を注ぐことはありませんから、来談者にとって人間関係は不満足なものになりがちです。

止まらずしゃべり続ける来談者をどう理解できるか

来談者によっては、セッションの間、あまり止まることなくしゃべり続ける人がいます。そのような来談者についてカウンセラーは、「よっぽど話したいことがたまってるんだなあ」と考えることが多いようです。それは間違いではありませんが、それだけではプロの共感としては不足していると思います。

来談者がずっとしゃべり続ける理由として多いものが、紗良さんのような過剰な愛情欲求です。幼少期からの慢性的な愛情飢餓感に苦しむ来談者は、カウンセラーの関心が欲しくてたまらず、しゃべり続けることがあります。来談者は誰もが、関心を持って話を聴いてもらい、わかってもらうという形で愛情を注いでもらうことを求めるものですが、愛情飢餓の苦しみが激しい人ほど、その欲求が非常に強いものです。カウンセラーは、そういう来談者の愛情飢餓の苦しみに思いをはせながら、一緒にいることが大切です。

また、来談者にとっては、毎回のセッション終了が見捨てられ体験のように感じられることがあります。セッションが終了するたびに、過去の見捨てられた感情が刺激され、見捨てられたことによる愛情飢餓感がかき立てられるのです。そのため見捨てられることがつらいので、無意識のうちにセッションを終わらせないようにしようとして、話が終わらないのです。

そういう来談者にも、カウンセラーは終了時刻になったらきちんと終了を伝えて、終えることが大切です。そして、セッションの終了に関する見捨てられる寂しさや悲しみ、恐怖などについて来談者が語って、それに共感的に傾聴することが必要になります。ただし、カウンセラーが無理にその話をさせようとするのではなく、来談者がそのことについて話せる心の準備ができたときに、話し合うことが大切です。

また、来談者がセッション中にあまり止まることなくしゃべりつづける別の理由として、カウンセラーに応答されることを恐れている場合があります。カウンセラーの応答から、カウンセラーに批判的なことを言われるんじゃないかと、恐れているのかもしれません。または、カウンセラーの応答から、実はカウンセラーは来談者の話がわかっていないという事実が露呈するんじゃないか、などと恐れているため、カウンセラーの応答を怖がっていることもあります。

比較的多い別の理由として、沈黙を怖れるあまり、しゃべることによって沈黙を避けていることもあります。来談者が沈黙を避ける理由は、普段は抑圧して感じないようにしているつらすぎる感情（孤独感、怒り、憎しみ、罪悪感など）や想像が、沈黙すると湧き上がりそうになるから、ということがあります。また、沈黙するとカウンセラーから、「話もできないダメな来談者だ」などと悪く思われることが怖い、という理由から沈黙を怖がることもあり得ます。

そのほかにも、来談者がセッション中にあまり止まることなくしゃべり続ける理由として、何か特定の事柄について深く話していくと、それにまつわるつらすぎる感情や想像が湧き上がりそうになり、それを恐れるがあまり、どの事柄についても深く話さずに済むよう、話題を次々に変えて話し続けることがあります。そういう来談者の語りは、表層的だったり形式的だったりして、情緒があまり感じられないことが多いものです。

来談者があまり止まることなくしゃべり続ける理由のうち、特に多いものについてお伝えしました。単に「よくしゃべる人だなあ」「話したいことがたまっているんだなあ」と考えるのではなく、しゃべり続けずにはいられない来談者の思いを、共感的に理解して耳を傾けることが大切です。

3 セッションの終わり方

セッションの終了時刻になりました。カウンセラーは〈カ49 ごめんなさい、もう時間なので〉と述べて、セッション終了を伝えます。ここでカウンセラーが謝ったのは、望ましいことではありません。と言うのは、カウンセラーが謝ると、来談者は不満があっても言いづらくなるからです。カウンセラーに何かの落ち度がある場合は謝るべきですが、この場合のように落ち度もないのに謝ると、「良いカウンセラー・良い来談者」を演じる関係になりかねず、それではカウンセリングになりません。カウンセラーが落ち度もないのに謝りたくなるのは、「良いカウンセラーだと思われたい」という、カウンセラー自身の愛情欲求によるものです。

カウンセラーは終了前に、セッションで話した内容を要約しました。〈カ50 今日は、紗良さんが男性が怖いこと、人に対して警戒心があること、（中略）などについてお話をされました〉という発言がそうです。セッションの最後に要約または話し合った内容を復習しましょう、と教える先生がいます。しかし、共感的カウンセリングにおいて、それはかえってまずいことが多いと思います。共感的なカウンセリングで重要なのは、来談者が「いま・ここ」で、自分自身の感情や想像をありありと感じることです。それによって感じ方に変化が起きてきます。たとえば、来談者が夫への怒りを語り、怒りをありありと感じているまさにその瞬間に、カウンセラーが〈ご主人にものすごく腹が立つんですね〉と応答するのは意味がありますが、怒りについて語り終えて、怒りが落ち着いたときに同じ応答をしても、ずれてしまいます。カウンセラーがタイミングのずれた応答をしていると、カウンセリング過程は進みません。

　ですから、セッションの最後にカウンセラーが、〈今日は○○と□□について話しました〉と繰り返すことは、来談者の体験にとっては無意味です。かえって、「カウンセリングで大切なことは何かをしゃべること自体であって、あなたが今何を感じているかは重要ではありません」というメッセージを伝えてしまいます。すると、来談者は実感のこもらないおしゃべりをするようになりかねません。

　また、カウンセラーは次回予約に関して、〈**カ50**　次のカウンセリング予約はどうしますか？〉と尋ねました。この尋ね方は、来談者によっては、突き放されたように受け取られる可能性があります。特に初回セッションの場面ですから、より丁寧に尋ねるほうがいいでしょう。たとえば、〈また今日のようにお話し合いができたらと思いますが、来週の同じ時間にお会いするのはいかがでしょうか？〉のように尋ねるほうが、より適切でしょう。

終了後の質問の意味

　紗良さんはセッションが終了したあと、「**紗51**　あの、先生は学生のとき、私みたいに悩みました？」と質問をしました。共感的カウンセリングでは、カウンセラーは来談者が表現し、わかってほしいことを、来談者の身になって理解しようとします。ですから、セッション終了後の質問であっても、来談者はその質問によってどんな感情や考え、想像を婉曲に表現しているのかを、理解しようとすることが大切です。

　では、紗良さんのこの質問は、何の表現でしょうか。ひょっとすると、カウンセラーに対する、「十分に共感してわかってもらえた」とは感じられない物足りなさ、もしくは不満の表現かもしれません。または、セッション終了にあたって、不安が高まったのかもしれません。それは、過去の別離や見捨てられ体験の寂しさや、傷つきや恐怖が、喚起されたからかもしれません。または、「カウンセラーともっと仲良くなりたい」という欲求の表現かもしれません。

共感的カウンセリングにおいては、来談者の質問が何の表現であるかを、一緒に理解するための介入を行うことが大切です。ところが紗良さんのカウンセラーは、質問に対して自分の経験を答えて終わってしまいました。そのため、紗良さんの質問が何の表現であるかが、わからずじまいのままです。それでは来談者を共感的に理解することはできません。

質問にどう応答すればより共感的か

では、どう応答すればより共感的でしょうか。紗良さんの質問が何の表現であるかについて見当がつく場合には、それを尋ねるのがひとつの賢明なやり方です。特に、カウンセラーまたはカウンセリングに対する不満は、無理のない範囲で、早い段階で来談者に話してもらい、共感的かつ受容的に理解することが大切です。ですから、紗良さんの不満の表現だと感じられる場合には、〈私があなたの悩みを十分にわかっているのかどうか、ちょっと分からないようなお感じでしょうか?〉のように応答して、時間を少し延長してでも、紗良さんの不満について共感的に話し合うことができれば、理想的です。

同様に、紗良さんの質問がセッションを終了するにあたっての離別の寂しさや、見捨てられ不安の表現だと思える場合には、〈終わるのが寂しいような、不安なようなお気持ちですか?〉のように応答すると適切でしょう。または、紗良さんの質問が何の表現であるか見当がつかないときは、〈私も同じように悩んだのかどうか、気になりますか?〉〈私が悩んだかどうか気になるのは、どういう思いからなのか、話せますか?〉のように尋ねると適切でしょう。

ただし、面接を延長することはなるべく避けましょう。カウンセラーに次の予約があって、延長できない場合も多いでしょうし、そうでなくても延長すると、来談者にとって過剰な愛情欲求が満たされる経験になります。幼少期からの慢性的な愛情飢餓感の強い来談者ほど、カウンセラーが時間を延長すると、「私のことが好きだから(または大切だから)厚意で延長してくれた」と、受け取りやすいものです。すると、来談者の愛情欲求を不要に刺激するため、来談者は「もっと愛情が欲しい、もっと愛情が欲しい」と求めるようになることがあります。すると、次のセッションで延長しなければ、来談者には拒絶だと感じられます。

それらの歪んだ非現実的な知覚は転移反応によるもので、幼少期からの慢性的な愛情飢餓感に苦しむ来談者ほど、カウンセラーがどう対応しようが、遅かれ早かれそのような転移反応を起こすものです。そのときには、来談者がカウンセラーへの思いを話せるよう、共感的に対応することが大切です。しかし、転移反応を不要に刺激するような行動は、避けるほうが賢明です。

ですから、紗良さんの終了後の質問に対して、それが不満の表現であり、しかもすぐに対応する必要があると判断する場合を除いて、実際には、彼女の質問の背後にある思いを探求する介入はせず、〈そのことについては次回に、気になるようでしたらまたお話しください〉と応答して、セッションを終了するのが適切でしょう。

質問への応答については、第10章「来談者の質問にはどう対応すればいいか」で、さらに詳しく学びます。

カウンセラーから働きかけたとき

カウンセラーから来談者に、情報提供やアドバイスなど何らかの働きかけをした場合には、その働きかけについての来談者の反応を話してもらうことが大切です。紗良さんとのセッションの最後に、カウンセラーが自分も学生時代に人間関係で悩んだと話したのも、そのような働きかけの一つです。カウンセラーから働きかけをしたとき、来談者がそれを聞いて思うことを自発的に語るかもしれませんが、そうしないときには、〈私がお伝えしたことを聞いて、何を思われますか?〉などと尋ねるのが定石です。来談者がその問いかけに対しても答えることができないことがあり、そのときには来談者の反応について話し合うことはできませんが、来談者の反応を尋ねてみることは大切です。

紗良さんのカウンセラーは、自分も学生のときに人間関係に悩んだ、と話したあと、紗良さんの「**紗52** そうなんですね……」という発言に込められた思いを理解しようとすることなく、〈**カ53** じゃ、来週、同じ時間にお待ちしていますね〉と切り上げました。これも、あまり望ましい応答ではありません。時間を延長しないにしても、せめて、〈私がそうお伝えしたことについて、もし次回お話ししたいと思われたら、お話し合いをしましょう〉のように伝えて終えるほうが、より適切だったでしょう。

4 治療同盟について

来談者の質問については、その質問が何の表現であるかを一緒に明らかにしていく介入が、共感的で適切な介入です。これは治療同盟に関して重要なことですので、説明します。

カウンセリングの学びにおいて、「ラポール」という概念がよく出てきます。ラポールとは、来談者が「このカウンセラーは信頼できる。この人になら正直に話せる」と感じることを指して使われます。共感的カウンセリングにおいて、ラポールはとても重要ですが、ラポールだけでは足りません。

共感的カウンセリングにおいてとても重要なのは、治療同盟です。第5章「無条件の受容」でお伝えしたように、治療同盟はカウンセリングの効果を左右するとても大きな要因であることが、多くの実証的研究によって明らかになっています（Del Re et al., 2012；Flückiger et al., 2018；Soto, 2017 など）。治療同盟とは以下の三つを指します。

①来談者・カウンセリング関係における信頼感（ラポール）。
②カウンセリングにおいて何をするのかについての、来談者とカウンセラーの共通理解。
③カウンセリングの目的・ゴールについての共通理解。

その三点が効果的な共感的カウンセリングに大切です。

来談者の質問が何の表現であるかを一緒に明らかにしていく作業を通して、来談者自身も、自分のなかに何が起きているのだろうかと、自分の気持ちや思いを感じ、吟味し、探求するようになります。それが、治療同盟の重要な側面になります。つまり、来談者が質問をするときには、自分自身が自分の内面に起きていることを吟味することを避けて、注意を外側に向けているわけです。そのときに、共感的カウンセラーは、質問に答えて終わらせるという形で来談者の心に一緒にフタをするのではなく、来談者の心に何が起き、なぜそれが質問という形で表現されたのかということに関心を持って、一緒に理解しようとします。それを通して、共感的カウンセリングでは何をするのかについての共通理解が生まれます。それが、治療同盟を構成する要素になるのです。

共感的カウンセリングの実際を学ぶために、次章でもう一つの事例を検討します。その事例のカウンセラーは、紗良さんのカウンセラーよりも適切な理解と応答が多く、カウンセリング過程が進んだ実際の事例です。

第9章 共感的カウンセリングの実際2 *5

来談者は、非行少年と呼ばれた中学二年生男子の雄介くん（仮名）。このカウンセリングセッションは、事情があって十五分間と決まったうえで行われました。雄介くんは小学生のときから窃盗を始め、このカウンセリングが行われるまで、恐喝、暴力、器物破損、女性の下着を盗むなど、多くの犯罪行為を繰り返していました。そしてある日、担任の先生に連れられて、学校内のカウンセリングルームに来ました。

以降、カウンセラーの発話は「**カ**」、雄介くんの発話は「**雄**」、カウンセラーの言葉は〈　〉で示します。**数字**は、次節の「解説」で、面接場面での発話を取り上げる際の目安としてつけてあります。

1　事例――非行少年と呼ばれた男子中学生とのカウンセリング対話

（雄介くんは担任の先生にうながされて一人で部屋に入り、椅子に座ります。ふてくされた様子です）

カ1　どういうことなんでしょう。ちょっと担任の先生から聞いたんですけど、君の気持ちといったようなも

＊5　この事例は、亡くなった私のカウンセリングの先生が、生前に来談者から公開許可をもらって講演で録音を聞かせたり、著書で公開したりしていたものを、来談者のプライバシー保護のために一部改変したものです。

のを、話してもらえたら、と思うんですけどね。

雄1　担任の佐藤先生がね、とにかくカウンセラーの先生がこの部屋にいるから、行ってきて話をしてきなさい、ということで来たんですけど、何ですか、この部屋は。

力2　佐藤先生が私の所へ来いと、そういうことで来たので、この部屋に入って、気に食わない、という気持ちがちょっとするわけなんでしょうか。

雄3　この前、捕まりましたからね。こういう所へ来るのもね、ぼくが悪いと思ってますよ、そりゃもちろんね。〈はい、はい〉

力4　君としては、悪いという気持ちで反省しているにもかかわらず、こういう所へ来い、私に会え、と言われる。そこでちょっと、心の引っかかりを感じるわけなんですね。

雄4　ええ、佐藤先生がね。やっぱり、こんなことはあっちこっちの人たちには知られたくないですよ。〈ふん、ふん〉（カウンセラーに向かって）先生もそうでしょう。それで佐藤先生が、あの部屋に行って話してこい、と。〈ふん、ふん〉先生はぼくのことを知っていますか。

力5　うん、ちょっと佐藤先生から聞きました。あなたとしては、悪いことをしたから隠しておきたい、そんな気持ちなのに、佐藤先生が、私の所へ来て蒸し返してこい、と、そのように君としては感じているわけですね。

雄5　なんで、こんな所へ、ぼくが来ないといけないんだろ。〈ふん、ふん〉まあ、悪いことをしたんだから、仕方ないから、どこへでも行きますけどね。〈ふん、ふん〉やっぱり、出る所には出ないといけないと思うから来ただけで。〈ふん、ふん〉……

（五秒沈黙）

雄6 まあ、ずいぶん嫌なんですよ。学校でもね、警察でもね、ずいぶんやられましたからね。

カ6 君としては、学校でも、何か、毎日が嫌な思いだし、警察でも嫌な思いだし、生活が嫌だというような感じでしょうか。

雄7 悪いことは、謝りますけどね、だからもうそれでいいはずだと思いますけど。なんか知らないけど、あっちこっちの人がね、親切そうな顔して言いやがるから、許してくれるのかと思ったら、また佐藤先生に言ってね。〈ふん、ふん〉そして佐藤先生が、またゴテゴテ言うしね。〈ふん、ふん〉これほど謝ってるのに、また、こんな所にまで引っぱられてね、これで嫌にならないほうが不思議。ぼくだけじゃないと思いますけどね。

（六秒沈黙）

カ7 これでもか、これでもか、というような、本当に反省しているのに、という感じがするんですね。そんなふうに、周囲から仕向けられているような、そんな感じなんでしょうか。

雄8 なんか、人に顔を見られたくない……（十秒沈黙）……なんか、腹立ってしょうがない……（十秒沈黙）……。また、けんかしてしまうかもしれませんけどね……（七秒沈黙）……

カ8 あっちこっちに持ち回ることが、嫌で嫌でしょうがない。で、あなた自身としては、本当に悪かった、と思っているのに、そういうふうに引っかき回されると、腹が立ってくる。そして、また同じことを、ひょっとしたら、繰り返すかもしれない、というようなお気持ちでしょうか。

雄9 なんか、自分でも先のことが、わかりませんねえ。しかし、なんかあったら、もうあんなことはしませんけどね……（八秒沈黙）……。

カ9 （沈黙）

雄10 また、けんかは、たぶんやるだろう、と思いますけどね。〈ふん、ふん〉……（八秒沈黙）……。

力10 （沈黙）

雄11 やっぱり、ぼく、あと一カ月で十四歳になるんですけどね、そうなったら、鑑別所行きですか。〈ふん、ふん〉警察ではね、「お前はまだ十四歳になってないからかまわないと言ってたけど、あと一カ月したら十四歳を超すんだから、鑑別所行きだぞ」と言われましたからね。ぼくのしたことを先生が知っているなら、やっぱり鑑別所行きですか。

力11 警察で、なんか、こう、鑑別所に送ってやるぞ、と言わんばかりのおどし、そういうふうなことが、非常に、こう。

雄12 「当たり前ならぶちこんでやるのに、お前はまだ十四になってないから無理だ」と言いやがったんです。

力12 ふん、ふん、非常に、そんな言い方、警察のやり方が、しゃくにさわったんですね。

雄13 しかし、ぼくの友だちで少年院に行ったやつもいますからね、悪いことしたんなら、やっぱり、鑑別所に行ってしまうかもしれませんね。やっぱり、十四を越したら、入るのは嫌ですからね。悪いことはわかってるから、やめますけどね。しませんけどね。で、また、けんかをしたら、警察はぼくに目をつけていますからね……（二十秒沈黙）……。

力13 （沈黙）

雄14 こんなことは、担任の先生に言いますか？　ぼくが、ここで何をしゃべったか、ちょっとぐらいはいいですけど、詳しく言うんですか。

力14 ここでしゃべった内容について、君が言ってほしくないことは先生にも言いませんが、なんか、それでいいでしょうか……。なんか、そういうことが信用できない、という感じも持つんでしょうか。

雄15　「誰にも言わないから何でも言ってみろ」と言われたから話したらね、警察はすぐ学校に言うしね。佐藤先生がね、このあいだね、部室でお菓子を食わせてくれてね、そのとき、佐藤先生は、「誰にも言わない」とはぼくには言いませんでしたけどね、でも、もうカウンセラーの先生のところに筒抜けです。もう、ここまでされたら、やっぱり、仕方がないですからね。悪いことを隠しても仕方ないですからね。だけど、もう、あちらこちらでしゃべらされるのは勘弁してほしいような気持ち、もうここで最後にしてほしいですよ。

力15　今まで、誰に言わないから、とだまされてきて、まあ、この部屋まで伝わってきた。それだけでもしゃくに障るのに、あなたの気持ちとしたら、この部屋から外へ漏れていくことがあったら、やりきれない、と、そういう気持ちですかね。

雄16　佐藤先生が家に黙っていてくれたらね。〈ふん、ふん〉家へこんなに言うことはないと思うんですけどね、それでつらいですけどね。

力16　悪いことをした、と反省しているんだから、そっとしておいてくれたら立ち上がれそうな、そんな気持ちを持っていたけど、こんなにあちこちから言われると、あなたにとって、いっそうつらいような、嫌なような、反抗したくなるような、そんなお気持ちなんですね。

雄17　まだ、この部屋がどんなことをする所か、なぜぼくが来るのを先生が待っていたのか、わかりませんけどね。

力17　なぜ、こうして話をしているのか、理由がつかめない、というわけですね。

雄18　ぼくはね、自分の気持ちをいくら話しても、誰もわかってくれないと思いますね。だから誰にわかってもらおうとも思いませんけどね。ぼくはぼくでやっていきますからね。

力18　そっとしておいてほしい、というようなお気持ちでしょうか。

雄19　もう、ぼくを忘れてほしいですね。みんながね。……（五秒沈黙）……でも忘れてくれませんね。警察は、ちゃんと記録をつけてるしね。家の者も知ってるし。……（十秒沈黙）……。

力19　（沈黙）

雄20　はっきり、腹が立ったら殴ってくれたらいいんですけどね。それで済むんですけどね。そんなら、さらっとしてしまえるんですけどね。

力20　さっと済んでしまえば気が楽なんだけど、なんだか、いつまでもネチネチと、引っかき回され、引きずり回されているような、それが嫌な感じなんですね。今日は時間が来たので、私としては来週にもまた話し合いたいと、心から思うんですが、気が向いたら、また来週来てください。

雄21　この部屋でなければいけませんか。

力21　この部屋よりも、ほかの所のほうが話しやすい、この部屋では話がしづらいような気がするんでしょうか？

雄22　ええ、ここに入るのはね、あそこは一番悪いことをした奴が行く所だと、ぼくらは言ってますよ、ちょっと、かなわないです。〈ふん、ふん〉気が向いたら先生の下宿へ行くかもしれませんけどね。ちょっと、この部屋は今のところ嫌ですね。この前は、ある奴がぼくのことを「あいつ、二回も引っ張られてあの部屋に行ったぞ」〈ふん、ふん〉みんな、そう言ってましたけど。ぼく、ちょっとわかりましたけどね、ぼくがそんな気持ちで来ていても、〈ふん、ふん〉みんなはそう見て〈そう見てくれない〉また、そのうちに来るかもしれませんけど。

力22　では、どうもご苦労さまでした。

2 解説――男子中学生とのカウンセリング対話

来談者の質問は質問ではない

雄介くんはまず、ふてくされた様子で入室し、少し話したあと、「**雄1** 何ですか、この部屋は」と尋ねました。これは質問の体裁を取っている発言ですが、本質的には質問ではありません。質問とは、話し手は知識がなくて困っているが、聴き手は必要な知識があるので、話し手はその知識を得れば問題が解決するときに尋ねるものです。たとえば、「トイレはどこですか?」は質問です。話し手はトイレの位置を知らないから質問をし、尋ねられた人が「この廊下の突き当たりを右に曲がるとあります」と答えれば、問題が解決します。

しかし、共感的カウンセリングにおいて、来談者が質問の形で何かを言った場合、それが質問であることはほとんどありません。ですから、それを質問だと受け取ってそれに答えても、来談者は本当には納得できませんし、しばしば、来談者は質問に込められた思いを理解してもらえないので、心に起きていることを話しづらくなります。

共感的カウンセリングにおいてカウンセラーがすることは、「来談者が表現していることをなるべく来談者の身になってひしひし、ありありと想像して理解し、その理解を言葉で返すこと」です。ですから、〈この部屋はカウンセリングルームと言って、生徒が自分の気持ちを話すところです〉などの正解を返しても無意味です。

雄介くんの不信感を共感的に理解して応答する

雄介くんの「何ですか、この部屋は」という発言に、「来談者が表現していることを理解し、その理解を言葉で返す」という意図で応答する場合、どう応答すれば共感が伝わるでしょう。それについて考えてみましょう。

彼のその発言は、カウンセラーと担任の先生に対する不信感や怒りの表現だったでしょう。彼はカウンセリングルームにふてくされた様子で入室したのでした。ここでカウンセラーは、雄介くんの不信感や怒りの表現を適切に理解し、雄介くんの反抗的な気持ちをなるべく自分のことのように想像して感じながら、〈カ2　佐藤先生が私の所へ来いと、そういうことで来たので、この部屋に入って、気に食わない、という気持ちがちょっとするわけなんでしょうか〉と、適切に応答しました。

ここで重要なことは、このカウンセラーが話し手の反抗的な気持ちをなるべく自分のことのように想像して感じながら聴き、応答したことです。それがなく、単に客観的事実について話すかのように同じ応答をしたのでは、とても非共感的だったでしょう。共感的カウンセリングにおいては、「何と言って返すか」の前に、来談者の気持ちを共感的に想像して自分のことのように感じることがとても大切です。

大きくたくさんうなずくことが大切

また、このカウンセラーはこのとき、おそらく穏やかで共感的な声と表情で、よくうなずきながら聴いていたでしょう。カウンセラーは来談者が話しているときには、たくさんうなずきながら耳を傾けることがとても大切です。特に、緊張している来談者や、カウンセラーに対する反発心や不信感、警戒心の高い来談者の場合は、それがたいへん重要です。私はプロカウンセラー対象のトレーニングに多く携わっていますが、ほとんどのカウンセラーはうなずきが小さすぎるし、少なすぎます。反応が薄すぎるのです。

このカウンセラーの、共感的で穏やかな表情と声とうなずき、そして応答によって、雄介くんにはカウンセラーの共感的で受容的な態度が少し伝わりました。そこで雄介くんには、このカウンセラーは自分の気持ちをわかろうと聴いてくれる人なんだ、ということが感じられ、進んで話し始めます。

〓来談者の発言にも、わかってほしい大切なことでなければ返さない〓

「**雄3**　この前、捕まりましたからね。こういう所へ来るのもね、ぼくが悪いと思ってますよ、そりゃもちろんね」。雄介くんはここで、「ぼくが悪いと思っていますよ」と言いました。しかし、それは本音ではありません。彼はこのとき決して、本当に悪い、申し訳ないと思って、罪悪感の苦しみを語っているわけではないし、更生したいという本気の願いを語っているわけでもありません。雄介くんは内心、「このカウンセラーだってどうせ、他の大人たちのようにぼくのことを悪く思ってるだろうから、反省しているようなことを言わないと、責められるだろう」というような思いでいたでしょう。その思いから来る、反省しているかのような発言です。

ですから、もしカウンセラーがここで、〈あなたは本当に反省しているんですね〉〈この部屋に来させられるのはもっともなことだと、納得しているんですね〉のように応答したのでは、共感がずれていますから雄介くんはいっそう心を閉ざし、本音は話しづらくなっていたでしょう。

しかし実際には、カウンセラーはここで、〈**カ4**　君としては、悪いという気持ちで反省しているにもかかわらず、こういう所へ来い、私に会え、と言われる。そこでちょっと、心の引っかかりを感じるわけなんですね〉と応答しました。これは適切な応答です。雄介くんは、「ぼくが悪いと思っている」ということを、本音ではありませんが、カウンセラーにちゃんと受け取ってほしいとは思っていたでしょう。というのは、もしそのことを受け取ってくれなければ、カウンセラーから「反省しないダメな生徒だ」と思われて責められるんじゃないか、と不安だったからです。しかし本音では、反抗的な気持ちでした。「**カ4**」の応答は、雄介くんが「**雄3**」の発言で表現していることを正しく理解し、適切に返している応答です。

カウンセラーの受容的な態度に戸惑う雄介くん

それに続いて、雄介くんは「**雄4**　先生はぼくのことを知っていますか」と発言しています。これも質問ではありません。雄介くんは何の思いを表現しているのでしょう。

雄介くんは内心、「おや？　どうもこのカウンセラーは、学校の先生や警察のようにぼくを悪い子だと思っているわけでもないし、責めるわけでもないみたいだぞ。それどころか、ぼくの気持ちをわかろうとしてくれているようだ。ひょっとしたら、ぼくがした悪いことを知らないんじゃないか？　だから優しいのかもしれない」という疑念が湧いてきたのでしょう。カウンセラーが彼のその思いを正しく理解していたら、〈私があなたを責めたりしないので、ひょっとしたら私があなたのしたことを知らないんじゃないか、もし私があなたのことを知ったら、説教するんじゃないかと思われるんでしょうか？〉のように返すと共感的だったでしょう。

カウンセラーの共感の失敗

しかし、カウンセラーはそうは応答せず、次のように返しました。〈**カ5**　うん、ちょっと佐藤先生から聞きました。あなたとしては、悪いことをしたから隠しておきたい、そんな気持ちなのに、佐藤先生が、私の所へ来て蒸し返してこい、と、そのように君としては感じているわけですね〉。
この応答は、雄介くんが言いたいことに沿ったものではありませんでした。そのため、雄介くんの抵抗が強まりました。ですから、「**雄5**　なんで、こんな所へ、ぼくが来ないといけないんだろ（中略）やっぱり、出る所には出ないといけないと思うから来ただけで」と、それまでと同じことを繰り返し、話が深まっても進んでもいません。それでも、カウンセラーは受容的な様子で座っていたのでしょう。ですから雄介くんは少し心を開き、彼の苦しい思いを語り始めました。それが「**雄6**　まあ、ずいぶん嫌なんですよ。学校でもね、警察でもね、ずいぶんやられましたからね」の発言です。

まず来談者の苦しみに共感することが大切

ここで、共感的カウンセリングの実践においてまず、特に大切なことをお伝えします。それは、来談者の主訴の苦しみに、共感的に応答することです。ただし、ここで言う「主訴」とは、来談者が「何の問題でカウンセリングに来たか」について語った内容だとは限りません。同様に、相談申込票の「何の問題で来られましたか?」という設問に対して来談者が書いた答えだとも限りません。と言うのは、来談者は大なり小なり防衛的な心の状態でやって来ますので、本当の苦しみを、はじめから素直に話したり、記入したりはしないものだからです。

私がここで、「まずは、来談者の主訴の苦しみに、共感的に応答することが特に大切です」とお伝えしているときの「主訴」とは、来談者が感じている主な苦しみのことを指します。その苦しみにカウンセラーが特に共感的に応答することが、とても重要です。「**雄6**　まあ、ずいぶん嫌なんですよ。学校でもね、警察でもね、ずいぶんやられましたからね」が、彼の主訴の苦しみです。彼は本音を少し語ったのです。彼にとって特につらいことの一つは、学校と警察で叱られたり責められたりすることなのです。彼はどれほど傷ついてきたでしょう。どれほど腹も立つでしょう。ここではカウンセラーが、その苦しみに特に共感的に想いをはせて応答することが、とても重要です。

カウンセラーは、〈**カ6**　君としては、学校でも、何か、毎日が嫌な思いだし、警察でも嫌な思いだし、生活が嫌だというような感じでしょうか〉と応答しました。これは適切でした。なお、繰り返しますが、このときカウンセラーは、単に来談者の言葉を返すのではなく、来談者の苦しみをなるべく来談者の身になってひしひし、ありありと想像して感じながら、応答することが大切です。「**カ6**」「**カ7**」では、それが高い程度にできていました。

そこで雄介くんは、自分の心にあることをいっそう深く探求するとともに、彼の心にとても重要な動きが起きました。それが「**雄8**」の発言に表れています。

対人恐怖が表れてきた

「**雄8**　なんか、人に顔を見られたくない……（十秒沈黙）……なんか、腹立ってしょうがない……（十秒沈黙）……。また、けんかしてしまうかもしれませんけどね……（七秒沈黙）……」。このとき、雄介くんの心に何が起きたのでしょう。

カウンセラーの受容と共感が彼に伝わるにつれ、彼は自分の心に起きていることを正直に感じ始めました。すると、まず人への恐怖が感じられました。それが、「人に顔を見られたくない」という発言です。彼はとても強がって暴力的に振る舞うことの多い生徒だったようですが、その心の奥には、いかにも強そうな振る舞いからは想像することの難しい、対人恐怖の苦しみがあったことがうかがえます。

雄介くんはその恐怖をカウンセラーとの共感的で受容的な安全な人間関係の場において、沈黙をはさみながらじっくり感じるうち、「なんか、腹立ってしょうがない……。また、けんかしてしまうかもしれませんけどね」と、訳のわからない怒りと敵意を感じ始めました。

最初、雄介くんは、先生や警察が悪いから腹が立つのだ、と信じていました。しかし、彼が自分の心に素直に開かれてくると、他人が悪いから腹が立つだけではなく、自分の心の中に訳のわからない怒りがある、ということに彼自身が気づき、その怒りを感じ始めたのです。

対人恐怖が生まれる心理メカニズム

ここで、理論的に重要なことをお伝えします。それは「対人恐怖」についてです。対人恐怖という言葉にはとても強いニュアンスがありますが、対人不安、引っ込み思案、人見知りなども、強さのニュアンスが違うだけで本質的には同じことですので、ここでは対人恐怖という言葉で統一して話を進めます。

対人恐怖の症状が生まれるメカニズムについて、私の仮説をお伝えします。これがわかっていないと、なぜ来談者が人の目を過剰に気にするのかがわからないため、来談者の苦しみに共感することができませんし、さらには、共感的カウンセリングの実践においても、来談者の何に特に共感することが大切かもわかりませんから。

対人恐怖の底には、本人には恐ろしくて感じることのできない激しい怒り、敵意、攻撃性があります。怒りがあまりに激しすぎるため、本人もその怒りに怯えているのです。そのため、怒りはほとんど感じられないか、またはその一部しか感じられません。ですから、対人恐怖の強い人は、まるで怒りがまったくない人のような印象を与えることが多々あります。ものすごく内気でおとなしく目立たなかったり、過剰ににこやかでいかにも怒ることがなさそうだったり、過剰に腰が低くてやたらと頭をペコペコ下げたり、いかにも理知的または理性的で機械的で感情がないような印象だったり、などです。

そういう人の心には、本人も気づかない激しい怒りや憎悪が潜んでいます。ところが、本人は自分の怒りが怖すぎるため、怒りを感じることができません。怒っているという事実に気づくこともできません。そのため、何か強い感情のようなものが心にあることは感じられても、それが怒りだとはわからないのです。自分の怒りが怖すぎて、それが怒りだと認めることができませんから、何かわからない怖いものが心にある、と認識するのです。私たちにとって、「訳のわからない怖いもの」は、あまりに怖すぎますから、訳をわかろうとします。そのため、「なぜこんなに怖いのだろう？　あ、わかった！　人々が自分に敵意を持ったり攻撃しようとしていたりするからだ」と解釈します。それが、対人恐怖の症状が生まれるメカニズムだと私は考えています。

対人恐怖と親への怒り

さらに、対人恐怖の強い人の場合は、本来の最も重要な怒りの対象は、養育者（親）であることがほとんどだと思います。来談者が幼かったころに、親からの無条件の温かく安定した愛情をあまり受けられなかったと感じ、そのことへの激しい怒り、恨み、憎悪があります。しかし親に対して怒りを表現すると、親からいっそうひどく叱られたり、無視されたり、または親が「子どもが私に怒っている」ことが耐えがたく、オロオロと不安定になったりするため、親に対して怒ることができませんでした。そして、「怒ると親の愛情がいっそうもらえなくなる。怒りはあまりに危険な感情だ」、と学びます。そのため、自分の怒りが怖くて受け容れられなくなるのです。

このように、対人恐怖の強い人ほど心の中には激しい怒り、憎悪、攻撃心が渦巻いていると同時に、怒りについて強い恐怖（もしくは罪悪感）があります。しかし、カウンセリングが進み、来談者が自分の心により愛を持って向き合えるようになるにつれ、怒りが感じられ、表現されるようになります。それは、カウンセリングにおいて非常に重要な場面で、怒りの表現には特に共感的かつ受容的に応答することが大切です。カウンセラーが受容し共感することによって、来談者は自分自身の怒りを感じ、その本当の源を少しずつ探求していけるからです。

次節で、来談者の怒りの表現に対する共感的かつ受容的な応答について、具体的に考えてみましょう。

来談者の心の状態に合わせて応答することが大切

対人恐怖の強い来談者は、いきなり生々しく直接的な怒りを感じて語ることはできないものです。そうではなく、はじめは怒りが弱く、あいまいな形で感じられ、語られることが多いものです。たとえば「なぜあの人があんなことを言ったのか、わからないなあ」とか、「○○さんはもっとこうすればいいのに」「母は心配性でいちいち言ってくるんですよね」など、それが怒りの表現であることが比較的わかりづらい形で表現されがちです。そのときカウンセラーは、それが怒りであることを敏感に理解し、来談者が「いま・ここ」で感じている怒りの強さに合わせて、応答することが大切です。

たとえば、次のような応答がその例です。

例1

来談者　なぜ高木さんはあんなことを言うのか、わからないなあ。

●あまり共感的ではない応答の例

〈うーん、私もわかりませんけど……〉

〈本人に尋ねたらどうですか？〉

〈そんなこと言ったんですか！　ひどい人ですね〉

〈高木さんがそう言った理由について、考えておられるんですね〉

（来談者の怒りを自分のことのように想像することなく、形式的に返す）〈高木さんがそう言った理由がわからないと思われるんですね〉

●共感的な応答の例

これらの応答をするとき、来談者の怒りをなるべく自分のことのように、想像して感じていることが大切です。

〈なぜあんなことを言うのか、理解できないんですね〉

〈高木さんがそうおっしゃったことに、ちょっとイラっとするお感じでしょうか？〉

〈あんなことを言わないでほしかった、と思われるんですね〉

例2

来談者　米元さんはもっとこうすればいいのに。

●あまり共感的ではない応答の例

〈米元さんがもっとこうすればいい、と思うんですね〉
〈米元さんがもっとこうすれば合理的だ、と思うんですね〉

●共感的な応答の例

これらの応答をするとき、来談者の怒りをなるべく自分のことのように想像して、感じていることが大切です。

〈米元さんのやり方がちょっと気に入らない、と思われるんですね〉
〈上手なやり方じゃないなあ、と感じられるんですね〉
〈米元さんにちょっとイラっとするお気持ちなんでしょうか？〉

例3

来談者　母は心配性でいちいち言ってくるんですよね。

●あまり共感的ではない応答の例

〈お母さまが心配性だから、いちいち言ってくると思われるんですね〉
〈お母さまはあなたのことを、心配してくれるんですね〉

●共感的な応答の例

〈お母さまがいちいち言ってくるので、少しうっとうしいな、というお気持ちもお感じなんでしょうか？〉

〈イライラする〉

〈お母さまが文句を言うたびに、嫌な思いになるんですね〉

未解決の怒りはさまざまな苦しみや困難を生む

親など重要な他者に対する怒りが意識または無意識の領域に強くあるほど、人間関係において困難を繰り返します。人に腹が立つことが多いし、人のことを内心では強く見下したり攻撃したりしますし、人から攻撃されたり拒絶されたと感じて、傷つくことも多くなります。そのため人のことが怖く信頼できませんので、いっそう心を閉ざして孤独になりがちです。

さらに、親など重要な他者から愛してもらえなかった、攻撃された、無視された、拒絶されたなどと信じて、怒りや傷つきが（意識または無意識の領域に）ある人は、無意識的に罪悪感の苦しみも抱えていることがほとんどです。たとえば、「親から虐待された」「親に十分に愛してもらえなかった」などと感じている人は、非常に多くの場合、親に対して「私は親を拒絶した」「ぼくは親をいたわらなかった」「親を憎んでしまった」などの罪悪感を、自分でも気づかない無意識領域で感じているものです。そして、その罪悪感のために、その後の人間関係でも同じように、「また悪いことをしちゃった」「あの人に申し訳ない」などと罪悪感を抱くことが多くなりがちです。

また、秘かな罪悪感のために、人の優しさ、厚意、好意、お金など、自分が欲しいものを受け取ることへの抵抗を感じることも、多いものです。たとえば、カウンセリングなどの対人援助職やサービス職などにおいて、質の高いサービスを提供しているにもかかわらず、それに見合った対価を受け取ることを申し訳なく感じる人が多くいます。それは、「こんな悪いことをした自分に、いい物を受け取る資格はない」という無意識的な信念によるものですし、また、提供したサービスの質に見合わない低料金奉仕や無料奉仕をすることによって、過去に自分が犯したと信じている行いについて、罪滅ぼしをしようとしているのです。しかし、そうして罪滅ぼしをしても、過去の罪悪感が解決することはありません。*6

共感の失敗による抵抗の高まり

雄介くんとの対話に戻ります。次の対話が続きました。

力8　あっちこっちに持ち回ることが、嫌で嫌でしょうがない。で、あなた自身としては、本当に悪かった、と思っているのに、そういうふうに引っかき回されると、腹が立ってくる。そして、また同じことを、ひょっとしたら、繰り返すかもしれない、というようなお気持ちでしょうか。

雄9　なんか、自分でも先のことが、わかりませんねえ。しかし、なんかあったら、もうあんなことはしませんけどね……（八秒沈黙）……。

力9　（沈黙）

雄10　また、けんかは、たぶんやるだろう、と思いますけどね。〈ふん、ふん〉……（八秒沈黙）……。

力10　（沈黙）

雄11　やっぱり、ぼく、あと一カ月で十四歳になるんですけどね、そうなったら、鑑別所行きですか。

*6　過去の罪悪感など、さまざまな心の痛みを解決するたいへん効果的な方法として、ディマティーニ・メソッド®と呼ばれるものがあります。それについては、第14章の末尾に情報を載せています。

ここでのカウンセラーの応答は、あまり共感が伝わるものではありませんでした。

〈**カ8**　あっちこっちに持ち回ることが、嫌で嫌でしょうがない〉は、雄介くんの怒りについての共感的理解を伝えており、悪くありませんが、より共感的な応答としては、先ほどお伝えした理解を踏まえて、〈とにかくムカムカしてしかたがない……〉〈なぜかすごく腹が立っている〉、というようなものでしょう。

さらに、「**雄10**　また、けんかは、たぶんやるだろう、と思いますけどね」という雄介くんの語りに、カウンセラーは応答していません。雄介くんがこう語ったのは、彼のなかに湧いてきた怒りを、カウンセラーが共感的に理解しているとは十分には感じられなかったため、怒りを再び表現したものでしょう。ですから、ここでカウンセラーが、〈ムカムカ腹が立つ〉〈けんかでもせずにいられないほど、ムカつくんですね〉のように応答すれば、より共感的だったでしょう。

しかし、カウンセラーは雄介くんの怒りの語りに、応答しませんでした。そのため、雄介くんはカウンセラーが共感的に寄り添ってくれているとは感じられず、心にあることを語ることができなくなりました。抵抗が高まったのです。そのため、自分のことを語ることができなくなって、代わりに質問をしました。それが、「**雄11**　やっぱり、ぼく、あと一カ月で十四歳になるんですけどね、そうなったら、鑑別所行きですか」という発言です。

すでにお伝えしたとおり、来談者の質問は質問ではありません。ですから、もしカウンセラーが雄介くんのこの発言を質問だと理解したら、共感的理解は不足しています。彼のこの質問は、おどすようなことを言った警察官への怒りを表現したものであるとともに、彼の絶望的な恐怖の表現でもあったのでしょう。つまり、雄介くんにとって、鑑別所という所はものすごく怖ろしい場所で、そこに入れられてしまったらもう終わりだ、という恐怖を彼は語ったのでしょう。

カウンセラーは雄介くんの怒りについては理解し、次のように応答しました。〈**カ11**　警察で、なんか、こう、鑑別所に送ってやるぞ、と言わんばかりのおどし、そういうふうなことが、非常に、こう〉〈**カ12**　ふん、ふん、非常に、そんな言い方、警察のやり方が、しゃくにさわったんですね〉。

それらは効果的な応答でしたから、雄介くんは警察に対する怒りを素直に語ることができました。

カウンセラーが理解しないとき、来談者は繰り返し語る

しかし、カウンセラーは雄介くんの絶望感については理解していませんでしたので、それについては返すことができませんでした。そこで雄介くんは、彼の絶望感を再度語ります。それが「**雄13**　しかし、ぼくの友だちで少年院に行ったやつもいますからね、悪いことしたんなら、やっぱり、鑑別所に行ってしまうかもしれませんね。やっぱり、十四を越したら、入るのは嫌ですからね。（中略）また、けんかをしたら、警察はぼくに目をつけていますからね」という語りの意味です。

このように来談者は、カウンセラーが大切なことを理解しなかったときには、繰り返し大切なことを語ることが多いものです。そのときに、カウンセラーが先に見落としたことを丁寧に取り上げて、共感的に応答すれば、カウンセリングの対話は深まります。

ところが、このカウンセラーは再び、彼の絶望感については理解せず沈黙しています。そのため雄介くんの抵抗が再び高まって、次の質問になりました。「**雄14**　こんなことは、担任の先生に言いますか？」。この発言は、カウンセラーに対する不信感の表現です。彼が非常に苦しい絶望感を語っているのに、カウンセラーがわかってくれないから不信感が湧いてきたのです。

それを受けた、〈**カ14**　なんか、そういうことが信用できない、という感じも持つんでしょうか〉という応

答は、雄介くんの不信感を理解して返している適切なものです。そのため、雄介くんはカウンセラーへの不信感のもとになった、警察と佐藤先生から裏切られた怒りと傷つきを、自ら話し始めました。それが「**雄15**『誰にも言わないから何でも言ってみろ』と言われたから話したらね、警察はすぐ学校に言うしね。佐藤先生がね、このあいだね、（以下略）」という語りの意味です。

また、それに対するカウンセラーの応答も適切でした。「**カ15**　今まで、誰に言わないから、とだまされてきて、まあ、この部屋まで伝わってきた。それだけでもしゃくに障るのに、あなたの気持ちとしたら、この部屋から外へ漏れていくことがあったら、やりきれない、と、そういう気持ちですかね」。そのため、雄介くんは次に「**雄16**」で、とても大切な発言をします。

カウンセラーへの来談者のネガティブな発言

「**雄16**」の発言について考察する前に、ここで、カウンセラーもしくはカウンセリングに対する来談者のネガティブな思いの発言について、重要なことをお伝えします。

共感的カウンセリングでは、来談者がカウンセラーもしくはカウンセリングに対するネガティブな思いを表現したときには、来談者がそのネガティブな思いをなるべく詳しく語れるよう、特に共感的、理解的、受容的に応答することが大切です。カウンセラーもしくはカウンセリングに対するネガティブな思いの表現とは、雄介くんが行った「**雄14**　こんなことは、担任の先生に言いますか？」、という質問のほかにも次のような発言があり得ます。

来談者1　（セッションの開始直後に）カウンセリングに何回か来て、あまり変化はありませんけど……。

この発言は、カウンセリングに通っているけど効果が感じられない、という不満かもしれません。

来談者2 (カウンセリングルームに入室しながら) 今日は暑いですね。

この発言は、カウンセリングに来ることがおっくうだったので来るのがしんどかった、という気持ちを表現したものかもしれません。

来談者3 先生はお子さんはいるんですか?

この発言は、「このカウンセラーは若くて子どもがいないぐらいの年齢に見えるけど、カウンセラー自身が子育てをしたことがなければ、私の子育ての苦しみはわかってくれないんじゃないか」、という不信感を表現したものかもしれません。

来談者4 (セッション中に時計を見て) あ、あと五分しかない!

来談者がわざわざこう発言した場合には、話したいことを話せたという手応えが感じられない、という不満の表現かもしれません。もしくは、時間が来るとカウンセリングを終了することが、来談者にとって愛情をはく奪されるかのように感じられ、そのため、カウンセラーがビジネスライクで冷たい、と不満を感じていることの表現かもしれません。

来談者のそれらの発言が、カウンセラーもしくはカウンセリングに対するネガティブな感情の表現だと理解したときには、その理解を言葉で伝える応答として、たとえば次のようなものがありうるでしょう。

来談者1　あまり変化はありませんけど……。
カウンセラー　お話し合いに来ておられるのに、ラクになっていないということで、ちょっと不満足な感じなんでしょうか？

来談者2　今日は暑いですね。
カウンセラー　お越しになるのが大変だったんですね。

来談者3　先生はお子さんはいるんですか？
カウンセラー　あなたの子育ての苦しみを私が本当に理解できるのか、ちょっとわからない、というようなお気持ちでしょうか？

来談者4　あ、あと五分しかない。
カウンセラー1　今日は言いたいことがあまり話せていない、とお感じなんでしょうか？
カウンセラー2　終了時刻が近づいて、ちょっと焦るようなお気持ちでしょうか？

親の愛情が感じられない激しい苦しみ

雄介くんのカウンセリング対話に戻りましょう。

「**雄16**　佐藤先生が家に黙っていてくれたらね。〈ふん、ふん〉家へこんなに言うことはないと思うんですけどね、それでつらいですけどね」は、とても重要な発言です。カウンセラーの共感的で受容的な態度が雄介くんに伝わったため、彼は特に苦しいことについて語り始めました。それは、親から愛されない苦悩です。雄介くんは罪を犯したり、多くの人たちに迷惑をかけたり、親が嫌がる行動を繰り返したりしていたのですが、そんな彼の心にも、本当は親の愛情を求める強烈な衝動があり、親が愛してくれないことがとてもつらいのです。

カウンセラーが雄介くんのその苦しみに思いをはせながら、〈親御さんに言われてすごく嫌だったんですね〉〈佐藤先生が親御さんに言ったから、とてもつらい思いをしているんですね〉のように応答すれば、適切だったでしょう。

再び共感不足による抵抗の高まり

しかし、カウンセラーには、「**雄16**」が親の愛情を得られない苦しみを語った重要な発言であるということがわからず、的外れで何が言いたいのかが伝わりづらい応答を長々と行いました。それが次の応答です。

〈**カ16**　悪いことをした、と反省しているんだから、そっとしておいてくれたら立ち上がれそうな、そんな気持ちをもっていたけど、こんなにあちこちから言われると、あなたにとって、いっそうつらいような、嫌なような、反抗したくなるような、そんなお気持ちなんですね〉。

雄介くんにすると、とても重要な心の苦しみを語ったにもかかわらず、カウンセラーがそれを理解しないので、一挙に不信感が湧いてきました。それが、「**雄17**　まだ、この部屋がどんなことをする所か、なぜぼくが来るのを先生が待っていたのか、わかりませんけどね」および「**雄18**　ぼくはね、自分の気持ちをいくら話しても、誰もわかってくれないと思いますね」という発言です。

なお、「**雄18**」の、「だから誰にわかってもらおうとも思いませんけどね。ぼくはぼくでやっていきますからね」という発言は、彼の本音ではありません。ですから、もしもカウンセラーがそれを彼の本音だと受け取って、〈誰にもわかってほしくないし、自分一人でやっていこうと思うんですね〉のように返したら、共感がかなりずれてしまい、雄介君はいっそう本音を話したくなくなったでしょう。

来談者の思いを理解しようとする応答

しかし、「**雄17**」から「**雄20**」の発言についての、カウンセラーの共感的理解と応答は適切でしたので、対話が進みました。そして、面接の終了時刻になりました。そのとき雄介くんは、「**雄21**　この部屋でなければいけませんか」と発言をします。その発言も、もちろん質問ではありません。カウンセラーは雄介くんがその発言をした本意を理解しようとして、〈**カ21**　この部屋よりも、ほかの所のほうが話しやすい、この部屋では話がしづらいような気がするんでしょうか〉と尋ねています。適切な応答です。カウンセラーは、質問に何の思いが込められているのかを理解しようと努めているからです。

すると雄介くんは、「**雄22**　ええ、ここに入るのはね、あそこは一番悪いことをした奴が行く所だと、ぼくらは言ってますよ、ちょっと、かなわないです」と語りました。つまり、学校のカウンセリングルームに来ると他の生徒たちから悪く思われる、という不安を語ったのです。彼は多くの人たちから嫌われるような行動をしているにもかかわらず、心の底では人々の好意が欲しいのです。彼だって本当は人から嫌われたくないのです。それが本音です。

理想の親を求める雄介くんの思いが表れる

このように、共感的カウンセリングにおいて、来談者は徐々に自分自身の本当の思いを感じるようになります。攻撃的で破壊的な行動を繰り返していた雄介くんも、今後カウンセリングが進めば、本当は彼の心にある「人に好かれたい、人と仲良くしたい」という思いを、よりはっきりと感じるようになっていきます。そうして、人から好かれるような行動をしたくなっていきます。人の本質には向社会的な部分があるのです。

雄介くんはさらに、「**雄22**　気が向いたら先生の下宿へ行くかもしれませんけどね」と語りました。このカウンセリングが行われた当時、カウンセラーは下宿に住んでいそうな若い男性ではなく、すでに所帯を持つ中年男性でした。雄介くんは、そのカウンセラーは下宿で一人暮らしをしていると信じ、さらには、カウンセラーの下宿まで行って話をしたい、という思いまで感じているのです。これは、雄介くんの心理について、何を表しているでしょう。

雄介くんは、ここまでお伝えしてきた激しい愛情飢餓感により、たった十五分ほどの面接ですが、すでにカウンセラーに向けて愛情深い理想的な親を求める転移を起こしていました。カウンセラーの愛情を自分が独占したい、自分だけに愛情を注いでほしい、という思いが非常に強くなったのです。そのため、カウンセラーに大切な妻や子どもがいるなんて可能性を考えることさえできず、「カウンセラーは下宿で一人住まいである」と信じました。さらには、カウンセラー–来談者という関係ではなく、自宅でおしゃべりをする、個人的で親密な関係になって愛情を受けたい、という欲求が湧き上がってきたのです。

雄介くんの初回セッションはこれで終わりました。

このセッションのように、来談者がそれまで語ることのできなかった深い思いを語り、それを共感的に理解され、受容される経験を通して、徐々に来談者の心に変化が生まれます。もっとも、セッション最中に来談者の気持ちが楽になるとは限らず、来談者はセッションでは苦しみを感じて語りますが、セッションのあと、来談者の日ごろの感じ方や行動に変化が生まれます。来談者にとってその変化は、「なぜかわからないけど、カウンセリングに通うようになってから、前より気持ちが楽になっている」「妻に自分の気持ちを正直に話せるようになっている」「本当にしたいことをする勇気が持てるようになった」「前よりも人に心を開けるようになってきた」「以前ほど自分のことが嫌いだと感じなくなっている」など、人生の広範囲にわたる穏やかな変化であることが多いものです。

ちなみに雄介くんは、翌週からも学校のカウンセリングルームに通い続けました。そして、後にはカウンセラーの開業オフィスに場を移し、カウンセリングを数年間にわたって継続しました。雄介くんの成績はカウンセリングの進展とともに驚異的にアップし、後に有名国公立大学に進学し、大企業に就職しました。その後、結婚と離婚を経験したと、私はこの事例のカウンセラー本人から聞いています。

第10章 来談者の質問にはどう対応すればいいか

1 来談者の質問は何かの婉曲な表現

来談者の質問にどう対応すればいいのかは、すべてのカウンセラーが悩むことかもしれません。本章ではそのことについて考えます。

来談者の質問に効果的に対応するために、まずわかっておくべき大切なことがあります。それは、ここまで何度かお伝えしたように、来談者の質問は純粋な質問ではなく、何かの婉曲な表現だということです。純粋な質問とは、自分には必要な情報や知識がなく、相手はそれを持っているので、それを教えてもらえば問題が解決するときに尋ねる質問のことを指します。たとえば、「トレイはどこですか?」「廊下の先を右に曲がれば右側にあります」「ありがとうございます」という会話だと、トイレの場所を知らないから困っているのであり、その知識を得れば解決します。しかし、来談者が尋ねる質問のほとんどは、質問ではありません。それは、何かほかのことの婉曲な表現です。では、来談者の質問にどう対応するのが援助的でしょうか。

ある初心カウンセラーは、「来談者から質問をされたり、アドバイスを求められたりしたときは、複数の選択肢を提示して来談者に選んでもらう」と言っていました。しかし、それはあまり効果的な介入ではないことが多いでしょう。共感的カウンセリングにおいてカウンセラーがすることは、「来談者が表現している重要なことを、なるべく来談者の身になってひしひし、ありありと想像して理解し、その理解を言葉で返す」ことです。初心カウンセラーは、来談者が悲しそうな表情、姿勢、声で「悲しいです」と言えば、共感的に理解し、その理解を言葉で返すことができても、来談者から質問を受けたときには、「来談者が表現している重要なことを、なるべく来談者の身になってひしひし、ありありと想像して理解し、その理解を言葉で返す」という基本姿勢が、吹っ飛んでしまうことが多いようです。

質問に答えただけでは援助にならない

来談者の質問は純粋な質問ではありませんので、それに答えるだけでは共感的カウンセリングになりません。「単純に答えて終わり」という態度では、質問という形で婉曲に表現されているものが表現され、理解されるチャンスをつぶしてしまいます。私がカウンセラー・トレーニングの場でそう話したところ、次の質問が出ました。

「じゃあ、古宮先生は来談者の質問には答えないんですか？　単に聞きたいから質問していることもあるんじゃないですか？　質問にまともに答えてもらえないと、来談者は『真剣に受け取ってもらえていない』と感じるんじゃないでしょうか？」

この質問自体が、「質問は純粋な質問ではなく、何かの婉曲的な表現だ」ということの典型的な例です。この質問には、私への反論が込められているからです。質問した人が考えていたのは、「来談者は単に何かを知りたいから質問をすることもあるのだから、それに答えないのは良くない」とか、「もしぼくがカウンセラーに質問をしても、ちゃんと答えてもらえなかったら嫌だ」というようなことだったのでしょう。

このときの質問者の考えや気持ちの動きを明らかにし、一緒に理解していくには、「じゃあ、古宮先生は来談者の質問には答えないのですか」という発言を、私が単なる質問だと受け取って「正解」を講義したのではダメです。それよりも、質問という形で表現された反論や疑いの思いを受け取り、理解し、受容的に返して、質問者はどういう心の動きや思いから質問をしたのかを、一緒に明らかにしていくのが共感的でしょう。

先ほどの質問には、次のように返すのもひとつの方法です。「私がお話したことについて、『いや、質問に答えるのが必要なこともある』とお考えなんでしょうか？」「もし、あなたが質問をしたのに私が答えないとしたら、嫌な気持ちになるなあ、とお感じになったんでしょうか」。こう返して対話を続ければ、質問者も私も、質問に込められた不信感や疑問などを、より明らかに理解できるでしょう。

このように、来談者が質問をしたときには、それが何の表現であるかを来談者と一緒に明らかにしていくことが大切です。カウンセラーが質問に答えるか答えないかが本質的なことではなく、来談者が間接的にしか表現できなかった気持ちや考えなどを一緒に明らかにしよう、という意図が重要なのです。そのためには、来談者が質問をしたときに、カウンセラーがそれが何の表現であるかを理解できたら、その理解を伝えるといいでしょう。その具体例について、私自身の失敗例から考えてみることにします。

2 私の失敗から

カウンセラー・トレーニングの一環として、私がカウンセラー役をし、ある女性がお母さん役を演じて、対話練習をしたことがありました。私の対応が拙（つたな）かったため、カウンセリングがうまくいきませんでした。その録音を再現します。私の発言を「**力**」、お母さん役の女性の発言を「**母**」と示します。

母　小三の息子が不登校なんです。先生と意見が合わなくって困ってるんです。ある日、大きなアザを作って帰ってきたことがあるんです。「どうしたの？」と聞くと、泣きながら「学校の先生に殴られた」と言って帰ってきたんです。こんな大きなアザで。

力　明らかに。

母　明らかに大きなアザで、学校の先生に問い合わせても「そんな事実はない」とのことで。少し前にも、「担任の先生にいじめられた」と泣きながら帰ってきたことがありました。そのうち息子が、「学校に行きたくない」「おなかが痛い」と言い出して、行かなくなってしまいました。仮病だとわかってるんですけど。

力　お母さんとしては、担任の先生がお子さんに暴力をふるったり、いじめたりするので、すごく不信感を……。

母　不信感というより怒りです。

力　腹が立つんですね、ええ、ええ。

母　学校側は「そんな事実はない」と否定して、息子がうそをついていると言われています。

力　息子さんがうそつきだ、と言われるんですねえ。

母　ええ、仮に先生が叩いたんじゃなくて、ほかの生徒にいじめられてアザができた、ということだったにしても、学校は監督責任を果たしてないということじゃないですか。

母　先生が叩いたんだったら、理由を聞かせてもらえれば話し合いはできるんですけど、話し合いさえできないもんですから、ＰＴＡにかけることになったんです。

力　先生は否定するだけで。

母　否定するだけで、うそつき呼ばわりでね。

カ　＊先生は自分を守ろうとして、本当のことを言ってないんではないか、と。＊

母　学校にも行かせたくないけど、そういうわけにもいかなくて。

カ　お母さんにすれば、先生に腹が立つし、そんなところに息子さんを行かせたのでは、息子さんのためにならないとは思うけれど、とは言って、学校に行けていないのは心配で。

母　そんな人が教育者というのが心配で、本当は行かせたくないと思うし、親として何もできないのが歯がゆくて、悲しい。☆どうすればいいですかね、先生。☆

カ　お母さんご自身がすごく無力で、悲しい、何とかして息子さんを助けたい。

母　ええ、先生はカウンセリングの専門家ですから、どうすればよいか聞きに来たんですけど。

カ　状況などをもう少し詳しく話していただいて、どうすればよいか考えていけばよいと思うんですが。

（つづく）

　このカウンセリング練習のあと、来談者（お母さん）役の人と一緒に練習を振り返って話し合いました。すると来談者役の人は、私の「＊　＊」の発言についてこう言いました。

「何か追い込まれたような気がしました。『先生は自分を守ろうとして、本当のことを言ってないんじゃないんですかねえ』という感じで返されたとき、なぜかわからないけど、すごくしんどくなりました。私が演じたこのお母さんは、担任の先生に対して腹立ちや不安と同時に、頼りたい、すごく良い先生であってほしいという気持ちもあるから、古宮カウンセラーにあのように返されて、悪い感情が出てきました。カウンセラーからは担任のことには触れないで、単に〈息子さんが嘘つき呼ばわりされたんですね〉と返されたらよかった」とのことです。そして、そのしんどさのせいで彼女はそれ以上は話したくなくなって、「☆　☆」の質問になったそうです。だから「☆　☆」の質問は、「自分の気持ちをこれ以上話したくない」という抵抗と、カウンセラーへの不信感の表現でした。

なぜ失敗したのか

カウンセラー役の私は、来談者について二つの大切な点が理解できていなかったと思います。

一つ目は、このとき来談者が私に伝えたかったことは、担任の先生への不信感と怒りであり、なぜ「担任の先生が、私の息子を叩いたことを否定するのだろう？」といった、担任の先生の事情や気持ちを理解しようというこころの動きはなかった、ということです。そこが理解できていなかったので、私は〈＊先生は自分を守ろうとして〜＊〉という、先生の思いに言及する発言をしました。それによって、私が来談者のあり方に沿っていないことが露呈されました。

二つ目は、来談者が担任に対して、プラス・マイナスの両方の気持ちを同時に持っていたことを、私は理解していませんでした。この来談者は、担任への怒りがあると同時に、担任を求める気持ちも持っていたのです。ところが私は、来談者の感情に転移の両価性があったことに気づかず、来談者は担任への怒りでいっぱいだと思っていました。でも本当は、来談者は担任が嫌いだという気持ちとともに、「いつも一〇〇％息子のことを守り、わかって、味方してくれる担任であってほしい」という、担任を強く求める欲求も感じていました。ですから来談者は、「古宮カウンセラーは担任のことを『ダメ教師だ』と思っている」と思うと、罪悪感を感じたでしょうし、この練習ではそれが起きたと思います。

もし私が、この来談者の両価性を感じ取っていたなら、〈＊　＊〉の発言のかわりに、〈お母さんとしては、担任の先生が息子さんを叩いたり傷つけたりしたんじゃないかと、どうしても不信感を持ってしまうんですね〉とか、〈息子さんが担任の先生から傷つけられているんじゃないかと、とても心配なんですね〉などと返していたでしょう。その言い方には、「良い担任であってほしい」と求めるお母さんの気持ちを、無視しない含みがあります。

3 質問が不安の表れであるとき

質問が不安の表れであることも多いものです。実際にあった、次のカウンセラー1と2の対応を見てみましょう。

来談者 好きな異性にあんな手紙を書いて渡したけど、あんなことをしたのは悪かったでしょうか？ 私は嫌われているでしょうか？
カウンセラー1 どうでしょうね。私はその人じゃないからわかりませんけど……。
カウンセラー2 それは普通の手紙だったと思いますよ。大丈夫だと思いますけど……。

カウンセラー1も2も、共感的カウンセラーの対応としてはあまり良いものではありません。来談者は、表面的には「カウンセラーから答えがほしい」と感じていてこの質問をしたのかもしれませんが、このカウンセラーの応答では、カウンセリングが深まりづらいと思います。この来談者が質問によって表現しているのは、好きな人から嫌われる怖れでしょう。だから、カウンセラーにそのことが理解できたら、その理解を来談者に伝えることが、来談者には一番の助けになります。

カウンセラー3　その好きな人から嫌われてしまったらどうしようと、すごく不安なんですね。

アドバイスや答えを求める来談者には、その寄る辺なさや不安の気持ちを、頭ではなく腹で、感情レベルで、聞き手が生々しく、ありありと、ひしひしと感じて返す姿勢が大切です。

あるお母さんは、不登校の娘さんへの対応の仕方について、私に「どうすればいいですか?」と問いかけてきました。私がアドバイスをしたところ、次のセッションはキャンセルし、以降三カ月ほど連絡が途絶えました。そのお母さんは私のアドバイスどおりにできなかったので、カウンセリングに来づらくなったのかもしれません。

また、引きこもりの子どもへの対応について質問を重ねた別のお母さんに対して、私は安易に答えることはしませんでした。そのお母さんの不安、私から指示してほしい寄る辺なさを、共感的に返すことを繰り返しました。その結果、安全な来談者-カウンセラー関係のなかで、そのお母さんが長年苦しんできた物事を決断することのできない自信のなさと不安の強さが、浮き彫りにされてきました。「自分は正しいことをしているんだろうか」「良い母親だと夫から思われているだろうか、そしてカウンセラーから思われているだろうか」という不安です。

そのお母さんの強い不安は、お母さん自身が両親から厳しく、拒否的に育てられたことから生じたものだったと想像します。そのお母さんは、「正しい人間でなければならない。そうでなければ自分は愛される資格はない」というメッセージを両親から受け取り、そのことからくる根深く激しい不安を、ずっと抱えて生きてきたのでしょう。そのお母さんの激しい不安は、当然のことながら、子どもの心に大きな影響を与えていました。そのお母さんは、自信のなさと、不安と、寄る辺なさに徐々に直面し始め、その原因への情緒的な探求

(頭の知識や理屈レベルの探求ではありません)の方向へと、対話が向き始めました。

そのお母さんが私に質問を重ねた本当の気持ちは、「あなたは正しく子育てをしました。あなたは良い母親です」と、保証してほしかったということでしょう。もしカウンセラーが、「あなたは正しいことをしておられますよ」「あなたは良いお母さんですよ」などと伝えれば、そのお母さんは一時的にほっとして喜ぶ気持ちになったでしょうが、それと同時に「本当にそうなのかな」という不信感も残したまま、「そうですか、やっぱり私は正しかったんですね」のように答えたかもしれません。

そういうカウンセリングでは、お母さんは自分の深い不安を理解し、受け止めてはもらえませんので、その後早い段階で「がんばってやっていきます。ありがとうございました」と、カウンセリングを終了することが往々にして起きがちです。それでは問題は解決していないと思いますが、そのような活動が「カウンセリング」や「育児相談」などの名のもとに、頻繁に行われているでしょう。

4 カウンセラーの意見を求めているように見える来談者

来談者の質問の意味をより理解するために、もう一つ違う例について考えてみましょう。私のスーパーバイジー(カウンセリングの実践を私が個人的に指導しているカウンセラー)と来談者との対話です。

来談者　「自分を変えたい」と思って、こうしてカウンセリングに通っているけど、私は変わったかな?
カウンセラー　うーん……どうでしょうねえ……変わった点はあるとは思いますけど……。

このカウンセラーの応答は、共感的ではありません。私はスーパーバイジーに、「来談者はあなたの答えを聞きたくて、質問しているんじゃないんですよ」とお伝えしましたが、彼女にはピンと来ません。私はスーパーバイジーが来談者の気持ちを理解できるよう、即席の模擬カウンセリングをしました。彼女に来談者役をしてもらい、私がカウンセラー役になって質問に答えてみました。

来談者役のスーパーバイジー　私は五月からずっとカウンセリングに通ってきて、自分じゃ変わったのかな、とも思うし、変わっていない感じもする……どうなのかなあ……私は変わったんでしょうかねえ？」

カウンセラー役の古宮　ええ、変わりましたよ。

この時点で模擬カウンセリングを中断して、スーパーバイジーの反応を聞いてみました。すると彼女は、「そんなことを言われても、本当には信じられない」と言います。だったら、ということで私が別の答えを言ってみることにしました。

来談者役のスーパーバイジー　（さきほどと同じセリフを言う）……私は変わったんでしょうかねえ？

カウンセラー役の古宮　いいえ、変わっていませんよ。

来談者役のスーパーバイジー　（素になって）ええっ、ショック！　そんなことを言われたら落ち込みます！

スーパーバイジーは来談者になりきって話してみて、来談者がカウンセラーの答えを求めて質問したのではないことを理解しました。この例からわかるように、カウンセラーが〈変わりました〉と答えても、〈変わっていません〉と答えても、来談者は本当には納得できないし、カウンセリングも進みません。来談者はカウンセラーの答えを求めているわけではないからです。そこで、私が違うカウンセラー役をしてみることにしました。

来談者役のスーパーバイジー　（さきほどと同じセリフを言う）……私は変わったんでしょうかねえ？

カウンセラー役の古宮　あなたとしては、「変わらないといけない」と思ってカウンセリングに通ってこられているけど、ご自分がちゃんと変われているのか、不安なんでしょうか？

来談者役のスーパーバイジー　（しみじみと自分の気持ちを感じている様子で）……ええ、そうです。変われていないように思うんです。

スーパーバイジーは来談者役としてさらに話を続けたい様子でした。そのことは、私の応答が共感的なものであったサインだったと思います。と言うのは、一般に、カウンセラーの応答が効果的だったことを示すサインは、その応答の後、来談者の自由連想がさらに進み、来談者の話がより広がったり深まったりすることだからです。反対に、カウンセラーの応答があまり効果的ではなかったときには、来談者は余計に混乱したり、何が言いたいのかわからなくなったり、自由連想が進まず話が浅く狭くなったりします。

このとき、来談者役をしていたスーパーバイジーは、来談者の「自分は変われていない」という不安をはっきりと感じ、その不安をさらに話したいような感じを私は受けました。たとえば、「私はもっと成長して、もっと高いレベルで仕事をこなさないといけない、とずっと思っていて、……でもそれを、本当は重荷に感じているような気もするんです……」などの話が続いたかもしれません。それがカウンセリングの展開です。

質問の背後にある来談者の苦しみ

この来談者は、「自分はいつも成長し続けなければならない」という完璧症的で、強迫的な信念が根本にあり、それが彼女の人生に苦しみを作り出していました。来談者の「私は変わっているんでしょうか？」という質問は、彼女のその完璧症的な不安の表現だったのです。

さらに突っ込んだ言い方をすると、その来談者は、「私はダメ人間だという劣等感があまりにつらいから、価値ある正しい人間になって、その苦しみから一刻も早く逃れたい」という願いと、「いつも成長を目指す立派で正しい態度でいなければ、カウンセラーは私を受け容れないし、愛してくれないんじゃないか」という陰性転移の怖れを、質問によって表現していたのでしょう。

共感的カウンセリングによって来談者を深いレベルで援助するためには、そのように完璧を目指さざるを得ない根本的な不安に、来談者が自分自身のペースで徐々に直面し、そんな不安を持たざるを得ない葛藤の原因を探求していくことが必要です。その過程が展開していくためには、カウンセラーが来談者の不安を、深いレベルで共感的に理解することが必要です。その交流を通じて、来談者はやがて「カウンセラーは、質問や保証を求める私の行動の背後にある深い不安を理解してくれた」と感じます。そういう交流を育むためには、私が最後のカウンセラー役でしたような、来談者の不安を理解し、その理解を返すことが、効果的な方法のひとつでしょう。

5 質問がカウンセラーへの不信感の表現である場合

質問が、不信感などカウンセラーに対するネガティブな思いの表現であることは多々あります。そんな実例をご紹介します。

ある大学院生は、初めて実習カウンセラーとして働き始めたころ、来談者から「先生は大学の先生ですか?」と尋ねられました。その大学院生は、その質問が何の表現であるかを考えることなく、〈いいえ、私はまだ学生です〉と答えました。その来談者はそれっきり、カウンセリングに来ることはありませんでした。その来談者の質問は、「あなたが大学の先生なら信用するけど、そうじゃなければ信用できない。あなたは援助能力の低いカウンセラーかもしれないので不安だ」、という思いの表現だったでしょう。

もしそのことが理解できれば、来談者の不信感に思いをはせ、内心で〈私のことを信頼していいのかどうか、すごく不安なんだなあ、そして信頼できる人をすごく求めておられるんだろうなあ〉と、来談者の気持ちを想像しながら、〈大学教授なら信頼できそうだけど、そうじゃないカウンセラーは信頼できない、とお感じでしょうか?〉〈立派な大学教授からカウンセリングを受けたいけど、そうじゃないカウンセラーじゃ嫌だ、というようなお気持ちでしょうか?〉など、共感的かつ受容的に応答することで、カウンセリング過程が進んだでしょう。そのように応答して、その後の来談者の不信感が表現され、それを共感的に聴いて対話ができれば、たとえカウンセラーが大学教授ではなくても、来談者はそのカウンセラーのカウンセリングを受けたいと思うようになる可能性は十分にあります。

臨床心理士養成の大学院では、大学院生がカウンセリングをする場合には、来談者にはあらかじめそのことが伝えられます。また、「来談者には、カウンセラーの経験年数や理論などを知る権利がある」という考え方にも、一理あるでしょう。しかし、「来談者には知る権利がある」と言って、来談者に情報を与えればそれでよいという単純な考え方をしたのでは、援助にはなりません。要は、先ほどの質問場面で最も大切なことは、カウンセラーに対する来談者の、「このカウンセラーではダメなんじゃないか?」という不信感を、カウンセラーが共感的に理解し、その理解を伝えることによって、来談者が不信感を十分に語ることができることです。

なお、その来談者に、「大学の先生なら信頼できるが、そうでなければ信頼できない」という、学歴崇拝・成績偏重の価値観があったのであれば、彼・彼女は人々のことを、学歴や成績などで上下をつけて接することしかできない人だったかもしれません。そういう人は、人間関係でどうしても孤独になりがちです。そして、そういう人は、自分自身への根深い劣等感を抱いているものです。さらには、そのことが一因で、カウンセリングを求めることになった主訴の苦しみが生まれていた可能性が高いと思います。つまりその来談者は、学歴崇拝・成績偏重の価値観、孤独感、劣等感のために苦しんでおり、その苦しみを解決したくてカウンセリングを求めた可能性があるのです。

このように、来談者はカウンセラーとの関係のなかで、その人が人生に苦しみを生み出す原因となっている物の見方、感じ方、行動を繰り返します。実際には、大学教授でもカウンセリング能力の乏しい人はたくさんおり、反対に、大学教授ではないし有名でなくても有能なカウンセラーはたくさんいます。ですから、「大学の先生なら有能なカウンセラーだ」という見方はまったく非現実的です。

質問がカウンセラーへの不信感の表現である、別の場面について検討しましょう。

来談者　ぼくのような問題に、女性のカウンセラーでも大丈夫でしょうか？。

その質問に対する三通りの応答について考えてみましょう。

応答A　カウンセラーが女性だから男性だから、ということはありません。要はカウンセラーの能力の問題で、性別は関係ありません。

応答B　私が女性のカウンセラーなので、ちょっと話しづらいとお感じでしょうか？

応答C　私が女性カウンセラーであることを、どのように感じておられますか？

右の三つの応答のうち、応答Aは教科書的には正答ですが、共感的カウンセリングの実践としては最もまずいものです。来談者は質問に対して正解で返されると、理屈では納得せざるを得ないので、本音が語れなくなります。この例では、来談者は「そうですか、わかりました」と答えるかもしれませんが、カウンセラーへの不信感はそのまま言葉にされずに残ります。そのため、来談者は心を開くことができませんから、カウンセリングは失敗する可能性が高まるでしょう。それに比べて、応答Bと応答Cは適切です。そのいずれかを受容的な様子で尋ねれば、来談者は質問の背後にある不信感を語りやすくなります。

質問がカウンセラーへの不信感の表現である、別の場面について検討しましょう。私がスーパービジョン（個人指導）を提供している初心カウンセラーが、初回セッションで来談者から次のように尋ねられました。

来談者　何を話せばいいでしょうか？　教えてください。

そのカウンセラーはこの質問に対し、〈カウンセリングはあなたの気持ちを話すところです〉と教えて、セッションを始めました。そのカウンセラーは正しい情報提供をしたつもりだったのですが、来談者はそのセッションを最後に、カウンセリングに来なくなってしまいました。

そのカウンセラーがわかっていなかったのは、その来談者の質問は、カウンセラーのことが信頼できない不安の表現だったということです。つまり、その来談者は「カウンセラーが求める〝正しい〟内容や、カウンセラーの気分を害さないような内容を話さなければ、カウンセラーから理解されなかったり、批判されたりするのではないか」というような不安を抱えていたため、彼・彼女にとって大切なことを話すことができなかったのです（それは転移による抵抗です）。その状態のまま来談者が悩みごとについて話していても、それは来談者にとって本当に気になっている重要なことではなく、カウンセラーの顔色をうかがいながら当たり障りのないことをしゃべっているわけですから、来談者にはセッションの意味があまり感じられません。

共感的カウンセリングにおいて、初回面接など初期の段階で、来談者が「何を話せばいいでしょうか？」と発言をしたときには、まずは次のように伝えることが多いでしょう。

〈今日なぜお越しになったかをお話しいただけますか？〉
〈何でもお話しされたいと思うことをお話していただければ、と思いますが〉

その後、来談者の躊躇（ちゅうちょ）や不安などが表現されたとき、必要に応じて次のように問いかけます。

〈何を話せばいいかわからず、不安なお気持ちでしょうか？〉

〈正しいことを話さないといけない、という感じがされていますか？〉
〈話すことが出てこない感じでしょうか？〉

このように、来談者が不安感や不信感について話しやすいように問いかけ、共感的かつ受容的な対話ができるよう応答することが適切です。

ある来談者は、「カウンセラーが先日休暇を取ったせいで、二週間もカウンセリグが休みになってとても心細かったし、私をそうして見捨てたことに腹が立っている」という気持ちを言葉にするかわりに、「次はいつ休暇を取られるのですか？」と質問をしました。

その質問への応答としては、〈次の休みの予定はまだわかりませんが、私が先々週休暇を取ったため、お話し合いが二週間お休みになりました。それについてどうお感じかを話し合うことが大切かもしれない、と思うのですが、いかがですか？〉と優しく尋ねるような返答が適切でしょう。

来談者がカウンセラーから悪く思われることに不安を感じている質問

来談者によっては、カウンセラーに好かれているかどうかが不安で、その不安を語るかわりに質問をすることがあります。それは陽性転移の表れであり、転移を浮かび上がらせる介入が必要な場合が多くあります。たとえば、「私さっきから会社の人の悪口ばかりしゃべって、すいません。こんな態度じゃだめですよね？」と言う来談者は、「他人の悪口ばかり言っていてはカウンセラーに嫌われる」という転移反応を、質問によって表現しているのかもしれません。なお、その不安が転移反応だというのは、過去に誰か重要な人が来談者に「悪口を言ってはいけない」と教えたので、「カウンセラーだって悪口を言う私をダメだと思うんじゃないか」

と不安になっている、ということです。

その場合には、〈私が、会社の人たちの悪口を言ったあなたのことを、どう思うか気になられるのでしょうか？〉などと応答するのが適切でしょう。または、この来談者は嫌いな人について話しているうちに、怒りや敵意、悔しさなどが湧いてきて、それらの感情に対する禁止が働いたのかもしれません。その場合には、〈会社の人について腹が立つ気持ちを話されましたが、今どんなお気持ちですか？〉のように尋ねるのは、適切な応答のひとつでしょう。

来談者がカウンセラーのことをもっと知りたがる

来談者がカウンセラーのことを知りたがって質問をするのも、転移反応の典型的な例です。その質問に対しては、転移感情や転移空想を共感的に明らかにする応答が適切です。例を挙げましょう。

来談者　先生はご結婚されていますか？
応答A　私が結婚しているかどうかが、どう気になられますか？
応答B　もし私が独身だったらもっと親密な関係になりたい、というお気持ちなのでしょうか？

カウンセリング関係の深さや質、来談者の心の準備度によって、またカウンセラーのスタイルによって、それら二つが適切な応答の例として考えられるでしょう。ちなみに、応答Aより応答Bが、より直接的な応答です。

しかし、先ほどの来談者の質問が、カウンセラーと個人的に親しくなりたいという陽性転移の表現ではなく、「このカウンセラーは若くて人生経験もないみたいだけど、この人じゃ、私の夫婦問題を助ける能力がないのではないか?」というカウンセラーへの不信感の表明かもしれません。そのときには、応答Aのほうが適切でしょう。もしくは、もっと直接的に介入するほうが、来談者が不信感を語りやすいと思われれば、〈私が結婚していなかったら、夫婦関係のご不満について私が理解しないんじゃないか、それじゃあ頼りない、そんなお気持ちでしょうか?〉という応答が考えられるでしょう。来談者がそれに応えて、カウンセラーへの不信感を語ることができれば、その応答が内容もタイミングも適切だったことがわかります。

来談者が話しすぎたと感じている

来談者が、次のように質問したとします。

来談者　私ばかりこんなにしゃべってしまって、すいません。しゃべりすぎですよね?

それは、「カウンセラーはおしゃべりの私を、悪く思ってるかも」という不安の表現かもしれません。その場合には、〈私が○○さんのことを「おしゃべりだ」と、ちょっと悪く思っているんじゃないかと、不安な感じがされるのでしょうか?〉のように応答すると適切でしょう。

もしくは、カウンセラーの傾聴によって来談者が思いのほかつらいことを話してしまい、「自分の弱いところや傷つきやすいところを、出しすぎてしまった」と感じて、そう質問したのかもしれません。その場合には、次のように伝えるのが適切な応答の一例でしょう。

カウンセラー　つらいことを話しすぎてしまった、と感じておられるのではないかと気になりますが、いかがですか？

6　質問することが来談者の不適応パターンの表れ

来談者は、カウンセリングが必要になった原因である不適応パターンを、共感的カウンセリング関係のなかで繰り返します。それを見つけて不適応パターンに光を当てることは、とても重要です。質問することが来談者の不適応パターンの表れである場合を、私自身のカウンセリング例から紹介します。

グループ・カウンセリングにおいて、神経性食欲不振症（いわゆる拒食症）に苦しむ女性が、離婚寸前にまで破綻した現在の結婚について語り、「結婚がうまくいっていないのは私のせいですか？」と、悲しみと苦悩の表情でグループリーダーに尋ねました。それは、「もし私の周りで何かうまくいかないことがあれば、すべて私の責任だ」という、彼女の非適応的信念の表れでした。カウンセラーはその質問に答えず、〈あなたは今、何をしていますか？〉と共感のこもった言い方で尋ねました。

それがきっかけとなり、その女性は自分の感情や考えを、内省的に見つめることができました。そして、以下のことが次第に明らかになりました。幼い頃から家庭において、自分自身の意見や考えを持つのを許されなかったこと、冷えた夫婦関係にある両親間の緊張の緩衝材となるために、自分を殺して、両親の気持ちや行動ばかりに焦点を当てていたこと、そして家庭のなかでけんかなど何か問題が起きると、それがいつも彼女のせいだとして責められたこと。

ちなみに、神経性食欲不振症の個人を生む家族の特徴は、夫婦不和などの家族の問題を否定し、「理想的な家族」という虚像を作り上げることです。そして、その嘘を守る大きな責任を被ったのが、神経性食欲不振症の人です(Minuchin et al., 1978)。

7 質問が何の表現であるかがわからないとき

来談者の質問が何の表現であるかがわからないことも、よくあります。そのときには、来談者の質問の意味を、来談者とカウンセラーがともに明らかにしていけるよう、応答することが適切です。たとえば、来談者の「先生は大学教授ですか?」という質問が、何の表現であるかがわからなければ、〈私が大学の先生かどうかが気になるんですね。どう気になるか教えていただけますか?〉と返し、そこからの対話のなかで、質問に隠された正直な思いを明らかにできるよう、対話を重ねます。

私がかつて病院で働いていたときに、来談者から「私のことを主治医から聞いてくれましたか?」と尋ねられ、とっさに〈え、まあ、少し聞きましたけど、詳しくは聞いていません〉と答えたことがありました。そのとき私は、来談者の質問の様子から、「主治医からちゃんと聞いてくれないと嫌だ」という欲求と、それを満たさなければ私に怒ったり不満を持ったりするんじゃないか、という不安を感じました。でも、当時の私には、来談者のそんな思いや感情を明らかにしていくカウンセリング作業はできませんでした。その理由のひとつは、来談者から不満や怒りを向けられることが怖かったからです。そのため、不満や怒りを、落ち着いて共感的・受容的に取り上げることができなかったのです。

より共感的・受容的な応答としては次のようなものがあるでしょう。

〈少しお聞きしましたが、私が○○さんのことを主治医の先生からちゃんと聞いていないと困る、というお気持ちでしょうか?〉
〈主治医の先生と私が○○さんのことを大切に思っているのかが、気になるのでしょうか?〉
〈私が主治医の先生から○○さんのことをちゃんと聞いていなかったら許せない、そんなお気持ちでしょうか?〉

いわゆる「教育相談」などでは、母親から「うちの子どもに○×するのが良いでしょうか?」などと質問されたときに、その質問の根本にある感情や考えを探求して理解して明らかにする、ということなく答えを与えるせいで、あまり支援にならないことが頻繁にあるようです。

その質問の底には母親のどんな思いがあるでしょう。「ダメな子どもに育てたらどうしよう」という不安でしょうか。「夫から良い母親だと思われたい」「カウンセラーから良い母親だと思われたい」という、母親の愛情飢餓感でしょうか。言うことを聞かない子どもへの怒りでしょうか。子育ての絶望感でしょうか。それ以外かもしれません。それらの気持ちを明らかにする応答が必要です。

相談に来た母親からすると、自分の気持ちを理解しようとすることなく安易に答えを与える相談員は、質問の底にある苦しみ、寄る辺なさ、怒りなどを本当には理解してくれないので、相談に来ても意味がありませんから、良くなる前にカウンセリングをやめてしまいます。しかも、相談員の〝回答〟が教科書的に正しい答えであるときには、いちおう納得せざるを得ないので、「わかりました。ありがとうございました」と言ってカウンセリングが終わります。でも、母親は心から納得しているわけではないし、その回答によって親子関係が良くなるわけでもありません。

8 質問に答えたくなる心理

来談者から質問されると、追い詰められた気持ちになって安易に答えたり、保証を与えたくなったりするカウンセラーの心理について、考えてみましょう。

カウンセラーにそのような気持ちが起きるのは、ほとんどの場合、「来談者から良いカウンセラーだと思われたい」「自分は有能なカウンセラーでなければダメだ」と感じるからだと思います。そして、カウンセラーの心にそのような反応が生じるのは、カウンセラー自身の愛情飢餓感（好かれたい、良く思われたい）と、自己無価値感（自分は優秀でなければダメ人間だ）によることが多いと思います。

私は自分自身の心理療法において、「ぼくは有能なプロでなければ存在している価値がない」という深い信念を、ありありと実感したことがあります。その信念は、私の心に深く埋もれながら、気づかないうちに感情や行動に影響を与え続けていました。

私は幼少のころ、両親と離れて祖父母と暮らした時期がありました。そのころのことは今でも楽しいバラ色の日々として記憶していますが、ある時期のカウンセリング中に、そのころの私が経験したはずの、お父ちゃん、お母ちゃんが去っていく寂しさと悲しさが込み上げて、泣いたことがありました。そのようなカウンセリング体験と、スーパービジョンによる学びと、カウンセラーとしての経験を通じて、私は徐々に、来談者から質問をされてもじっくり落ち着いていられるようになりました。

同じようなことを、カウンセラー歴五十余年のベテランカウンセラーからも聞いたことがあります。そのカウンセラーは若いころに、週三回の精神分析的なカウンセリングを一年半ほど受けましたが、それによって起きた彼自身の変化のひとつとして、「来談者から質問されてもビビらなくなった」そうです。もっとも、「カウンセラー自身がカウンセリングを受ければ、来談者の質問に上手に対応できるようになる」という単純化はできないでしょう。ただ、カウンセラーの人間としてのあり方が、カウンセラーとしての能力に大きく影響することは間違いありません。

第11章 インテーク面接

カウンセリングの最初の段階の面接を、「インテーク面接」と呼びます。インテーク面接は、一セッションだけのこともあるし、必要に応じて複数回行われることもあります。本章では、インテーク面接のポイントをお伝えします。

1 インテーク面接とカウンセリング面接は違うもの？

インテーク面接とそれに続くカウンセリング面接を、別のものとしてはっきり区別する考え方があります。「インテーク面接で来談者について幅広く情報を集め、それをもとに見立てとカウンセリング方針を立て、そのうえでカウンセリングを始める」という考え方です。また、カウンセリング機関によっては、インテーク面接をする面接員と、カウンセリングを担当するカウンセラーが、分けられていることもあります。インテーク面接員がまず来談者に会って、主訴（カウンセリングを求める理由である悩み）とその歴史、家族や仕事などの状況、成育歴などの情報を集め、それを受けて別のカウンセラーがカウンセリングをする、というシステムです。

しかし、私にとってはインテーク面接とカウンセリング面接に本質的な違いはありません。インテーク面接とカウンセリング面接を異なるものだと考える立場でカウンセリング業務を行っていく方は多いと思いますが、そうではあっても、私が本章でお伝えする考え方に触れていただきたいです。共感的カウンセリングを通して人を援助するということの本質は何か、それについての考え方が表れているからです。

2 インテーク面接の目的

インテーク面接の重要な目的は、情報収集とアセスメントです。アセスメントとは、来談者について何らかの判定や測定をすることで、よく「見立てを立てる」という言い方がされます。

インテーク面接とカウンセリング面接を異なるものだと考えるカウンセラーは、インテーク面接ではアセスメントの目的で多くの情報を収集して見立てを立て、それをもとに次のセッションからカウンセリングを始める、と考えます。それに対して私が行っている心理援助においては、アセスメント（来談者についての共感的理解）とカウンセリングはいつも同時に起きると考えます。つまり、初回でも十回目でも百回目のセッションでも、アセスメントとカウンセリングの両方の過程が進んでいるのです。

同じことは、ラポール（信頼関係）を作る、ということにも当てはまります。インテーク面接で「ラポール」を作り、それ以降の面接でカウンセリングをする、という考え方も多いですが、私のカウンセリング実践においては、「ラポール」とカウンセリングは同時に深まり、進展していくものです。

その具体的な例が、第8章の紗良さんと、第9章の雄介くんの事例からわかります。その事例対話で学んだように、共感的カウンセリングが進むにつれて、来談者はより深い内面を語るようになります。そのため、カウンセラーの共感的理解が深まり、来談者の気持ちと来談者が生きている世界について、より深く細やかで正確な情報が得られて、アセスメントが進みます。すると、来談者にはカウンセラーがより深く共感的に理解していることが伝わりますから、ラポールの形成がいっそう進み、自分自身の心を愛をもって共感的、受容的に、いっそう理解していきます。それが、共感的カウンセリングによって人の心がより健康になっていく過程です。

仮に、紗良さんと雄介くんの事例において、カウンセラーが「今日はインテーク面接だから、来談者について幅広く情報を集めよう」と意図して介入していたら、どうなっていたでしょう。たとえば紗良さんには、セッションの初めのころに、次のような質問をしていたでしょう。〈男性恐怖はいつ始まりましたか?〉〈その悩みについてこれまで何をしてきましたか?〉〈その悩みのことでお医者さんには行きましたか?〉〈ところでご家族構成は? ご家族関係は良好ですか?〉などなど。それらの質問をすれば、紗良さんは答えたでしょう。しかし、それでは事情聴取になり、そのような質問と回答を繰り返しても、紗良さんの事例で生まれたような、来談者が彼女自身の心を愛をもって共感的、受容的にいっそう理解していく過程は起きません。

同じことは、雄介くんの事例にも言えます。もし、カウンセラーがセッションの最初に、〈悩みは何ですか?〉〈ご家族について教えてください〉などの質問をしていたら、雄介くんは仕方なく何かを答えたかもしれませんが、そんなやり取りをしたのでは、彼は二度とカウンセラーのもとに来なかったでしょう。

大切なことは、来談者にとって、インテーク面接とカウンセリング面接に本質的な違いはなく、初回面接から「ラポール」および治療同盟の形成を含めたカウンセリングの過程が始まるということです。ですからカウンセラーは初回面接から、共感的、受容的な対応を行うことがとても大切です。

3 インテーク面接の特徴

ここまで見てきたように、インテーク面接とカウンセリング面接に本質的な違いはないと私は思いますが、それでも、インテーク面接にはいくつかの特徴があります。それらについて、お伝えしていきます。

面接においてはまず、来談者をお迎えする場を整えることが大切です。私は私設相談をしているので、面接室に早く着いて、窓を開けて空気を入れ替え、掃除機をかけ、スリッパを並べます。これらを心を込めて行うことで、場が整うように思います。もちろんこのことは、二回目以降の面接でも同じです。

申し込みの受付

カウンセリングの申し込みの受付について、よほどの例外的な緊急事態を除いて、飛び込みのセッションを受け付けない完全予約制にしましょう。というのは、カウンセラーは面接に備えて体調を整え、心の準備をしておく必要があるからです。

カウンセリング予約の申し込みは、電話かイーメールで受け付けることがほとんどでしょう。来談者にとっては、申し込み時点からカウンセリングが始まっています。ですから、受付の電話やイーメール応対は、丁寧にかつダラダラと長引くことがないよう、心がけることが大切です。受付の対応がよくないと、それだけで来談者はカウンセラーに不信感を抱きかねません。そのことは、受付スタッフが対応する場合でも同じです。

来談者が初めて来談したとき、初回セッションの前に簡単な問診票を書いてもらうカウンセリング機関は多いと思います。氏名、年齢、住所、家族構成、主訴などを記入してもらうものです。ただし、そこに書かれた主訴はしばしば、かなり防衛的なあり方で書くものだということを理解しておきましょう。つまり、来談者は本当の苦しみを素直に書くのではなく、それを意識的または無意識的に、覆い隠した内容を書くということです。

たとえば、「自分を理解したくて来ました」と書く来談者がいますが、人が自分を理解する目的でカウンセリングを受けに来ることはないと思います。そう述べる人も本当は、何かの心の苦しみを背負っており、その苦しみを軽くしたくて来るものです。同様に、「教育分析を受けるために来ました」という来談者もいます。教育分析とは、プロのカウンセラーまたはカウンセラーを目指す人が、トレーニングの一環として受けるカウンセリングを指します。しかし、そのように記入する人は、自分の苦しみを矮小化しているものですし、〝本当のカウンセリング〟を受けるのではないと思いたい、という動機もあります。そしてその底には、「自分に心の問題はないと信じたい」という思いがあったり、「カウンセラーに異常な人だと思われたくない」という思いがあったりするものです。

このように、来談者が本当に何に苦しんでいるかについては、問診票に書かれていることを鵜呑みにするのではなく、実際の面接で話をよく聴いて理解するように心がけましょう。

4 インテーク面接の目標

初回面接は来談者にとって、特に緊張する場面です。どんなカウンセラーとこれから出会い、どんなカウンセリング作業が待っているのかまったくわかりません。来談者はカウンセリングに、強い不安を持つものです。米国では、人々はカウンセリングを避けたがるのが一般的で（Komiya et al. 2000）、カウンセリングが必要な人々の大半が、カウンセリングを受けないことが明らかになっています（Komiya, 1999b）。カウンセリングが比較的受け容れられている米国でさえそうですから、日本ではその傾向はなおさら強いでしょう。それだけ、カウンセリングを受けるのは勇気がいることです。

初回面接の前日は不安と緊張のあまりよく寝付けず、当日も朝から緊張していたり、また、カウンセリングを受ける決心ができるのに数カ月または何年もかかったりする人もいます。ですから、「ここに来るには勇気が要りましたか？」と尋ねるなどして来談者のそんな不安に理解を示すと、来談者によってはホッすることがあります。カウンセラー自身がカウンセリングを受けるのは大切なことですが、その意味の一つは、来談者にとってカウンセリングを受けることがどれほど不安なものかを、身をもって経験することにあります。

共感的カウンセリングの過程において、初回面接が最も大切です。来談者にとってカウンセリングはたいへん不安なものだからこそ、初回面接で特に大切なことは、来談者が「このカウンセラーは私のことをすごく関心を持ってわかろうとしてくれるし、私が何を話しても、怒ったり、否定したり、怯えたりすることはなく、私の身になってわかってくれる」と、なるべく感じられる面接をすることです。来談者が完璧にそう感じることはあり得ませんし、「カウンセラーを信頼できない」ということそのものが、後ほどカウンセリングの焦点になる重要な題材になることも多いものですが、初回面接の目標は、来談者が「このカウンセラーなら信頼して話せそう」と、高い程度に感じられることです。

その理想に近づくために特に大切なことは、第9章で雄介くんの対話を検討したときにもお伝えしましたが、来談者の主訴に特に共感的、受容的に応答し傾聴することです。ここで言う来談者の主訴とは、カウンセリングの申込票の「主訴」欄に来談者が書いた内容のことではありません。そうではなく、来談者が今、特に苦しい、つらいと感じていることを指します。その苦しみを、カウンセラーがなるべく自分のことのようにありありと想像しながら話を聴き、理解的、共感的に応答することが大切です。それができるほど、来談者は少しずつ心を開きやすくなります。

5 ネガティブな思いに対応する

来談者が、カウンセリングに対する、もしくはカウンセラーに対する何らかのネガティブな思いを表現したときには、それをなるべく共感的に取り上げることが非常に重要です。初回面接であれば特に、誰かに強制されてカウンセリングに来た人や不信感の強い人の場合は、「なぜ自分はカウンセリングが必要ではないか」「なぜあなた（カウンセラー）のことが信頼できないか」について話し合うことに、面接時間のすべてを使うのが適切なことさえあります。

臨床例

来談者は、高校生の有希さん（仮名）です。彼女は母親によって、無理やりに私のもとへ連れられて来ました。有希さんは、「どうしてこんな所へ来ないといけないのかわからない」と、親と私に対する怒りと不信感をあらわにしました。この場面で拙（つたな）い介入としては、〈お母さまによると、学校であまりうまくいってないそうですね。学校はどうですか？〉のような質問をしたり、カウンセリングが必要であることを説得したりすることでしょう。

人は誰もが自分のことをわかってくれることを求め、その自分をそのまま大切に思って受け容れてくれることを求めています。ですから、反抗的な有希さんの心の底にも、次のような無意識の思考と感情があったでしょう。「あなたはカウンセラーだというけど、そういうあなただって、私の気持ちを裏切った他の大人たちのように、私を傷つけるんじゃないの？　誰かに助けてほしい気持ちはあるけど、また傷ついたらどうしようと思うと、怖くてあなたに心を開けない」。カウンセラーの役目は、来談者の根底にあって、しばしば来談者自身も気づいていないそういう思いを、なるべく自分のことのように想像して感じながら、来談者がそれを徐々に意識し、語ることができるように助けることです。

私は「この相談室へ来るのがいかに嫌なことか、自分にはカウンセリングがいかに必要ではないか」を語る有希さんの訴えを、なるべく共感的に聴き、五十分間の初回面接のすべてをそのことに使いました。母親によると学校の問題が主訴だったはずですが、学校の問題はいっさい語られませんでしたし、私はそのことについて語るよう求めることもしませんでした。私は有希さんに、学校に関する悩みを話してほしいとは思っていませんでした。カウンセラーが、あまりに話しづらい悩みでも話してもらおうというような思いを持っていると、来談者にそれを言わなくても何となく伝わり、安心して話しづらくなるでしょう。

そして、セッションの終わりに、私は有希さんに次のように告げて終わりました。〈有希さんとこうしてお話し合いをする機会をまた持ちたいです。有希さんさえよければ、また来週のこの時間にここでお待ちしていますから、もしよろしかったらどうぞお越しください〉。

翌週には、有希さんはカウンセリングをあれほど嫌がっていたにもかかわらず、自分の意志で来ました。彼女は初回面接とはうって変わり、自分からさまざまなことを話し出しました。高校受験に失敗して一年間中学浪人した過去、その心の痛み、劣等感、同級生に対するひけ目、さらには幼少期に繰り返し経験した両親に見捨てられた気持ち、など。それらのつらい経験や思いを自発的に語ったのでした。

6 初回面接から来談者の転移が表れる

来談者それぞれ固有の転移反応は、初回面接から表れます。ここで、転移について簡潔に復習しましょう。転移とは、来談者が親など過去の重要な人に対する考えや信念、感情、想像、行動パターンを、現在の誰かに向けて繰り返すことです。たとえば、「本当の自分をさらけ出したら拒絶される」と、親子関係などで強く学んだ来談者ほど、カウンセラーから批判されたり悪く思われたりすることに怯え、緊張して初回面接にやって来ます。

同様に、第8章の紗良さんのように、幼少期に親との関係において、「弱さや怒りを見せると拒否されるが、にこやかで元気そうに振る舞えば認められ、受け容れてもらえる」と学んだ来談者は、カウンセラーの前でも弱さや怒りを表現することを怖れます。そして、にこやかな様子だったり、表面的に穏やかな様子で話したり、苦しみが感じられないような感情のこもらない話し方をしたりするため、カウンセラーには苦しみがあまりひしひしとは感じられないかもしれません。そのような来談者の面接で特に大切なことは、カウンセラーに対する来談者の怖れを想像し、その怖れに思いをはせることです。

「心を開きたいけど、怖い」。来談者のその思いを理解することの大切さをお伝えするために、私がかつて行ったやり取りを紹介します。

来談者は十一歳の男の子。その子は、ある日突然お母さんに「カウンセリングを受けたい」と言ったそうで、びっくりしたお母さんが連れてこられたのでした。しかし、その子は私と面接室で二人だけになると、緊張感と警戒心とからほとんど話せません。そこで、私は椅子を持ってきてその子のすぐ横に、同じ方向に向けて（私の椅子に向けて）並べて置きました。そして私は、その椅子と私の元の椅子に交互に座りながら、まるで来談者と会話するかのように独り芝居を始めました。

（私は来談者の隣に置いた椅子に移って、来談者と同じ方向を向いて横並びに座り）

「この人、『何でも言いたいことを自由に話せ』って言うけど、そんなこと言われても、話すことなんかあるはずないに決まってるじゃん！」

（私は自分の椅子に戻ってカウンセラーとして語る）

〈急に『自由に話したらいいよ』と言われても、何を話せばよいかわからない、そんな感じかな？〉

（来談者の隣の椅子に移り）

「あたりまえじゃん、そんなの。自分だって見ず知らずの人のところに連れて行かれて、『何か話をしろ』って言われたら、話せないに決まってる！」

（カウンセラーの椅子に戻り）

〈こんな所に連れて来られて、知らない大人の前に座らされて、どうしろっていうんだ、そんな感じかな？〉

（来談者の隣の椅子）

「この人さっきからせっせと椅子を移って一人で喋ってるけど、ちょっと頭おかしいんじゃない？」

（カウンセラーの椅子）

〈ここに座って、何も話すことない、そんな思いなのかな？〉

（来談者の隣の椅子）

「この人、まだ一人でやってるよ。ほんと、よっぽどヘンな人だ」

このとき、その男の子は私の顔を見てクスッと笑いました。そして、その日のセッションでは、少し対話をしました。翌週にはその子は自分から少しずつ話し始め、週一回のセッションに通って来るようになり、結局その子にとって実りのあるカウンセリングになりました。

私がこのやり取りを紹介したのは、このやり方を手軽なテクニックとして紹介するためではありませんし、このような奇をてらった方法を勧めるわけでもありません。私がお伝えしたいのは、カウンセラーが来談者の不安を理解することの大切さ、そして来談者に、自分の不安を共感的かつ受容的にカウンセラーが理解していることが伝わることの大切さです。

7 来談者についての情報を集めるとはどういうことか

来談者についての情報を手っ取り早く集めるために、初回面接の前に来談者に問診票のような用紙を渡して記入してもらう、ということが広く行われています。しかし、来談者のことを共感的に理解する重要な情報は、実際に話し合うなかでなければ集まりません。重要なのは客観的事実ではなく、来談者の主観的事実だからです。カウンセリングは警察の事情聴取ではありません。何がいつどこで起きたか、という客観的事実が大切なのではなく、来談者が出来事についてどう考え、どう感じているかを、共感的に理解するのが共感的カウンセリングに役立つ情報収集です。

情報収集において大切なことのひとつとして、来談者の悩みのもとになっている非適応的な対人行動パターンを知り、後ほどカウンセリングに生かすことがあります。たとえば、「自己主張が苦手です」と語る来談者は、カウンセリング関係において自分の意見を話せなかったり、受け身的に行動したりします。カウンセラーはそのことを頭の片隅に入れ、カウンセリングにおいて来談者がそう行動したときに、その重要性に気がつくことが大切です。そのときには、来談者のそのように委縮した行動や、受動的な行動をせざるを得ない不安に想いをはせることが大切ですし、ときにはその行動を指摘することが役立つ場合があります。〈今も私に言いたいことがおありなのに、そんなことを言っては私が気を悪くするかも、と思って話しづらいんでしょうか?〉のようにです。

8 初回面接における対話例

ここからは、私とある来談者の初回面接の対話を再現し、途中で解説を入れます。

来談者は十五歳の貴久くん（仮名）。近所に住む年上の男子に性的虐待を受けていたことが発覚し、それ以来塞ぎがちになったので、心配した母親が私のところへ連れきました。最初の二セッションは、貴久くん、母親、私の三人で一緒に会いましたが、この日から貴久くんの個人カウンセリングを始めることで合意しました。秘密保持については初回の家族面接ですでに説明してありました。また、貴久くんが個人セッションで話した内容は原則として外部には出さないが、私の判断で必要と見なせば、それを母親や学校に伝えることも稀なケースにはありうると、この親子に伝えてあります。

私　前にお伝えしたように、私はあと二カ月でここを辞めるから、今までのように週一回会うことにすれば、今日を含めてあと八回会う予定になります。私としては、残された時間のなかで、貴久くんにとって大事なことをできるだけ安心して話し合えるようになりたい、と思っているんだけど、貴久くんは今どんな思いか、よかったら教えてくれますか？

解説1

この私の発言は、三つの大切なメッセージを伝えています。一つ目は、このカウンセリングには終わりの時期が決まっていること。このように終了時期が決まっている場合には、なるべく早期にそのことを来談者と確認しておくことが大切です。二つ目は、安全な信頼関係を作るのが重要であるということ。三つ目のメッセージは、話す内容を決めるのはカウンセラーではなく貴久くんだということです。

貴久くん　これから少しずつ古宮先生のことを知って、大切なことが話せるようにしたい。
私　ほかの人には話せないことでも、私には話せるような関係にしたいんですね。
貴久くん　うん……。あの……（五秒沈黙）
私　はい……。
貴久くん　五つ上の従兄弟が、ぼくにとってお父さん代わりみたいなもんなんだ。でも、従兄弟はたまに約束を忘れるけど。

解説2

来談者が他人について話しているときにも、本当はカウンセラーについて話していることがあります。この対話では、父親代わりである従兄弟の話が突然出てきました。それは、私に対して父親転移が生じているサインかもしれません。それが私に対する転移であれば、その底には次のような無意識的な考えがうかがえます。「先生には、ぼくの『優しいお父ちゃん』みたいになってほしい。だから先生のことを信頼したい。でも先生だって、父親代わりだと思っているのに約束を破る従兄弟のように、ぼくの信頼を裏切るんじゃないかと心配なので、先生を信頼するのが怖い」。

私　貴久くんは従兄弟のことをお父さんのように慕ってるのに、貴久くんとの約束を忘れたんだ！

貴久くん　うん。従兄弟のことを兄ちゃんって呼んでるんだけど、兄ちゃんはすごくいい人で、なんかちょっとお父さんみたい。いろんな所に連れて行ってくれるし……でも約束を守らないんだ、ときどき。

解説3

貴久くんは、従兄弟について、はじめは「たまに約束を忘れるけど」と言ったのが、ここでは最後に「約束を守らないんだ」と言葉が変わっています。前者より後者のほうが、従兄弟に対する怒りの気持ちがより率直に出ています。貴久くんがカウンセリング関係の安全さを少し感じ取って抵抗が低下したため、カウンセリングが展開し、感情を先ほどよりも正直に話し始めたのでしょう。

しかしここで、貴久くんは従兄弟を「いい人だ」と言ってかばっています。それも抵抗です。それは何を意味しているのでしょうか。私たちは、「身内のことを他人に悪く言われたくない」と思うものです。来談者も、カウンセラーから身内を悪く言われると防衛的になり、身内をかばいたくなるものです。ですから、カウンセラーは来談者の身内について、「あなたの従兄弟はひどい人ですね」というような、批判的な発言をしないことが大切です。来談者は、身内への怒りをわかってほしいのですが、身内のことをカウンセラーから悪い人だと判定されたくはないのです。

貴久くんが従兄弟を、「いい人だ」と言ってかばった理由のひとつもそれで、部外者である私に、家族のことを悪く思われたくなかったのでしょう。二つ目の理由は、「他人の悪口を言うべきではない」という道徳観が働いたために、防衛的になったのかもしれません。三つ目の理由は、従兄弟に裏切られた心の痛みと怒りを抑圧するためでしょう。つまり、従兄弟に対する怒りを語っていくと、裏切られたことの傷つきと怒りを感じそうになるので、それらのつらい感情を感じないようにするためでしょう。その三つの原因から、従兄弟に対する怒りや傷つきを率直に感じて話すのではなく、抵抗が働いて「いい人だ」とかばったのかもしれません。

私　貴久くんにとって兄ちゃんは大切な人なんだけど、ときどき約束を破るんだ。
貴久くん　この前の日曜日も、一緒にスケートに行くはずだったのに迎えに来なかった……。
私　約束したのに来なかった。
貴久くん　がっかりするよな。
私　それはがっかりだね。

解説4

このように、来談者の感情表現に共感的に応答することによって（それはがっかりだね）、来談者は「このカウンセラーとの関係では感情を感じて表現しても安全なんだ」と徐々に理解します。貴久くんはさらに続けて、従兄弟が貴久くんとの他の約束も破ったことを語りましたが、その部分は省略します。

貴久くん　（従兄弟が約束を破った他の出来事について語る）
私　そっか……じゃあ貴久くんは、お兄ちゃんに何回も裏切られたんだね。
貴久くん　うん。人を信じるのって難しい……。
私　また信じて傷つくのが怖い。
貴久くん　そう。信じられる人かどうかなんてわからないよ……。
私　信じられる人かどうか、わからなくて怖い……。
貴久くん　うん……（私にちょっと目を向けて伏せる。そして沈黙）

解説5

貴久くんは、言葉では私への不信感を語っていませんが、私には彼の視線、表情、そして沈黙から、私への不信感をありありと表現しているように感じられました。ですから、それを言葉にして返すことにしました。そのように、来談者が言葉で表現していることではなくても、態度や行動で表現している重要なことは、カウンセラーが言葉で返すことが大切です。

私　私のことも、信じられるかどうかわからないって気持ちも、ちょっとありますか？

貴久くん　うん……。信じていた人に裏切られたことがあるから……。学校の先生とか友だちとか。

私　そっか。だから人を信じるのは難しく感じるんですね。

貴久くん　うん、そう。先生はカウンセラーだから大丈夫かもって思うけど、でも、やっぱり大丈夫じゃないかもしれない……。

私　私について、大丈夫じゃないかもしれないと貴久くんが思うようなことを、私はしましたか？

貴久くん　ううん、してない。僕の言うことをちゃんと聴いてくれたら信じられそう。

私　話をちゃんと聴いてほしいんですね。

（つづく）

貴久くんとのカウンセリングは、私が勤務を辞めた都合で二カ月だけのものになりましたが、貴久くんは自分の感情を吟味し表現することができ、彼にとって意味のあるカウンセリングになったことが感じられました。

9　カウンセリング契約

インテーク面接で行う必要なことの一つに、カウンセリング契約を交わすことがあります。私はインテーク面接の終了前に、来談者に二四四–二四五頁に掲載している紙を渡して、自宅で読んで署名をし次のセッションに持参してもらっています。カウンセリング契約の内容として、秘密保持の原則とその例外、場所、セッ外）での交流はいたしません。ですから，私の少人数のセミナーや講演会等へのご参加はご遠慮ください。

主治医がおられる場合＊1

主治医がおられる場合には，私とのカウンセリングを通して問題解決に取り組むことについて，あらかじめ主治医の了承を得てください。必要であれば，私から主治医に電話か手紙などで連絡をしますので，教えてください。

面接日時について

効果を最大にするために，基本的に同じ曜日の同じ時刻に，毎週１回お会いします。私の都合がつかないときには，緊急の場合を除き，早く事前にお伝えします。面接は１回45分で，料金は１万円です。

あなたのご都合で予約した日に面接ができなくなった場合には，キャンセル料3,000円を申し受けます。予約日時の変更や，当日遅れる場合には，電話で留守電メッセージを残してください。電話番号は○○○—○○○です。なお，この番号は予約に関する緊急連絡用であり，電話でのご相談はお受けできません。また，イーメール，スカイプ，メッセンジャー等でのご相談等にもお応えできませんので，ご了承ください。

お話し合いは，ある程度の期間にわたって定期的に進めます。それにつれて話し合いが深まり，当初の問題に変化が起きてきます。来談者の方にとって十分だと感じられる変化が起きるのに，どれくらいの期間が必要かは予測できません。終結については，来談者の方と私とで話し合って，両方が納得して終結するのが望ましいと思います。

上記についてご了承いただける場合はここに署名と日付をお願いします。

　　　年　　　月　　　日

お名前：

＊1　主治医の了承が必要な理由は，私は公認心理師という資格を持っているため，公認心理師法に定められているからです。

お話し合いをしていくためにご了承いただく必要のある事柄

古宮 昇

話し合いの内容と進め方について

お話し合いはあなたのペースで進めます。その場であなたが話したいと思われることを、ご自由にお話しください。そうすることが、あなたの心の自己治癒力を発揮する最善の方法です。

このお話し合いを通して、あなたの心に何が起きているのかについて、一緒に理解を進めていきます。その目的のために、あなたが私に質問をしたときには、私は単純に答えて終わるのではなく、あなたの心に何が起きて質問という形で表現されたのかを一緒に、理解していこうとします。

秘密保持について

秘密は固く守られます。話し合いの内容が外に出ることはありませんし、あなたがここにお越しになった事実を口外することもありません。ただし、話し合いの効果を上げるために、私は他のプロカウンセラーからアドバイスをもらうことがあります。そのときには、ここで話し合った内容を、必要最小限の範囲で他のプロに話します。

また、万が一あなたがご自身や他人を傷つけたり、社会に大きな害を与える意図を私に伝えたりしたときには、あなたがそういう行為に出ないで済むよう、話し合って解決を図ります。しかし、万が一の場合、私はそのことをご家族や警察など、しかるべき人に伝えることがあり得ます。子どもや高齢者の虐待について、児童相談所や警察などに伝えることが法律で義務づけられていますが、これまで25年以上にわたりカウンセリングをしてきたなかで、私はそれをしたことは一度もありません。

私は研究、教育、カウンセラー訓練も行っています。それらの目的のため、この話し合いで起きたことを学会、論文、著書、講義などで公開することがあるかもしれませんので、ご了承ください。ただし、その場合でも、氏名、職業等の情報は伏せたり変えたりして、あなたのプライバシーを守ります。

また、来談者の方との相談室以外で交流を持つと、お話し合いにマイナスの影響を与えることが多々ありますので、セッション以外（決められた場所と時刻以ションの長さ、料金、キャンセルポリシーについて明確にし、互いに合意することが大切です。

10 危機介入

危機介入とは、気が動転している来談者をとりあえず落ち着かせ、早まった衝動的な行動をとるのを防止するための援助です。自殺希求の強い人や、怒りに圧倒されるあまり他人を傷つけかねない人、耐えがたい不安にどう対処してよいかわからなくなっている人などが、対象になります。危機介入は、共感的カウンセリングではありません。感情や考えを探求するのではなく、来談者が取りあえず落ち着けるよう支えるのが適切な対応です。

危機介入には大きく分けて二種類あります。「傾聴」と「指示的介入」です。手に負えないほどの激しい悲しみや怒りに圧倒されている来談者には、落ち着いて共感的に聴いてくれる人が必要です。カウンセラーが傾聴に徹して対応すると、来談者は自然に落ち着いていき、次第に理性を取り戻すことが多々あります。もう一つの介入は指示的介入です。来談者があまりに圧倒されているとき、カウンセラーが指示的に行動することが必要となります。

私がかつて総合病院で、心理士としてグループ・カウンセリングに関わっていたときのことです。ある躁うつ病の女性患者は、私がチラッと時計を見たことに激しい怒りで反応し、「あんたはどうせ私の話なんか聴きたくないんだろう！　ああ、今までの見捨てられた記憶がよみがってくる！　私はこんな所にはもういられない」と、突然泣きわめきながら部屋から出て行きました。グループのもう一人のリーダーは、その来談者を追いかけていって部屋へ連れ戻しました。そして彼女にこう伝えました。「今はあなたを傷つけた人たちはここにはいません。あれはもうすべて過去のことです。今あなたは○○病院にいて、ここはとても安全な場所です。すべては終わったんですよ。落ち着いてかまいません」と、優しくかつ毅然と語りかけ、その女性に深呼吸をしてもらいました。彼女は徐々に落ち着きと理性を取り戻しました。

危機介入では、アドバイスをすることもあるかもしれません。そのときには、来談者が「私の話を親身になって聴くよりも、早くこの会話を終わらせたいんだ」と感じて疎外してしまうことのないよう、注意を払ってアドバイスをしましょう。

電話による危機介入では、傾聴が主となるのが一般的ですが、来談者の状況を聞き出し、安全を確保するために適切な指示を与えることも必要です。自殺や他殺の手段・凶器があるかどうかを確かめ、凶器を持っている場合には、それを捨てるか、他人に渡すよう指示します。そして、病院に行くなど、安全確保に必要な行動を指示します。危機状況が続く場合には来談者の住所と電話番号を聞き出し、警察に通報することが必要になるでしょう。

危機的状況にある来談者を援助するカウンセラーとして、持っておきたい大切な見方があります。それは、問題は成長へのチャンスだということです。今までの生き方を変えざるを得ないところまで、来談者が追い込まれるからです。来談者は、自分の力ではどうしようもない原因（暴力夫、非行の娘、うつ病など）によって危機になっている、と考えるものですが、実際には、危機的な状況に陥るのは来談者の何らかの非適応的な感じ方や考え方、行動のパターンによるものです。

ただ、私はそのことを来談者に説明したり、教えたりすることはしません。なぜなら、それを伝えると、来談者にとって一種の説教のように聞こえてしまうからです。来談者は、カウンセラーの言うことが正しければ、本音の思いを抑えて「そうですね」と言うしかありません。しかしそのあり方は、本当に来談者の心が自由になり、本来の成長力が発揮されるあり方とは反対です。いっそう「～べき」や「正しさ」によって自分の本心がわからなくなり、心が固くなってしまいます。

ですから、「問題は成長へのチャンス」という見方は、あくまでカウンセラーが持っておく見方であって、理屈や正しさ、「べき」では変わることのない、深い変化がうながされる共感的カウンセリングにおいては、そのような「正しい考え方」を来談者に教えることは、援助のさまたげになります。

11 自殺危険度のアセスメント

自殺危険度を見分けるのは、カウンセラーにとって、とても重要な仕事です。特に初回面接と危機介入場面では、自殺危険度を慎重に測る必要があります。では、危険度を見極める基準となる要因は何でしょうか。六八九一名の精神科患者を二十年後に追跡調査した研究によると、抑うつ、絶望感、そして自殺願望の強い患者ほど、自殺することが多いという結果でした（Brown et al., 2000）。また、一〇〇〇人のうつ病患者を十年間にわたって追跡した調査や、重篤な自殺未遂で病院に担ぎ込まれた患者一〇〇人についての調査によると、自殺と高く関係する要因は、抑うつ状態、強い不安感、喜びの気持ちが感じられない状態、不眠、アルコール依存、集中力の低下でした（Depressed patients, 1999）。また多くの実証的研究を検討して得られた結果によると、自殺と高く関連する要因は、うつ、アルコール・薬物依存、境界性パーソナリティ障害、反社会性パーソナリティ障害、肉体的・性的虐待被害、無職の状態です（Kleespies et al., 1999）。

以下に、自殺危険度を予測するガイドラインを示します。

（1）自殺願望が高い来談者の援助において、最も大切なのは信頼関係の構築です。純粋で共感的なカウンセラーのあり方が重要です。

（2）抑うつは自殺と強く結びついていますから、来談者の抑うつ状態をチェックします。ただし、ベッドから抜け出せないほどのひどいうつ状態のときよりも、そこから少し回復したときのほうが、自殺の危険性は高くなります。自殺を図るエネルギーが出てくるからです。また、精神科入院治療を終えて退院してしばらくの時期が、自殺危険度の特に高い時期でもあります（Kleespies et al., 1999）。さらに、絶望感も自殺につながりますから、「物事は決して良くならない」と来談者が信じているかどうかを尋ねることが大切です。

（3）アルコール依存症者の場合は、大切な人と別離したあとが、自殺危険度が特に高い時期です（Kleespies et al., 1999）。

（4）自殺の意思表明は、真剣に受け取らねばなりません。自殺者のほとんどは、誰にも言わずに突然自殺するのではなく、何らかの形で周囲の誰かに死ぬ意図をもらしていた、と言われます。

（5）自殺の意思と計画の有無を尋ねるのは定石です。自殺の意思があり、そして計画がより現実的で具体的なほど、自殺の可能性は高いと考えられるでしょう。特に、凶器をすでに所持しているかどうか、そして所持していない場合は、それを手に入れる現実的で具体的な手段があるかどうかを確かめます。

また、来談者が自殺の意思を否定したときに、それが本気かどうかを推測するには、「なぜ自殺をしたいと思わないのですか？」と尋ね、答えられるかどうかを見るのは、ひとつの方法です。しかし、自殺の意思・計画の有無と、実際の自殺行為とはあまり関係がないというデータがありますし

(Depressed patients, 1999)、私の経験からも、自殺の意思を否定した患者が必ずしも安全とは言えません。ですから、自殺の意思と計画を否定したからといって、その人が自殺しないと考えるのは現実的ではありません。

(6) 自殺の意思については、「自殺を考えていますか?」と、ストレートに尋ねることが大切です。「自殺を話題にすると、かえって自殺の意図をあおるのではないか」と心配する人がいますが、人間は、誰かが自殺の話をしたからといって、自殺を実行したりはしません。それどころか、自殺というトピックをためらわず持ち出すカウンセラーによって、「ここは本当に何でも話していい場所なのだ」と来談者が感じ、気が少し楽になることもあります。

(7) 過去の自殺未遂経験の有無と、未遂行動の回数・未遂行為の深刻さを尋ねましょう。たとえば、手首の表皮を浅くかみそりで切って血がにじんだことのある人よりも、ビルの屋上から飛び降りて奇跡的に助かった人のほうが、自殺の意図がより真剣だったことがうかがえます。

(8) 一人暮らしの独身者は、既婚者より自殺の危険性が高いものです。家族や友だちなど、精神面や経済面などでサポートしてくれる人がいなければ、自殺の危険度は上がるでしょう。また、仕事を失った人も、自殺危険度が高くなります。

(9) 自殺の危険がある来談者を援助するときには、他の臨床家からコンサルテーションを仰いで、カウンセラーの判断と介入が適切であることを確認するのが不可欠です。また、カウンセラーの介入と、その介入に至る経過や根拠を、詳細に記録しておくことも大変重要です(Kleespies et al., 1999)。

「自殺したい」と訴える来談者は、もちろん本気で自殺を考えていますし、実際に自殺を図る可能性がありますが、その一方で「本当は生きたい」と訴えてもいるのです。彼らは、「本当は生きたいし、自殺はしたくないけど、死ぬしかこの苦しみを止める方法が見つからない」と訴えているのです。自殺願望の強い来談者を傾聴するときには、そのことを頭に入れましょう。そして、〈今の苦しみから逃れたいのですね〉〈今の苦しみを止めたいのに、死ぬ以外には苦しみを止める方法が見えず、絶望的な気持ちなのですね〉などと応答するのが適切なことがよくあります。

また、米国の論理行動療法家であるBedrosianとBozicas（1994）は、彼らの経験では、「慢性的な自殺希求に苦しむ来談者のほとんどは、幼少期の性的虐待の被害者である」（p.87）と述べています。カウンセラーが頭に入れておくべき意見だと思います。

第12章 カウンセリングの終結

1 共感的カウンセリングは終わらない

カウンセリング関係の終結について考える前に、お伝えしたいことがあります。今からお伝えすることに対しては多くのプロカウンセラーが反対するかもしれませんが、共感的カウンセリングと人間の心の本質的なことに関する、大切なことだと思います。それは、私たちの心の癒やしと成長には際限がなく、私たちはどこまでも成長する余地がありますから、カウンセリングは一生続けるのが一番いいということです。私たちにとってカウンセリングを通して取り組めば有益な事柄は、どこまで成長してもなくなることはありません。

しかし、実際には、カウンセリングにはお金も時間もかかりますので、来談者の苦しみがかなり軽くなったり問題が解決したりすれば、カウンセリングを終えるのが現実的です。本章では、終結について大切なことをお伝えします。

2 終結は重要なカウンセリング過程のひとつ

カウンセリングの終結は重要な出来事です。特に、長い期間にわたってカウンセリングが行われた場合や、来談者が別離や見捨てられ体験に関わる深い心の痛みを抱えている場合はなおさらです。私たちは誰でも、大切な人といつか別れる宿命にあります。カウンセリングの終結はその現実に直面する出来事であり（Yalom, 1985）、それだけに終結の善し悪しは、その後の来談者の生き方に影響する可能性があります。

最後の一セッションだけが終結セッションではありません。終結についてはなるべく早めに話し合いを始め、終結のプロセスを徐々にたどるようにしましょう。特に、カウンセリング期間が長い場合には、早いうちから来談者が終結の準備ができるよう、終結に向けて十分な回数の終結セッションを持つことが大切です。長く深いカウンセリング関係では、終結への準備期間は最後の半年またはそれ以上にわたることもあります。また、セッションとセッションの間隔を徐々に延ばしていき、週一回から、二～三週間に一回、そして一カ月に一回と、セッションの頻度を徐々に少なくしていくことが望ましいでしょう。

3 カウンセリングを後に再開することもある

来談者には、「いったんカウンセリングを終了した後でも、必要があればいつでもまた来てください」と告げましょう。そして、将来カウンセリングを再開したからといって、今回のカウンセリングが失敗したわけではないことを来談者に伝えます。たとえば、次のように伝えるのはひとつの方法でしょう。

「私たちは成長も癒やしも、どこまでもできます。そして、いろんなハードルに出会い、それを乗り越えるたびに成長するのだと思います。あなたはこのカウンセリングで成長され、今後さらに成長のチャンスに出会うでしょう。次のハードルに当たったときに、カウンセリングの助けが必要になれば、またお越しください。再びカウンセリングを始めたからといって、後退したとか失敗したわけではなくて、新しい成長のためにカウンセリングをまた使えばよいということです」

4 終結時期を確認する

カウンセリングの終結時があらかじめわかっている場合には、そのことを、カウンセリング開始時に来談者と確認しておきましょう。学校カウンセリング場面では、来談者の卒業とともにカウンセリングは終結します。また、カウンセラーの退職などで、近い将来にカウンセリングを終結せざるを得なくなることもあるでしょう。そのような場合には、終結がいつ頃になるのか、早いうちに来談者に伝えることが大切です（Beitman, 1987）。

そして、終結が近くなれば、各セッションの初めに「今日を入れてあと七回会う予定です」と、残り回数を来談者に告げるようにします。私の経験では、カウンセリング終結をはっきりと意識することにより、来談者はカウンセリングの深さを調節するし、カウンセリング過程もより速く進む印象があります。

5　終結の課題

終結でしなければならない課題のうち大きいものは、①カウンセリングで得たことを確認し、②カウンセリング後に備え、③きちんと「さよなら」を言うことです。

終結が単なる事実として受け止められ、あっさりと「さよなら」を言って終わる場合もありますが、カウンセリングの深さや来談者の問題などによっては、終結が来談者にとってもカウンセラーにとっても、感情的な経験になることもあります。それだけに、カウンセラーが自分自身の感情にどう向き合うかが、終結を来談者にとって有益な経験にできるかどうかに大きく影響します。私が、米国の大学カウンセリング・センターで実習生として働いた経験から、私の逆転移のためうまく終結できなかった事例を挙げます。

6　うまく終結できなかった私の経験

来談者はリサ（仮名）という女子大学生でした。彼女とのカウンセリングは感情的にとても激しいもので、彼女ばかりでなく、私にとっても大きく成長する経験になりました。学期の終わりとともに私の実習も終わるため、カウンセリングを終結することになりました。

私は、終結について自分が感じる悲しさにきちんと向き合って感じることができていませんでした。カール・ロジャースは、共感的カウンセリングを通して来談者の心の支えと成長を助けるための条件のひとつとして、「カウンセラーが来談者に対して所有的でなく、相手を縛らないような愛を持つ」ということを挙げました。しかし私には、「できることならもっとカウンセリングを続けたかったのに」という自分の気持ちが、とても所有的なものに感じられ、自分のそんな感情を恐れていました。ですから、あのときの私は、カール・ロジャースが共感的カウンセリングにおいて大切だと述べた、「カウンセラーが自分自身の経験にオープンで、感情を怖がらない」という状態ではなかったのです。

そんななか、最後のセッションになりました。リサの主訴は前週までにだいたい解決していました。最後のセッションはどこか機械的な雰囲気で、お互いにあまり話すことはありませんでした。そこで私は、「今日はまだ時間前ですが、セッションを早く終わりましょう」と提案しました。リサにはそれに反対する理由はありませんでした。

いつもは、セッションが終わるとリサが先に椅子から立ち上がって別れましたが、どういうわけか、その日の彼女は立ち上がろうとしません。じっと座ったままです。ほんのわずかの間ですが、リサと二人、カウンセリング室はどことなくぎこちない様子。部屋の静けさがやけに際立ちます。リサと私との間にやり残したことがあるのは明らかでした。

しかし、自分の感情に目をつぶっていた私にはそれが見えません。特に話すこともなしに、彼女といるのがぎこちなくなった私は、重い空気を肩で押し返すようにがんばって椅子から立ち上がり、「じゃあ元気で。期末試験はがんばってください」と握手を求めました。彼女は握手に応じるしかありません。握手を終えると、もう彼女はその部屋から出ていくしかありませんでした。彼女の背中を見送り、そうしてカウンセリングは終了しました。あっさりしたものでした。

何か吹っ切れないものとともに、私は部屋にひとり残されました。あのとき、きっとリサにも吹っ切れないものが残ったろうと私は想像します。もし、私があのとき自分の感情に正直になり、「こうして私たちのカウンセリング関係が終わることに、残念な気持ちがあります。私はあなたのお陰でとても多くを学んだし、あなたとこうして出会えて良かったと思います。あなたはどう感じていますか？」と尋ねていれば、あのセッションも、ずっと実りのあるセッションになっただろうと思います。

リサとのカウンセリングは、私にとって最後の最後まで良い学びの経験になりました。

第13章 共感的カウンセリングの実践に関わる諸問題

1 カウンセリングの「枠」について

共感的カウンセリングは、料金、場所、時間という枠があってこそ、効果が上がります。そのことについて説明します。

料金について

初心カウンセラーのうちは、来談者がカウンセリング料金を払わない無料カウンセリングからスタートする人が多いでしょう。そのうえで、毎週のスーパービジョンを受けることが必要です。力のあるプロから直接指導をしてもらわなければ、力はつきません。ですから、キャリアの始めのころは、大きなマイナス収支になるでしょう。カウンセリング能力をつけるにはお金がかかります。

社会には、無料カウンセリングを必要とする人々がたくさんいます。しかし、カウンセリング効果の点では、たとえ低料金ではあっても、来談者がカウンセリング料を払って受けるほうが望ましいと思います。有料カウンセリングのほうが、「良くなりたい」という動機づけがそもそも高い人が来ますし、来談者は料金を払うことによって、動機づけがいっそう高まるからです。さらには、有料にすることによって、カウンセリング関係が、来談者の問題解決と成長に取り組むプロの平等な関係であることがはっきりします。

時間について

時間については、「午後三時から三時四十五分までがセッションの時間」などと決まっているからこそ、カウンセラーは来談者の話に集中することができます。もし、終了時刻が決まっていなければ、カウンセラーは話を聞きながらも、「この話はいつまで続くのかなあ……用事があるのに……」と時間が心配になり、来談者の話に集中できないでしょう。同様に、予約時刻が決まっているからこそ、それに備えてスケジュールを管理し、体調を整えることができます。

安全な環境の確保

さらには、身体的暴力をふるわない、というルールが必要です。カウンセラーが身の危険を感じる状況では、来談者を共感的に理解し受容するゆとりが持てません。

私が大学の学生相談室のカウンセラーをしていたとき、ある男子来談者について、「今日は刃物を隠し持って来て私を襲うかもしれない」と思ったことがありました。そのとき私は、校舎にいた守衛さんにお願いして、カウンセリングルーム内で物音がしたらすぐ入って来てもらうこと、そして、カウンセリング終了時刻が過ぎても出て来なかったら入室してもらうことをお願いして、セッションを始めました。そのときは来談者が危険な行為に及ぶことはありませんでしたが、カウンセラーは身体的に安全な環境を保持することが重要です。

来談者が「決められた料金を払い、面接は決められた場所で、決められた時間帯に行われ、身体的暴力をふるわない」という枠を守る、という条件を満たしたときに、その枠のなかでカウンセラーは来談者に、共感的かつ受容的に向き合うことができるのです。ですから、カウンセリングの枠を設けて、カウンセラーがその枠内でのみカウンセリングをすることが、来談者のためになります。

部屋について

また、共感的カウンセリングは一般の悩み相談と違い、来談者はカウンセラーに付き添われて自分の心を深く探求していきます。ですから、それができるよう、プロの共感的カウンセリングであれば、セッションは誰にも見られたり聞かれたりすることのない密室で行う必要があります。喫茶店やホテルのラウンジなど、他の人に見られる場所で、プロの共感的カウンセリングをすることはできません。また、カウンリングの場に安心感と安定感が生まれるよう、いつも同じ部屋か、または同じ建物内にある内装の似た部屋でカウンセリングを行う必要があります。

2　面接の頻度について

共感的カウンセリングの効果は、「話せて気分が軽くなった」「しゃべってストレス発散になった」という一時的なものを超えています。そのような一時的なものを超えて、来談者の感じ方、考え方、行動がより根本的に変化するのが、カウンセリング本来の癒やしと成長です。それが生じるには、定期的に面接を重ねる必要があります。

面接の頻度が高いほど、来談者にとって心理的には楽ですし、心のより深い領域まで探求を進めて変化することができます。なぜなら、来談者は「数日後にまたカウンセリングがある」とわかっていれば、今まで避けたり抑えこんだりしていたつらい感情や考えや想像を、感じたり意識したりすることの困難がより小さくなるからです。反対に、次の面接が遠い先であれば、来談者は無意識のうちに、自分自身の苦しい感情、考え、想像に直面することを避けてしまいます。本格的な共感的カウンセリングは、週一回の頻度で行うのが標準であることが多いのではないかと思います。しかし、来談者の傷つきが深く激しい場合は、それ以上の頻度で定期的に会うのが望ましいものです。

3 沈黙

沈黙を避けるのが、私たちの社会的習慣です。カウンセラーといえども、その習慣をカウンセリング場面に持ち込み、沈黙を避けたくなるのが人情です。経験の浅いカウンセラーは特にそうでしょう。しかし、沈黙に適切に対処することは効果的なカウンセリングに欠かせません。

来談者がしゃべっていればカウンセリングが進んでいるし、沈黙しているときはカウンセリングが進展していないと考えがちですが、それは誤りです。おしゃべりをしていても、来談者が話したい大切な内容でなければ、カウンセリングの過程は進んでいませんし、反対に、沈黙の間に来談者は自分の心に起きていることを丁寧に吟味し、感じていることもあります。

沈黙は二種類に大別できます。一つ目は、来談者が自分の心に起きている気持ちや考えを吟味するとともに、それを語るための言葉を探しているときです。そのときは、カウンセラーはリラックスして黙って見守るのが適切です。

二つ目の沈黙は、来談者の連想がストップし、話すことが浮かばないときです。抵抗が働いていています。私たちは自分の心にオープンなときには、とめどなく話すことが出てきます。ですから、話すことが浮かばないのは、話す内容がなくなったわけではなく、話をすると何らかの不安が湧き上がってきそうなので、話をしないように止めているのです。ですから、来談者が何を話さないように止めているのか、なぜ止めているのかを、一緒に理解できるよう応答することが大切です。たとえば、次のような応答が考えられます。

〈今、話すことが浮かばない感じですか？〉
〈頭が真っ白になっているんでしょうか？〉
〈何を話せばいいか、わからない感じですか？〉
〈話す気にならないのでしょうか？〉

そのように尋ねてみて、来談者がどう反応するかを見ます。そして、その反応に共感的応答でついていきます。

来談者が沈黙したときは、それが気持ちを吟味したり言葉を探したりしている沈黙なのか、それとも話すことが浮かばず話せない沈黙なのかを、来談者の表情、視線、様子、そしてカウンセリングの流れから判断することが大切です。私は、いずれの沈黙なのかがわからないときには、少し待ってから、次のようにゆっくり共感的な様子で尋ねるのが普通です。

〈今、何が起きていますか？〉

4 話さない来談者への対応について

セッション初めから、ほとんど何も話さない来談者がいます。そんな来談者と向き合うとき、まず大切なことは、「来談者は話さなくていい」とカウンセラーが本気で思うことです。共感的カウンセリングは来談者に向けて、「話したいと思われればどうぞお話しください」という思いで行うものです。話しても話さなくてもいい。それが無条件の受容です。逆説的ですが、来談者にとってはそれが伝わるほど、関係性が安全なものになり、話したくなるものです。そのうえで、来談者がなぜ話さないのか、もしくは話せないのかについて、理解しようとすることが大切です。

来談者が話さない理由として、来談者の連想がストップして話すことが浮かばないことに加え、カウンセラーを試していることがあります。それは転移抵抗の一種で、たとえば以下のことを試している可能性があるのです。

「話さなくても動揺しないカウンセラーかどうか」
「話さない〝悪い〟自分でも、プレッシャーをかけず受け容れてくれるかどうか」
「私がどれほど人に心を開くことができないかを、わかってくれるカウンセラーかどうか」

話さない来談者に向き合うときには、「話さなくてもいい」とカウンセラーが本気で思えること、そのうえで、「どうでもいい」と無関心なのではなく、「来談者がなぜ話せないのか」その理由をなるべく共感的に理解しようとすることが大切です。

5 来談者の不満を汲み取る

共感的カウンセリングにおいて、来談者がカウンセラーに対して臆病になり、自己主張したり、不満を述べたりできないことが往々にしてあります。それが普通だとさえ言えるかもしれません。来談者が不満を口に出せなければ、やがてカウンセリングに来なくなります。

カウンセラーに対する不満は、来談者にとって非常に重要な事柄ですから、来談者に不満があればそれをカウンセラーに伝えられるよう、援助をしなければなりません。そのためにも、来談者の非言語コミュニケーション（表情や声の質など）を、敏感に感じ取ることが必要です。また、多くの来談者にとって、カウンセラーに不満を伝えること自体が、大切で意味のある経験になります。

カウンセラーによっては、毎セッションの終わりに「私はあなたの問題を正確に理解し、あなたのことを理解していると感じますか？」と尋ね、来談者が「はい」と迷わずに答えられなければ、「私はあなたの何を、もうひとつ十分に理解していませんか？」と尋ね、時間を割いて話し合うことにしている人もいます（Reinecke, 1997）。河合隼雄氏は、夢に出てきたカウンセラーの耳が異常に大きかったのが、「カウンセラーはただ話を聴いているだけでそれ以上は何もしてくれない」という、来談者の不満の表れだったので、それをカウンセリング対話のなかで取り上げて話し合った例を挙げています（河合 1967/1994）。

来談者の不満を感じ取ったときには、来談者に不満を話させようとするのではなく、来談者には不満をわかってほしいという気持ちがありますから、その気持ちに沿って、来談者にとって無理のない範囲で話せるよう援助する、という意図で応答をしましょう。

6 共感的カウンセリングにおける恥の意識

来談者は、自分の弱み、欠点、過去の失敗体験、恥ずかしく感じていることなどを話します。ですから、カウンセリングの根底には恥の意識があります（Hackney & Cormier, 1994）。来談者は恥に敏感になっていますから、カウンセラーの何気ない言葉や表情に傷ついたり、防衛的になったりする可能性があります。

また、カウンセラーのなかには、来談者の恥の意識を助長するような解釈や、言動をする人もいるようです。〈あなたが怒りをコントロールできないのは、幼い頃の親子関係の問題をひきずっているからです〉〈よく知りもしない男の人と飲みに行ったりしなければ、性的被害を受けることもなかったと思いませんか？〉などが、その明らかな例です。そんなカウンセラーに対し、来談者は当然のごとく怒りを抱きますが、「カウンセラーに腹を立てるなんてとんでもない」とその気持ちを抑圧し、抑圧された敵意は自分自身に向けられて、抑うつ感情が増大することもあり得ます（Hackney & Cormier, 1994）。

来談者の恥の意識に私がうまく対処しなかったことが一因で、カウンセリングが中断したと思われるケースを見てみます。私が米国で心理士として勤務していたときのケースです。

来談者は三十歳ぐらいの、スポーツインストラクターの男性でした。酒を飲んで恋人に暴力をふるったことがきっかけに、「怒りをコントロールできるようになりたい」と来談しました。その男性は私とのセッションで、地域の著名な有力者である父親と自分を較べて劣等感を抱いてきたこと、数年前の離婚がその劣等感に拍車をかけていること、現在も権威的な父親の言いなりに生きていることなどを、とてもオープンに語りました。四回の面接を重ね、カウンセリングは徐々に深まっていると私は思っていました。ところが、彼は五回目のセッションに来ず、それきり彼に会うことはありませんでした。なぜうまくいっていたカウンセリングが中断したのか、私は、疑問に思っていました。

それから一カ月後、私はシェリルさん（仮名）という女性の初回面接をしました。シェリルさんの話から、この女性があの中断した男性来談者の恋人であることは明らかでした。シェリルさんはその男性来談者についてこう話しました。「彼もカウンセリングに行ったんですけど、『自分の悪いところばかり喋るので嫌になった』と言って、やめてしまいました」。これを聞いたとき、私があの男性来談者の恥の意識に十分に対処できていなかったために、カウンセリングが中断したことが明らかになりました。

米国でも日本でも、男は「強く有能だ」という自己概念を保持し、強い部分だけを他の男性に見せて競争し合う傾向があります。特に、あの来談者は男性的なスポーツマンでしたから、男性カウンセラーである私に自分の弱みを語ることが恥ずべきことだと、余計に感じていたとしても不思議はありません。彼が自分の恥をさらけ出して苦しくなっていたときに、私は「カウンセリングがうまくいっている」と思っていました。これでは共感できていませんし、ちゃんと聴けていることにはなりません（河合 1985, p.79）。

また、来談者が私に対して感じた恥の背景には、私への父親転移（来談者が、父親に対する「負けてはならない、弱みを見せてはならない」という思いを、私に向けたこと）があったでしょうし、私はその転移に気づいて適切に対応することができなかったとも言えます。

私に必要だったのは、その男性来談者にとって私に話をすることがどれほど恥ずかしく、また自分の劣等感が刺激されて苦痛なことであるかを、来談者の身になって想像して感じることだったと思います。さらに、その男性の恥の意識は、彼の言葉、表情、語りの様子から表現されていたはずです。そのとき、私がタイミングを見計らって、〈ご自身で弱みだと感じていることを話されて、恥をさらけ出しているようなお気持ちかもしれないと思いますが、いかがですか？〉のように応答して、来談者が恥の苦痛を語れるよう介入することが、必要だったでしょう。

7 来談者が語りすぎたと感じているとき

来談者が内面の苦しみを語りすぎ、それが心の負担になることがあります。そのことが感じ取れたときには、セッションの終盤に、来談者の「つらいことを話しすぎてしまった」という気持ちに手当てをしておくことが大切です。次のように伝えるのはその一例です。

〈言いづらいことを話しすぎてしまった」と、しんどくなっておられないか気になるのですが、いかがですか？〉

もっとも、私は来談者にこのように話すことはめったにないし、このような働きかけを頻繁にしたくなるとすれば、そこにはカウンセラーの逆転移（カウンセラーから来談者への転移）があるでしょう。逆転移とはたとえば、「来談者から優しいカウンセラーだと思って好かれたい」という思いや、来談者が苦しい感情をありありと感じている場にいることがつらすぎるなどです。ですが、このようにして来談者の傷つきやすい気持ちに理解を示すのが必要なことが、ときにあります。

8 逆転移がカウンセリングをさまたげる

共感的カウンセラーは、来談者に対して温かく受容的な思いでいることが望ましいものです。しかも、カウンセラーは本当に純粋にそう感じていることが大切です。カール・ロジャースはそのことを、カウンセラーの「自己一致、無条件の尊重、共感的理解」と呼んで理論化しました（Rogers, 1957）。

しかし実際には、カウンセラーはいつもそう感じるわけではありません。ときに退屈したり、来談者をかわいそうに思ったり、救いたくなったり、イライラしたり、悲しくなったり、不安になったりすることがあります。それら、カウンセラーの温かく受容的な思いとは異なる反応を、「逆転移」と呼びます。逆転移はしばしば、カウンセラー自身の未解決の心の問題から生まれます。自分ではそうだとわからないものですが。そして、逆転移によってカウンセリングが失敗したり、ときに来談者を傷つけたりしかねません。ですから、カウンセラー自身がカウンセリングなど心の援助を受けて、自分自身の癒やしと成長に取り組むことが必要ですし、それがよりできればできるほど、カウンセラーとしての能力開発に必要な素地ができます。

あるカウンセラーは、来談者の「誰も私のことをわかってくれない」という悲痛な訴えや、今の苦しい状況を変えることができない苦しみを聴いていて、〈あなた自身がどうしたいか、自分の気持ちを感じることから始めましょう〉〈物事は最後はうまくいくので、それを信頼しましょう〉などとアドバイスをして、セッションを終えました。

そのカウンセラーがそのようにアドバイスをしたのは、来談者から伝わってくる無力感の苦しみに、カウンセラー自身が耐えられなくなったためでした。無力感が苦しすぎて、「何とかしなければ」と内心焦り、そのようなアドバイスをしたのでした。来談者の身になれば、そのようなアドバイスでは解決も苦しみの軽減にもつながらないからこそ、プロのカウンセリングを求めたのです。その来談者はそれを最後に、そのカウンセラーのカウンセリングに来ることはありませんでした。このように、逆転移によってカウンセリングが失敗することが非常に多くあります。

9 逆転移をカウンセリングに活かす

その一方で、逆転移を来談者理解に活かすこともできます。たとえば、カウンセラーはセッション中に自分自身の感情をじっと感じ、「私は今、この来談者がもろい人のように思えて、救ってあげたくなっている。何が起きているんだろう。ひょっとするとこの人は、自分のことを無力な犠牲者だと感じていて、それゆえ、『誰かが私を救うべきだ』と信じているために、人が救ってくれないときに傷つく、そのパターンを繰り返していて、私は今そのパターンに触発されて、この人を救うのが私の責任であるかのように感じているのかも」という理解に至るかもしれません。

または、「私は今、この来談者の話を聞きながらとても退屈しているし、その底にわずかな苛立ちも感じている。これは何を意味するのだろう。最近この来談者が、『私のことなんか誰も興味を持ってはくれない』と話したことと、きっと関係あるだろう。『カウンセラーでさえ私の話に興味を持ったりはしない』とこの来談者は信じていて、そのためにつまらない話ばかりするのかな」という理解が得られるかもしれません。

このようにカウンセラーは、来談者の話に傾聴し、来談者の感情を共感的に感じる一方で、自分自身の感情や反応を観察する冷静な目を持つことも必要です。自分のなかで刻々と移り変わる感情、反応、考えを敏感に自分自身の心の動きを敏感に感じ取ったりすることが有益でしょう。

育てるために、「マインドフルネス」の状態を体験するトレーニングに参加したり、カウンセリングを受けて

するると同時に、カウンセリング関係で何が起きているかを観察し、理解することができるのです。その能力を

感じ取り、それを言語化できるのはとても大切な能力です。それによって、来談者の内的世界に共感的に参加

10 協働関係

カウンセラー一人の力では、来談者を支え、成長を助けることはできません。来談者には、カウンセラー以外に家族、医師、社会福祉士、学校の先生など、多くの人々の支援が必要です。ですから、カウンセラーはそれらの人々と協力する必要がありますので、普段から良い協力関係を作るよう心がけましょう。

ときに、来談者の主治医の指示を得たり、社会福祉士や来談者の担任の先生と情報交換をしたりすることが必要になることもあるでしょう。そういうときには、必要に応じて来談者から書面で許可をもらいましょう。

働く機関によって、必要な知識や技能が異なります。自分が働く環境において必要な知識や技能を得ることが大切です。たとえば、精神医学および精神科関連でよく使われる薬の知識は必要です。特に医療領域で働くカウンセラーには、DSMもしくはICDの診断基準に関する基礎的なことを含めて、精神医学関連の基礎的な知識が重要になりますし、心理検査の使用を含めたアセスメント力も必要とされます。また、同じ職場や同じ職種の人たちと、心理的および物理的に助け合い、支え合う関係がとても貴重です。良い関係を作るよう努めましょう。

第14章 カのつくトレーニング

1 カウンセリング効果を左右するのは、流派よりもカウンセラー自身

カウンセリング（心理療法）にはさまざまな学派があります。どの学派が最も効果的なのかは、臨床心理学の世界においてかつて大きな国際的論争の的でした。そして、認知行動療法、精神分析的心理療法、来談者中心療法、家族療法など、多くの主要なカウンセリング法（心理療法の方法）について、効果を客観的に比較する莫大な量の研究が世界中で行われました。その結果、主要なカウンセリング法については、一般的にそのいずれかが他よりも効果的だということはない、という結論に繰り返し到達しました。そのため現在では、国際的な臨床心理学の世界において「どの療法が最も効果的か」を客観的に明らかにする研究はほとんど行われなくなりました。

その後、カウセリング（心理療法）の客観的な効果を比較・検証する研究では、「どれが最も効果的か」ではなく、「どの種類の心理的困難に、どのカウンセリング法が最も効果的か」とか、「どういう特徴の来談者には、どのカウンセリング法が効果的か」というような、カウンセリング学派の効果をより細かく検討する研究が主流になりました。さらにその後、「何がカウンセリングの結果を左右するのか」といった研究が、盛んに

行われるようになりました。

それらの研究から客観的データによって明らかになったことのひとつに、カウンセリングの効果は、カウンセラーの学派よりも、個々のカウンセラーによって大きく異なっているということがあります。つまり、「どの流派のカウンセリングを受けるか」ということよりも、「誰のカウンセリングを受けるか」によって、カウンセリング効果が大きく影響されるということです（Wampold, 2015）。ですから、プロのカウンセラーとして成功するには、とにかく実力をつけることに専念することが大切です。あまり実力がないのに職業的・経済的成功を求めてもうまくいきません。

では、どうすれば援助能力の高いカウンセラーになれるのでしょうか。この最終章ではそのことについて、私自身のカウンセラーとしての成長の過程と、カウンセラーのトレーニングに携わってきた経験を振り返って、具体的にお伝えします。

まず大切なことは意識です。そのうえで、具体的に何をするかが大切になります。そこで次節から、能力の高いカウンセラーになるために大切な意識のあり方をお伝えし、その後、具体的に何をすることが必要かをお伝えします。

2　意識

本書を読んでおられるあなたは、悩み苦しむ人の人生にじかに関わるプロフェッショナル、もしくはそれを目指す人だと思います。あなたが志す職業はものすごく責任が大きく、飛び抜けて高度な専門能力を必要とするものです。ですから相当な努力が必要です。

飛び抜けて高いプロ意識を持って取り組むとき、成功する可能性が最大になりますので、プロのカウンセラーとして力をつけ職業的に成功するためにどうしても必要で大切な最初の一歩は、「絶対に優秀なカウンセラーになる！」と決意することです。その熱意がどうしても必要です。また、私たちは交流する人から影響を受けますので、カウンセリング関連のセミナーや研修会などにたくさん参加するとともに、そこで出会った熱心で意識の高い仲間や先生たちと、積極的に交流しましょう。*7

さらには、カウンセラーとしての学びや成長に関して、「行動の基準を、それをすれば力がつくかどうかに置いて、力のつく行動を繰り返すこと」がとても重要です。

プロとして援助能力をあまり伸ばすことができず成功しないカウンセラーは、行動の基準を、「研修先が自宅から遠いからやめよう」「お金がかかるからやめよう」「実習形式の研修会やセミナーで、人前で積極的に実習をすると恥をかくからやめよう」というように、力がつくかどうかということ以外のことに置きます。また、カウンセリングの先生を選ぶときも、その先生が「プロカウンセラーとして実力があるかどうか」「的確な指導をしてくれるかどうか」よりも、「先生が私を好いてくれるかどうか」「私のやり方をわかってくれるか」「良く評価してくれるか」「優しく接してくれるかどうか」というような基準で選びます。

繰り返しますが、プロカウンセラーとして高い援助能力をつけ、成功するには、「行動の基準を、それをすれば力がつくかどうかに置いて、力のつく行動を繰り返すこと」という基準に沿って、努力を続けることが大切です。そして、カウンセラーとして力をつけて成功するには、自分からトレーニングを求めて食いついてい

---

*7　高いプロ意識と熱意を持って取り組むために非常に効果的な方法として、バリュー・ファクター®と呼ばれるものがあります。全国にいるディマティーニメソッド®・ファシリテーターに連絡を取り、個人セッションを通してバリュー・ファクター®に取り組むと、たいへん有益です。

くことが必要です。あなたにとって必要な学びのチャンスを、常に、あなたから求めて、作り続けましょう。

実力の高いプロは、「誰にもできないすごいことができる人」ではありません。そうではなく、「誰にでもできる努力を、誰もしないほど繰り返しやり続ける人」が、実力の高いプロになります。私の知る範囲では、プロカウンセラーとして能力が高く成功している人たちは、ものすごくたくさんの努力をしています。

しかし、カウンセリング力を高めるために効果的なトレーニング法と、あまり効果的ではないトレーニング法があります。私自身、あまり効果的でないこともたくさん行ってきました。同様に、世の中の多くのカウンセラーやカウンセラーを目指す方々を見ていると、あまり効果的ではないことに多くの時間やお金を費やしており、本当に必要で効果的なトレーニングをあまりしていないとよく感じます。では、具体的にどのようなトレーニングが効果的なのでしょう。それを次から具体的にお伝えします。

3 援助力の高いカウンセラーになるトレーニングの四つの柱

援助能力を高めるために効果的なトレーニングには、大切な四つの柱があります。それは以下のものです。

①自分がカウンセリングを受けることを通して、心の癒やしと成長に取り組む。
②実践に役立つ理論の学びをする。
③面接技術の練習を繰り返す。
④カウンセリングを行って個人指導（個人スーパービジョン）を受ける。

ここから、それら四つの柱について一つずつ詳しくお伝えします。

4 援助力を高めるトレーニングの四つの柱①――カウンセリングを受けることを通して心の癒やしと成長に取り組む

共感的カウンセラーの道具は自分自身

野球選手の道具はバットやグローブです。板前さんの道具は包丁です。野球選手も板前さんも、一流の人たちは道具をとても大切に磨き続けます。では、共感的カウンセラーの道具は何でしょうか。それは人としての自分自身です。私は、カウンセラーの人としての心のあり方、そしてカウンセラーが発する氣とでも言うべきものが、来談者に深く大きく影響すると感じます。

大学院での臨床心理士・公認心理師の養成、プロカウンセラーの個人指導、社会人対象のカウンセラー養成に関わってきた私の経験から、カウンセラーの成長を阻む最も大きな要因は、カウンセラー自身の持つ未解決の心の葛藤だと強く感じます。

カウンセラー自身の解消していない心の痛みは、たとえば、来談者から良いカウンセラーだと思われるかどうかが気になる、〝うまく〟カウンセリングができるかどうか不安になる、カウンセリングが〝うまく〟できないと落ち込む、来談者に巻き込まれて感情が動きすぎる、反対に感情が動かない、ケースの理解があいまいになる、理論を歪めて理解してしまう、などの原因になり、カウンセリングの失敗につながります。

そういう問題を解決するために、カウンセラーおよびカウンセラーを目指す人は、カウンセリングを通して自分自身の心の癒やしと成長に取り組むことが必要です。

フロイトとフロム゠ライヒマンの主張

フロイトは、精神分析家になるには、自分自身が精神分析療法をしっかり受けることが必須だと主張しました。彼は、「すべての精神分析家は五年ごとぐらいに精神分析を受けるべきで、それは恥だと感じることではない」（Freud, 1937/1963, pp.247–268）と述べています。また、著名な精神分析家の一人であるフロム゠ライヒマンも、まず自分自身が来談者として心理療法を受けることなく心理療法家になろうとするのは、「あまりに危険なことであるがゆえ、とても受け容れられるものではない」（From-Reichman, 1950, p.42）と主張しました。

カウンセラーがカウンセリングを受けることは欧米では常識

実際のところ、欧米のカウンセラーを対象とした多くの研究によって、カウンセラーのほとんどがカウンセリングを受けたことがあることがわかっています。たとえば、米国心理学会の会員を対象にした調査では、八四％がカウンセリングを受けた経験を持ち、カウンセリングを受けた期間の中央値は四年でした（Pope & Tabachnick, 1994）。米国の心理師やソーシャルワーカーなど七二九人を対象とする調査でも、同じく八四％がカウンセリングを受けたことがあると答えています（Norcross & Bike, 2008）。そして女性カウンセラーを対象とした調査では、平均のカウンセリングセッション数は一六七時間に上りました（Elliott & Guy, 1993）。また、英語圏六カ国、合計三九九人のカウンセラーを対象とした調査では、八七％がカウンセリングを受けたことがあり、二五％は調査時にカウンセリングを受けていました（Orlinsky et al., 2011）。

これら多くの国際的な研究から、カウンセラーの七～八割ほどが、カウンセリングを受けた経験を持っていると推定されています（Macran et al., 1999；Norcross, 2005）。

日本の実情

このように、カウンセラー自身がカウンセリングを受けることは国際的な常識です。ところが日本では、カウンセリングを受けたことのないカウンセラーが多数派のようです。日本には、カウンセラー自身のカウンセリング経験に関する大規模で本格的な調査はありませんが、日本産業カウンセラー協会が二〇一〇年に会員六三〇人を対象に行った調査では、「職場でストレスを感じたり悩んだりしたとき、どうしていますか」という設問に対して、「カウンセリングに行く」と答えたのはたった四%しかおらず、実際に産業カウンセラーに相談したことのある会員も、十二%だけでした（Press Release「産業カウンセラー聞き取り調査結果」http://www.counselor.or.jp/Portals/0/resources/press/pdf/100722.pdf）。

伝統的に、精神分析学派は特に、セラピスト自身が精神分析療法を受ける必要性を重視しており、国際的には、精神分析的カウンセラーの九割以上がカウンセリングを受けた経験を持っているという結果が複数の調査で得られています（Norcross, 2005；Pope & Tabachnick, 1994）。ところが日本精神分析学会が二〇一六年に行った調査では、回答した会員四九九名のうち、カウンセリングを受けたことがある人は三九%にすぎませんでした（岡田 2017）。この現状について、精神分析的心理療法家である山崎孝明氏は、国際精神分析協会の資格要件には個人精神分析を受けることが入っているにもかかわらず、日本精神分析学会のトレーニング要件にはそれが入っていないことは、「日本の精神分析的カウンセリングの特殊性」（山崎 2017, p.61）であり、日本ではその問題に目を向けることすらされていない、と述べています。

カウンセリングを受けることで心の健康度がアップする

国際的な研究では、カウンセリングを受けたことのあるカウンセラーの約九割かそれ以上が、カウンセリングを受けた経験が有益だったと回答しています（Norcross, 2005；Orlinsky et al., 2011；Pope & Tabachnick, 1994）。また、前述した日本精神分析学会の調査でも、過去にカウンセリングを受けたことのある会員の九一％が、カウンセリングを受けたことが有益だったと答えています（岡田 2017）。

では、カウンセリングを受けることが、カウンセラーに具体的にどう役立つのでしょうか。それについて、欧米を中心とする多くの研究によって、繰り返し明らかにされているメリットを挙げます。

まず、カウンセラー自身の心の健康増進に効果があります。さらには、対人関係が良くなった、自己肯定感が高まった、感情表現に有益だった、ストレスが減り、人生への満足感が増え、心理的症状が改善されて健康になった、という効果が報告されています（Norcross, 2005；Orlinsky et al., 2011；Pope & Tabachnick, 1994）。

カウンセリング能力の向上に有益

またカウセリング能力の向上にも役立つということも、多くの研究が示唆しています。具体的には、次のようなメリットが明らかになっています。

自分自身の不安や怒りなど、影の部分を受容することに役立つから、来談者の気持ちがよりわかり、より共感できるようになった。来談者への温かさ、繊細さが向上した。来談者の語りをより深く聴けるようになり、より受容することができるようになった。来談者との間に何が起きているかが、よりわかるようになった。逆転移反応を起こすことが減った。自分自身の盲点や価値観がわかった。来談者としてカウンセラーに受け止められ共感される過程を通して、苦しむ来談者の持つ力を信頼できるようになり、来談者が彼・彼女自身の問題に取り組むために必要なスペースを与えることができるようになった。カウンセリングの効果について確信が深まった。カウンセリング技術が上達した、など（Macran et al. 1999；Norcross, 2005，Orlinsky et al. 2011）。

認知行動療法のベテランカウンセラーを対象とする研究でも、自分自身の悩みやストレスについて認知行動療法を使って取り組む十週間のトレーニングによって、認知行動療法のスキルがアップしたとともに、より共感的になったことも示唆されています（Davis et al. 2014）。

さらには、カウンセラー・トレーニングにおいて、授業や読書よりもカウンセリングを受ける経験のほうが、カウンセラーとしての能力向上に効果的だったことが、複数の研究を通して一貫して示されています（Macran, et al. 1999；Norcross, 2005；Pope & Tabachnick, 1994）。そして、米国心理学会の調査対象となった会員四七六名の七十％が、「大学院ではカウンセリングを受けることを必須にすべきだ」と答えています（Pope & Tabachnick, 1994）。

人がカウンセリングを受けることを嫌がる原因

カウンセリングを通して自分自身の心に向き合うのは、怖いことです。私はかつて、米国でプロカウンセラーとして働きましたが、人々がカウンセリングを受けたがらない状況は米国でも同じです。日本で、「米国人は進んでカウンセラー（精神科医）のところに行くんでしょう？」「かかりつけのカウンセラーを持っているのがステータスシンボルなんでしょう？」と尋ねられたことが何度もありますが、それはとんでもない誤りです。米国人もカウンセラーのところには行きたがらないのが普通で（Vogel, et al. 2006）、心理的な苦しみを抱えてカウンセリングが必要な人々の多くがカウンセリングを受けないことが、複数の調査によって繰り返し明らかにされています（Kushner & Sher, 1989；President's Commission on Mental Health, 1978；Stefl & Prosperi, 1985；Wills & DePaulo, 1991）。

では、なぜ人はカウンセリングを求めることに抵抗感を抱くのでしょうか。多くの調査によって、次の要因がその原因として挙げられています。他の人たちから「性格が弱い」などと悪く思われる（Stefl & Prosperi, 1985）、「自分の問題は自分で解決する方針だ」という信念（Bornstein et al., 1993；Wills & DePaulo, 1991）、知らない人に自分の問題を話すことへの怖れ（Fischer & Turner, 1970；Hinson & Swanson, 1993；Horwitz, 1977；Kelly & Achter, 1995；Kessler et al., 1981；Leaf et al., 1987；Rule & Gandy, 1994）など。また、男性のほうが女性よりもカウンセリングを受けることに対する抵抗感はより強く、特に「男らしさ」にこだわる男性ほど、その傾向が強いこともわかっています（Good et al., 1989；Good & Wood, 1995；Robertson & Fitzgerald, 1992）。

しかし私は、人々をカウンセリングから遠ざける中心的で強力な要因は、それら研究者たちが挙げているものではないと思います。人がカウンセリングを嫌がる本当の理由は、感情をあるがままに感じることへの怖れと、人間への怖れ（不信感）だと思います。その二つについて詳しく検討します。

感情への怖れと、人間への怖れ

本書で学んできたように、私たちは誰でも程度の差はあれ、自分自身の心にある感情や考え、想像を、いつも素直にそのまま感じるわけではありません。私たちはいつも「正しい」ことばかりを思うものではなく、たとえば親や教師だって、子どもを嫌ったり憎く思ったりすることがあります。また、妻が浮気をしたい欲望を感じたり、部下が「あんな上司はいなければいいのに」と思ったり、親には反抗と怒りしか感じない人の心の底に、本当は親を求めてやまない気持ちと愛されなかった寂しさ、また親への罪悪感が、潜んでいたりするものです。それらの思いを、ときに素直に感じられず、その一部を抑えつけたり歪めたり否定したりするのは、それらを本当に感じることが、自分にとってあまりに脅威的だと感じるからです（Rogers, 1951, pp.114-115）。

そんな私たちが「カウンセリング」とか「心理療法」と聞くと、心の底に抑えつけられている悲しみ、寂しさ、怒り、罪悪感、傷つきなどを感じてしまうかもしれない、と何となく思います。言い方を変えると、「カウンセリングなんかを受けると、自分のなかから何が出てくるかわからない」という恐怖を感じるのです。私はその仮説を検証する客観的な研究を行いました。その研究結果は、「感情にオープンな人ほどカウンセリングを受けることについて許容的・積極的だった」というもので、私の意見を支持する結果でした。（Komiya et al. 2000；Komiya & Eells, 2001）。

カウンセリングに対する抵抗感の二つ目の原因は、人間への不信感です。その不信感は、受け容れてほしかった重要な人から拒絶された、過去のつらい経験からくるものです。その痛みがあるために、「本当の自分をカウンセラーに知られたら拒絶される（または批判される、軽蔑されるなど）」と、恐怖を感じるのです。その不信感（恐怖）が強い人ほど、カウンセラーを選ぶときに「理想的なカウンセラー」を求める思いが強くなり、カウンセラーを選ぶのがとても怖くなります。

つまり、私たちがカウンセリングを通して自分の心に向き合うのが怖い最も根本的な原因は、自分の感情への怖れと、人間への怖れだと私は思います。

そして、共感的カウンセラーとして人の支援にあたるとき、その怖れこそが最も大きな障害になります。自分自身の感情が怖いほど、来談者の激しい感情を、安定して共感的に理解して受け止めることができなくなります。また人への恐怖があるほど、カウンセラー自身が来談者に壁を作ってしまいますので、それが来談者に伝わり、来談者も心を開くことが難しくなります。だからこそ、共感的カウンセリングの能力を高めるには、カウンセラー自身が（またはカウンセラーを目指す人自身が）、カウンセリングを通して自分自身の怖れの原因に向き合い、なるべく高い程度にそれを解消する必要があります。

どのカウンセリング法を受けるのがいいか

カウンセリング、心理療法、心のセラピーには、さまざまな種類があります。たとえば、精神分析的心理療法、認知行動療法、来談者中心療法、ユング派心理療法、システムズ・アプローチ、ＥＭＤＲなど、臨床心理士や公認心理師の大学院で見聞きするようなものもあるし、そういう環境では目にしないさまざまな援助法もあります。

そのどれが良いかを、一般論として指し示すことはできません。ただ、私の実感では、それら異なるアプローチはそれぞれ、私たちの心の異なる部分に働きかけ、異なる部分の変容を助けるように思っています。そして、どのアプローチであっても、それがカウンセラーの人としての成長に役立っているかぎり、共感的カウンセラーとしての素養を高めることに役立つと感じます。

いずれにしても、共感的カウンセラーとしての援助力を高める効果的なトレーニング法として、自分自身がある程度の高い頻度で定期的にカウンセリング（心理療法など）を受けることを通して、自分自身の成長に取り組むことを、第一に挙げたいと思います。

5　援助力を高めるトレーニングの四つの柱②――実践に役立つ理論の学びをする

共感的カウンセリングを実践するためには、理論を深く自分のものとして理解していることが必須です。ただし、受験勉強のように単語の定義を覚えるような学び方は、まずい学び方です。そうではなく、理論の意味することを、実感や、「なるほど!」という腑に落ちる感覚を伴って学ぶことが必要です。たとえば、「カール・ロジャースが主張したカウンセリングの三つの条件は何ですか?」という設問に、「受容、共感、自己一致(純粋さ)」と回答すれば正解です。しかし、そのような学び方ではカウンセラーとしての実力は高まりません。カウンセラーとしての成長に意味があるのは、たとえば、ロジャースが述べた「受容」とは本当はどういうことなのか、自身の経験から振り返ったり吟味したり、受容されることを自分自身が体験したりする、そういう学びです。

そして、理論を誰から学ぶかも決定的に重要です。たとえばロジャースの主張した三つの条件であれば、教える人がそれを自分自身の知恵としてわかっていることが大切です。そうではなく、講義や著書などで、「ロジャースによると受容、共感、自己一致(純粋さ)が大切です」と単に説明するような、実感を伴わない教え方をする先生からは学べるものは少ないでしょう。

さらに、プロカウンセラーとして援助力を高めるには、理論によって来談者をより深く正確に理解でき、理論がカウンセリングの実践にどう結びつくかがわかる、そのような学び方が必要です。また、事例研究(ケース検討)および、後ほどお伝えするスーパービジョン(個人指導)を通して理論を学ぶことも必要です。

6 援助力を高めるトレーニングの四つの柱③——面接の練習を繰り返す

技術を習得するには、練習と振り返りを繰り返すことが必要です。カウンセリングは非常に高度な専門知識と、専門技術を必要とする営みですので、何度も繰り返し練習する必要があります。平木典子氏が「テクニックの取得に関わる微妙で目に見えない勘所の取得は、体験学習そのものから得ていくしかない。積極的に個人とグループにおける成長体験を求めることを勧めたい」（岩壁・平木 2018, p.53）と述べておられることに、私は全面的に同感です。学び手が、話し手と聴き手に分かれて練習すること（いわゆるロールプレイ）はとても有益ですし、必要だと思います。そのとき、毎回ではなくても、実力のあるカウンセラーに実際に見てもらって、指導を受けながら練習をすることが必要です。

しかし、臨床心理士・公認心理師養成の大学院でさえ、その多くでは、そのような実習練習の機会が非常に乏しいのが現状です。その機会を自分で作るか、機会を探し出して積極的に参加し、練習にはげみましょう。技術は練習をすればするほど上達します。

7 援助力を高めるトレーニングの四つの柱④――カウンセリングを行って個人指導（個人スーパービジョン）を受ける

共感的カウンセリングの援助力をつけるには、カウンセリングを実践し、その実践（個別ケース）について有能なプロカウンセラーから個人指導（スーパービジョン）を受け続けることが必要です。初心のうちは、カウンセリング・セッションを一回行うたびに、個人スーパービジョンで指導を受けることが必要です。そして、その後も毎週のスーパービジョンが必要だと思います。かなりお金がかかりますが、プロカウンセラーとして一人前の仕事ができるだけの実力をつけるには、学ぶことがあまりにたくさんあります。

私自身は、カウンセラーとして初めの五年間ほどは週に二回のスーパービジョンを受けていました。現在もベテラン・カウンセラーのスーパービジョンを受けていますから、二十五年以上にわたってスーパービジョンを受けていることになります。ちなみにニュージーランドでは、心理療法家（Psychotherapist）の資格者は、どれほどベテランであろうとカウンセリング業務をする限り、全員がスーパービジョンを受けなければならないと定められています。英国でも同じ決まりだと、かつて英国で心理士をしていた日本人から聞きました。

そして、先生から学ぶときに気をつけていただきたいことがあります。それは、いろんな先生から少しずつ学んでも、どれも本当には学べず、カウンセラーとしての力はつかない、ということです。ですから、実力をつけるには実力のあるカウンセラーを一人選び、とにかくその先生のカウンセラーの理論、見方、やり方を学ぶことが必要です。そのカウンセラーの教えを忠実に学び、忠実に実践しましょう。

ところが、そのとき自分の「個性」や、やり方を主張したくなるのが人情です。しかし自分のやり方や考え方に固執しては、我流で固まってしまい成長しません。個性と我流は違います。また、個性は「作ろう」とか「守ろう」としてできるものではなく、素直に誠意を持って真摯に取り組んでいるうちに、自然にできるものです。

私の経験では、効果的なスーパービジョンでは、来談者について重要なこと、いわば木の幹にあたる部分についての理解が進みます。反対にあまり役に立たないスーパービジョンでは、「次からこう言えばいいのではないか？」「これについて質問すればいいですよ」というようなアドバイスはもらえますが、カウンセリングの中心的な幹の部分が見えません。

また、理想的なスーパービジョンは、それが終わった帰り道に、「次からはもっと良いカウンセリングができそうだ」と希望を感じられるスーパービジョンだと思います。スーパービジョンを受けて、あなたにできていなかったことや見落としていたことを教えてもらったあと、「悪いところを指摘された。私はダメだ」「次は指摘されないようにしよう」という心持ちではしんどいし、あまり上達もしないでしょう。ですから、「できていなかったところ、わかっていなかったところを教えてもらえたから、また実力がついた」と、前向きに進むことができれば理想的でしょう。

上達・成長するには、上達・成長のエネルギーに同調する発展的で前向きなエネルギーを持って、日々のトレーニングに専念することが大切です。「自分はいかにできないか」「いかにダメか」に焦点を当てたり、他人と比べたりするのは役に立ちません。「昨日の自分よりも今の自分はどう上達・成長しているか」「いかに自分の目指す姿に近づいているか」に焦点を当てて、取り組みましょう。

スーパーバイザーを選ぶ基準

スーパービジョンを提供する先生を、スーパーバイザーと呼びます。スーパーバイザーを選ぶ基準として、その先生の援助法が、自分の援助観と合致することが大切です。たとえば、もしあなたが傾聴ではあまり援助にならないと感じるのであれば、ロジャース派カウンセリングを実践する先生よりも、認知行動療法や問題解決志向など、カウンセラーが積極的に働きかける流派の先生につくほうがいいでしょう。

また、カウンセラーとして実力のある人をスーパーバイザーに選びましょう。カウンセラーの年齢や年数、大学の先生であるかどうか、本を書いているかどうか、有名大学・大学院を出ているかどうかなどは、実力とは関係がありません。そのような表層的・形式的な事柄ではなく、実力からスーパーバイザーを選びましょう。

カウンセラーとして力のある人は、自分の理論をしっかりと持っています。ですから、その人はあなたのカウンセリングの仕方に対して、援助的だったか非援助的だったかが明らかにわかりますから、それを指摘するでしょう。それに対して力のないカウンセラーは、あなたのやり方が援助的かどうかがよくわかりませんから、「それでもいいんじゃないかな」「悪くはないと思うよ」「ま、次は〇〇するのもひとつの方法かな」というようにしか言えません。

私たちは、「私のやり方を認めてくれる先生」「私をほめてくれ、良く評価してくれる先生」を、いい先生だと見なす傾向があるでしょう。そんな思いが出るのは自然なことですが、それをスーパーバイザーを選ぶ基準にすると実力はつきません。「自分のやり方を認めてほしい」「批判されたくない」という欲求を選択基準にする人にとっては、能力の高いカウンセラーは「厳しい」スーパーバイザーだと感じられるので嫌がり、能力の低い人を選びたがるでしょう。しかしそれではプロとして成功しません。

指導者によって言うことが違うもの

また、カウンセリングのやり方は、カウンセラーが十人いれば十通りの方法があり、カウンセラーによって見方もやり方も全員が違います。そのため、指導者によって正反対のことを指導されることは珍しくありません。A先生とB先生の言うことが互いに相容れないとき、A先生とB先生の意見がどちらも同じくらい妥当である場合もあるでしょうが、どちらかの先生のほうがより正しく（援助的で）、もう一人の先生が正しくない（非援助的である）場合も多いと思います。ですから、いろいろな先生から少しずつ学ぶのではなく、実力ある先生から学ぶことが大切です。矛盾する指導を受けたときに自分がどうするかは、すべてのカウンセラーが取り組む、一生続く課題です。その経験を通して、少しずつ自分のやり方を作っていきます。

なお、複数の先生の研究会に参加したり、本を読んだりすることが、必ずしも悪いわけではありません。ただ、複数の先生から学ぶときでも、先ほどお伝えしたように中心となる先生を一人決めて、その先生の理論、見方、やり方を忠実に学び実践することが、実力をつけるために大切です。その補足として、他の先生たちの本を読んだり研修会などに参加したりして学びましょう。

指導者とカウンセラーは分けましょう

同じ人からスーパービジョンと自分自身の成長に取り組むカウンセリングを受けるのは、望ましくありません。つまり、スーパーバイザーとカウンセラーは別の人にする必要があります。なぜなら、スーパーバイザーはカウンセリングの方法や見方を教える人ですから、スーパービジョンの過程で評価が入ります。評価をしたり教えたりする人から効果的なカウンセリングを受けるのは困難です。

スーパービジョンを受ける態度

私たちは、「先生が私のやり方に合う教え方をしないなら拒否する」という思いになりがちです。しかし、その思いを基準にして選択をすると、力が伸びません。そのことに関して以下の実例があります。

開業して日の浅いカウンセラー（仮名：浅井さん）が、長年の実績ある開業カウンセラー（仮名：長井さん）に、「どうすればもっと来談者が来て経営が安定するか、アドバイスをしてほしい」と頼みました。そこで長井さんが浅井さんのオフィスを訪れたところ、入り口とトイレの清掃が行き届いていませんでした。そこで、「入り口とトイレの掃除をちゃんとしないといけません」とアドバイスしたところ、浅井さんは「そんなことを聞いているんじゃありません！　来談者の集め方とか、来談者が続くカウンセリングのコツとか、そういうことを教えてほしいんです！」と怒って、長井さんのアドバイスを聞きませんでした。浅井さんのカウンセリング・オフィスはその後もあまり来談者は来ず、やがて閉室に追い込まれました。

8 おわりに

繰り返しになりますが、カウンセラーとして実力をつけることを最優先し、実力がつく選択を繰り返すほど、実力がつきます。ほとんどのカウンセラーやカウンセラー志望の方々は、そのことが徹底されていませんので、プロとしてふさわしい実力をつけて成功することができません。

あなたがプロカウンセラーとして成長し、人々に貢献したいと心から願うのでしたら、その道に邁進（まいしん）して実力をつける努力を続けていただきたいと願います。そのときあなたが輝き、世の中への最高の貢献になります。

［補足（第9章の脚注＊6も参照）］

ディマティーニ・メソッド®は、心の傷つき、罪悪感、怒り、喪失の悲しみ、うつ症状など、あらゆる心の苦しみを解決するたいへん効果的な方法です。詳しくは、「古宮・ディマティーニ」または「社員のやる気研究所ホームページ」で検索してください。

文　献

Bedrosian, R. C & Bozicas, G. D. (1994) *Treating family of origin problems : A cognitive approach*. New York : Guilford Press.

Beitman, B. D. (1987) *The structure of individual psychotherapy*. New York : Guilford Press.

Bernsen, A., Tabachnick, B. G., & Pope, K. S. (1994) National survey of social workers' sexual attraction to their clients : Results, implications, and comparison to psychologists. *Ethics & Behavior*, **4**, 369-388.

Bornstein, P., Fitzgerald, M., Brainiest, M., Pieniads, J., & D'Ari, A. (1993) Family emotional expressiveness as a predictor of early adolescent social and psychological adjustment. *Journal of Early Adolescence*, **13**, 448–471.

Brown, G. K., Beck, A. T., Steer, R. A., & Grisham, J. R. (2000) Risk factors for suicide in psychiatric outpatients : A 20-year prospective study. *Journal of Consulting and Clinical Psychology*, **68**, 371–377.

Caddy, E. (1992) *God spoke to me*. Rochester, VT : Findhorn Press.

Cooper, M. (2008) *Essential research findings in counselling and psychotherapy : The facts are friendly*. London : Sage.

Corey, G. (1996) *Theory and practice of counseling and psychotherapy* (5th ed.). Belmont, CA, US : Thomson Brooks/Cole Publishing.

Corey, G., Corey, M. S., & Callanan, P. (1993) *Issues and ethics in the helping professions* (4th ed.). Pacific Grove, CA : Brooks/Cole Publishing.

Davis, M. L., Thwaites, R., Freeston, M. H., & Bennett-Levy, J. (2014) A measurable impact of a self-practice/self-reflection programme on the therapeutic stills of experienced cognitive-behavioral therapists. *Clinical Psychology and Psychotherapy*, **22**, 176–184.

Del Re, A. C., Flückiger, C., Horvath, A. O., Symonds, D., & Wampold, B. E.(2012). Therapist effects in the therapeutic alliance—Outcome relationship : A restricted-maximum likelihood meta-analysis. *Clinical Psychology Review*, **32**, 642–649. [https : //doi.org/10.1016/j.cpr.2012.07.002]

Depressed patients (1999) Depressed patients : Anxiety, panic, agitation-but not suicide ideation-tied to suicidal risk.

Clinical Psychiatry News, 1999, 25 (newspaper article).

Dryden, W. (Ed.). (1995) *Counselling in action. The stresses of counselling in action.* Thousand Oaks, CA, US: Sage Publications, Inc.

Dunn, R., Callahan, J. L., Swift, J. K., & Ivanovic, M. (2013) Effects of pre-session centering for therapists on session presence and effectiveness. *Psychotherapy Research*, **23**, 78–85.

Elliott, D. M. & Guy, J. D. (1993) Mental health professionals versus non-mental-health professionals: Childhood trauma and adult functioning. *Professional Psychology: Research and Practice*, **24** (1), 83–90. [http://dx.doi.org/10.1037/0735-7028.24.1.83]

Fischer, E. H. & Turner, J. I. (1970) Orientations to seeking professional help: Development and research utility of an attitude scale. *Journal of Consulting and Clinical Psychology*, **35** (1, Pt.1), 79–90. [http://dx.doi.org/10.1037/h0029636]

Flückiger, C., Del Re, A. C., Wampold, B. E., & Horvath, A. O.(2018). The alliance in adult psychotherapy: A meta-analytic synthesis. *Psychotherapy*, **55**, 316–340. [http://dx.doi.org/10.1037/pst0000172]

Freud, S. (1937/1963) Analysis terminable and interminable. In P. Rieff (Ed.), *Sigmund Freud: Therapy and technique.* New York: Collier, pp.233–271.

From-Reichman, F. (1950) *Principles of intensive psychotherapy.* Chicago: University of Chicago Press.

Good, G. E., Dell, D. M., & Mintz, L. B. (1989) Male role and gender role conflict: Relations to help seeking in men. *Journal of Counseling Psychology*, **36**, 295 300.

Good, G. E. & Wood, P. K. (1995) Male gender role conflict, depression, and help seeking: Do college men face double jeopardy? *Journal of Counseling and Development*, **74**, 70–74.

Greenson, R. R. (1960) Empathy and its vicissitudes. *The International Journal of Psychoanalysis*, **41**, 418–424.

Greenson, R. R. (1967) *The technique and practice of psychoanalysis. vol.I.* New York: International Universities Press.

Guy, J. D. (2000) Self-care corner: Holding the holding environment together: Self-psychology and psychotherapist care. *Professional Psychology: Research and Practice*, **31** (3), 351–352. [http://dx.doi.org/10.1037/0735-7028.31.3.351]

Hackney, H. & Cormier, S. (1994) *Counseling strategies and interventions* (4th ed.). Boston: Allyn & Bacon.

ハコミネットワークジャパン (2009)『Donna Martinデモセッション (クライエント撮影)』[DVD].

Hinson, J. A. & Swanson, J. L. (1993) Willingness to seek help as a function of self-disclosure and problem severity. *Journal of Counseling & Development*, **71**, 465–470.

Horwitz, A. (1977) The pathways into psychiatric treatment: Some differences between men and women. *Journal of Health and Social Behavior*, **18**, 169–178.

Hubble, M. A., Duncan, B. C., & Miller, S. D. (1999) *The heart and soul of change: What works in psychotherapy*. Washington, D. C.: American Psychological Association.

岩壁茂（2007）『心理療法・失敗例の臨床研究――その予防と治療関係の立て直し方』金剛出版

岩壁茂（編著）（2018）『カウンセリングテクニック入門――プロカウンセラーの技法30』金剛出版

岩壁茂・平木典子（2018）「［対談］カウンセリングの前提／カウンセラーの条件」岩壁茂編著『カウンセリングテクニック入門――プロカウンセラーの技法30』金剛出版

河合隼雄（1967/1994）『ユング心理学入門』岩波書店

河合隼雄（1985）『カウンセリングを語る』創元社

Kelly, A. E. & Achter, J. A. (1995) Self-concealment and attitudes toward counseling in university students. *Journal of Counseling Psychology*, **42**, 40–46.

Kessler, R. C., Brown, R. L., & Broman, C. L. (1981) Sex differences in psychiatric help-seeking: Evidence from four large-scale surveys. *Journal of Health and Social Behavior*, **22**, 49–64.

Kleespies, P. M., Deleppo, J. D., Gallagher, P. L., & Niles, B. L. (1999) Managing suicidal emergencies: Recommendations for the practitioner. *Professional Psychology: Research and Practice*, **30** (5), 454–463. [http://dx.doi.org/10.1037/0735-7028.30.5.454]

Kohut, H. (1984) *How does analysis cure?* Chicago: The University of Chicago Press.（本城秀次・笠原嘉〈監訳〉〈1995〉『自己の治癒』みすず書房）

Komiya, N. (1999a) Psychotherapists' occupational hazards and self-care. *Pine Grove Behavioral Newsletter*, **2**, 2–4.

Komiya, N. (1999b) Factors contributing to the utilization of professional mental health treatment by the general public. *Pine Grove Behavioral Newsletter*, **3**, 1–2.

Komiya, N. & Eells, G. T. (2001) Emotional openness as a predictor of attitudes toward seeking counseling among international students. *Journal of College Counseling*, **4**, 153–160.

Komiya, N., Good, E. G., & Sherrod, B. N. (2000) Emotional openness as a predictor of college students' attitudes toward seeking professional psychological help. *Journal of Counseling Psychology*, **47**, 138–143.

Kushner, M. G. & Sher, K. J. (1989) Fear of psychological treatment and its relationship to mental health service avoidance. *Professional Psychology : Research and Practice*, **20**, 251–257.

Lambert, M. J. (2013) Outcome in psychotherapy : The past and important advances. *Psychotherapy*, **50**, 42–51.

Leaf, P. J., Bruce, M. L., Tischler, G. L., & Holzer, C. E. III. (1987) The relationship between demographic factors and attitudes toward mental health services. *Journal of Community Psychology*, **15**, 275–284.

Macran, S., Stiles, W. B., & Smith, J. A. (1999) How does personal therapy affect therapits' practice? *Journal of Counseling Psychology*, **46**, 419–431.

McKay, K. M., Imel, Z. E., & Wampold, B. E. (2006) Psychiatrist effects in the psychopharmacological treatment of depression *Journal of Affective Disorders*, **92**, 287–290.

Melton, G. B., Petrila, J., Poythress, N. G., & Slobogin, C. (1997) *Psychological evaluations for the courts : A handbook for mental health professionals and lawyers* (2nd ed.). New York : Guilford Press.

Miller, S. D., Dundan, B. L., & Hubble, M. A. (1997) *Escape from babel : Toward a unifying language for psychotherapy*. New York : W. W. Norton.

Minuchin, S., Roseman, B. L., & Baker, L. (1978) *Psychosomatic families : Anorexia nervosa in context*. Cambridge, MA : Harvard University Press.

中島勇一 (2005)「中島勇一 Essay Vol.44——体験で傷つき、体験によって癒される」『Therapy』第五九巻、四–七頁

野口嘉則 (2008)『3つの真実——人生を変える〝愛と幸せと豊かさの秘密〟』ビジネス社

Norcross, J. C. (2000) Psychotherapist self-care : Practitioner-tested, research-informed strategies. *Professional Psychology : Research and Practice*, **31** (6), 710–713. [http : //dx.doi.org/10.1037/0735-7028.31.6.710]

Norcross, J. C. (2005) The psychotherapist's own psychotherapy : Educating and developing psychologists. *American Psychologist*, **60**, 840–850.

Norcross, J. C. & Bike, D. (2008) Psychotherapists who abstain from personal therapy : Do they practice what they preach? *Journal of Clinical Psychology*, **64**, 1368–1376.

岡田暁宜（2017）「臨床実践・学会認定・教育研修に関するアンケート調査の結果について」『精神分析研究』第六一巻、五七三–五九四頁

Orlinsky, D. E., Schofield, M. J., Schroder, T., & Kazantzis, N.（2011）Utilization of personal therapy by psychotherapist : A pactice-friendly review and a new study. *Journal of Clinical Psychology*, **67**, 828–842.

Pope, K. S.（1990）. Therapist-patient sexual involvement : A review of the research. *Clinical Psychology Review*, **10**, 477–490.

Pope, K. S., Sonne, J. L., & Holroyd, J.（1993）*Sexual feelings in psychotherapy : Explorations for therapists and therapists-in-training*. Washington, DC : American Psychological Association. [http : //dx.doi.org/10.1037/10124-000]

Pope, K. S. & Tabachnick, B. G.（1993）Therapists' anger, hate, fear, and sexual feelings : National survey of therapist responses, client characteristics, critical events, formal complaints, and training. *Professional Psychology : Research and Practice*, **24**（2）, 142–152. [http : //dx.doi.org/10.1037/0735-7028.24.2.142]

Pope, K. S. & Tabachnick, B. G.（1994）Therapists as patients : A national survey of psychologists' experiences, problems, and beliefs. *Professional Psychology : Research and Practice*, **25**, 247–258.

President's Commission on Mental Health.（1978）*Report to the president, Vol.1*. Washington, DC : U. S. Government Printing Office.

Reinecke, M. A.（1997）Cognitive therapy of emotional disorders. Workshop held at the University of Missouri-Columbia. Columbia, MO.

Robertson, J. M. & Fitzgerald, L. F.（1992）Overcoming the masculine mystique : Preferences for alternative forms of assistance among men who avoid counseling. *Journal of Counseling Psychology*, **39**, 240–246.

Rogers, C. R.（1951）*Client-centered therapy : Its current practice, implications, and theory*. Boston : Houghton Mifflin.

Rogers, C. R.（1957）The necessary and sufficient conditions of therapeutic personality change. *Journal of Consulting Psychology*, **21**, 95–103.

Rogers, C. R.（1959）A theory of therapy, personality, and interpersonal relationships as developed in the client-centered framework. In S. Koch（Ed.）, *Psychology : A study of science, vol.III*. New York : McGraw-Hill, pp.184–256.

Rogers, C. R. (1961) *On becoming a person.* Boston : Houghton Mifflin.

Rogers, C. R. (1963) The concept of the fully functioning person. *Psychotherapy : Theory, Research and Practice,* **1**, 17–26.

Rogers, C. R. (1980) *A way of being.* Boston : Houghton Mifflin.

Rogers, C. R. & Russell, D. E. (2002) *Carl Rogers : The quiet revolutionary, an oral history.* Roseville, CA : Penmarin Books.

Rule, W. R. & Gandy, G. L. (1994) A thirteen-year comparison in patterns of attitudes toward counseling. *Adolescence,* **29**, 575–589.

Ryan, A., Safran, J. D., Doran, J. M., & Muran, J. C. (2012) Therapist mindfulness, alliance and treatment outcome. *Psychotherapy Research,* **22**, 289–297.

佐野久子（1998）『ナナエ』新日本出版社

Schafer, R. (1959) Generative empathy in the treatment situation. *The Psychoanalytic Quarterly,* **28** (3), 342–373.

Soto, A.(2017). A meta-analytic review of the association of therapeutic alliance, therapist empathy, client attachment style, and client expectations with client outcome. Unpublished dissertation submitted to Brigham Young University. [https://scholarsarchive.byu.edu/etd/6493]

Stefl, M. E. & Prosperi, D. C. (1985) Barriers to mental health service utilization. *Community Mental Health Journal,* **21**, 167–177.

Vogel, D. L., Wester, S. R., Larson, L. M., & Wade, N. G. (2006) An information-processing model of the decision to seek professional help. *Professional Psychology : Research and Practice,* **37**, 398–406.

Walsch, N. D. (1997) *Conversations with God : An uncommon dialogue, Book 2.* Charlottesville, VA : Hampton Roads Publishing Company.

Walsch, N. D. (2006a) *Conversations with God : An uncommon dialogue* (*Book 2*). New York : Hampton Roads.

Walsch, N. D. (2006b) *Home with God : In a life that never ends.* London : Hodder and Stoughton, Ltd. (吉田利子訳〈2007〉『神に帰る』サンマーク出版)

Wampold, B. E. (2007) Psychotherapy : The humanistic (and effective) treatment. *American Psychologist,* **62** (8), 857–873.

Wampold, B. E. (2011) Qualities and actions of effective therapists: Research suggests that certain psychotherapist characteristics are key to successful treatment. [https://www.apa.org/education/ce/effective-therapists.pdf]
Wampold, B. E. (2015) How important are the common factors in psychotherapy?: An apdate. *World Psychiatry*, **14**, 270–277.
Watson, J. C. & McMullen, E. J. (2005) An examination of therapist and client behavior in high- and low- alliance sessions in cognitive-behavioral therapy and process experiential therapy. *Journal of Psychotherapy Integration*, **10**, 297–310.
Wills, T. A. & DePaulo, B. M. (1991) Interpersonal analysis of the help-seeking process. In C. R. Snyder & D. R. Forsyth (Eds.), *Handbook of social and clinical psychology: Health issues*. New York: Pergamon Press, pp.350–375.
Yalom, I. D. (1985) *The theory and practice of group psychotherapy* (3rd ed.). New York: Basic Books.
山﨑孝明（2017）「日本精神分析学会における「見て見ぬふり」」『精神分析研究』第六一巻、五〇三–五一三頁

おわりに

もしあなたが、カウンセラーという仕事をすることについて心の底から純粋でポジティブなワクワクする情熱を感じるなら、ぜひこの道を歩み続けていただきたいと思います。そのとき、あなたはあなたらしく生き、人生に意味と充実感を感じ、人々のためになります。

あるいは、あなたがカウンセリングを受ける来談者として本書を読まれたのであれば、私が本書でお伝えしていることを生かして、あなたのカウンセリングをいっそう意味深い経験にしていただきたいと願います。

私は二十五年間ほどカウンセリングをしてきました。米国では、認知行動療法、行動療法、家族療法、問題解決志向ブリーフセラピー、ゲシュタルトセラピー、精神分析的心理療法などの先生から個人指導を受け、がんばって実践しました。それらのカウンセリングでは、傾聴するよりも、どんどん積極的に介入し来談者を変えていく、そういうアプローチをすることも多かったです。その経験を経て、私は現在まで十五年ほどにわたり、本書でお伝えしている精神分析的な観点の共感的な傾聴のカウンセリングを実践してきました。

カウンセリングの異なる方法には世の中でそれぞれの居場所があり、効果のあるカウンセリング法であれば、どれか一つが正しいとか他より優れているとか、決してそういうものではありません。カウンセラーそれぞれの気質や特徴があり、来談者によっても求めるものが違います。カウンセラーを目指すあなたには、あなたに合った方法を見つけて、その先生からひたすら忠実に学び、実践することをお勧めします。

私がカウンセラーとしての歩みを振り返って思うことは、カウンセラーとしての道のりは、私自身の人としての成長の道のりだなあということ。また、人々がより幸せで充実した人生を生きることを援助する仕事をさせていただけることが、どれほどありがたいことかということ。私が人として成長するとき、カウンセラーとして成長します。だからこそ、私は自分自身がセラピーを受けることを二十年以上続けているし、また、今もプロカウンセラーのところに通ってスーパービジョンを受け、自分とは異なる視点から見えることを教えてもらっています。

私は来談者と向き合っているとき、人として苦しんでいる彼・彼女の本質に神聖な美しさを感じますし、彼・彼女とは魂でもつながっていると感じます。

カウンセラーという仕事は、成長をうながしてくれるし、人々に貴重な貢献をさせていただける、とてもありがたい仕事です。

あなたが、純粋な情熱を感じてワクワクする道を歩み、あなたらしく輝いて生きていかれることを、心より願っています。

古宮 昇

謝辞

私の、人間としておよびカウンセラーとしての成長を助けてくださったカウンセラー、セラピストの方々のおかげで、カウンセラーとして仕事をさせていただけています。

富樫公一教授には、私とは異なる見方を見せていただくとともに、来談者の自尊心を保つことの大切さ、異なる見方についてやり取りをして考えること自体に意味があることを、教えていただいています。

高野雅司さん、阿部優美さん、Georgia Marvin さん、Donna Martin さん、そしてこの世でお会いすることはありませんでしたが故 Ron Kurtz さんには、人の感情過程に寄り添うことの大切さと non-violence の精神を教えていただいています。

竹内成彦さんには、開業カウンセラーとして仕事をしていくために大切なことを教えていただいています。

大阪経済大学、および私をセミナー・講演に呼んでくださった方々と、それに参加してくださった大勢の皆さまのおかげで、私は自分がカウンセラーとして行っていることを人にわかりやすく説明できるようになり、そのおかげでこうして本を書かせていただけています。

父、および女手ひとつで私を育ててくれた母のおかげで、私はこの世に生き、意味ある仕事をさせていただけています。あまさ、千恵子、良介、友哉からは、家族と親せきの温かさと大切さを教わっています。

私がプロのカウンセラーとして仕事をさせていただけるようになったのは、故・舩岡三郎先生が共感的カウンセリングの本質と技術を教えてくださったおかげです。

私のカウンセリングに来てくださった来談者の皆さまのおかげで、私はこうしてカウンセリングを行い、それを教え、本にも書けるようになっています。

皆さま、本当にありがとうございます。

合掌

百聞は一見に如かず！

著者のカウンセリング動画プレゼント

カウンセリングを学ぶとき、カウンセラーの話し方、表情、雰囲気など、本ではつかめない大切なことがたくさんあります。そこで、プロカウンセラーのカウンセリングを実際に見られるよう、著者によるカウンセリング動画をプレゼントします。

プレゼント動画は約１時間で、以下の６部から成り立っています。

①１回目セッションについての事前説明
②１回目セッション（非共感的なカウンセリング）
③１回目セッションの振り返りと解説
④２回目セッションについての事前説明
⑤２回目セッション（共感的カウンセリング）
⑥２回目セッションの振り返りと解説

さらに読者プレゼントとして、共感的カウンセリングのセッション（2回目のセッション）動画について、さらに詳しく解説した文章（ＰＤＦファイル）を差し上げます。

お申込み方法　以下のいずれかの方法でお申し込みください。
①URL［http://ur0.work/SnGp］にアクセス。
②右のQRコードを読み込む。

＊プレゼントの動画と文章（PDF）は、ご登録完了後すぐに、ご登録いただいたe-mailアドレスに配信されます。届かない場合は、迷惑メールフォルダーに入れられているか、携帯電話・スマートフォンの場合はパソコンメールを受け取らない設定になっていることが考えられます。light@spiritualawakening.jp　からのe-mailが受け取れるよう設定してください。
＊なお、このプレゼントはお申込者にe-mailでお届けするものであり、DVDなどを郵送するものではありません。また、お申し込みになられますと、著者が発行する「共感の心理学」無料メルマガに登録されます。そちらが不要になれば、メルマガ本文からすぐ簡単に配信停止できます。
＊e-mailのシステムや動画視聴についてなど、技術的なことに関するお問い合わせや不具合には対応いたしかねます。
＊このプレゼントは予告なく終了する場合があります。

著者紹介

古宮　昇（こみや　のぼる）

・大阪経済大学人間科学部 教授、公認心理師、臨床心理士
・ニュージーランド国立オークランド工科大学心理療法学大学院 客員教授
・（米国）州立ミズーリ大学コロンビア校より心理学博士号（Ph. D. in Psychology）を取得
・米国の総合病院精神科、州立児童相談所などで心理士として勤務を経て、現在は神戸で開業カウンセリングを行っている。また、全国でカウンセリングの実践ワークショップ、事例検討会なども行っている。
・カウンセラー歴は、日・米・ニュージーランド通算25年間以上
・著書は23冊。『傾聴術』『共感的傾聴術」（誠信書房）、『自己肯定感がドーンと下がったとき読む本』（すばる舎）など。論文は50本以上

プロが教(おし)える共感的(きょうかんてき)カウンセリングの面接術(めんせつじゅつ)

2019年6月15日　第1刷発行
2019年9月20日　第2刷発行

著　者　古　宮　　昇
発行者　柴　田　敏　樹
印刷者　藤　森　英　夫

発行所　株式会社　誠　信　書　房
〒112-0012　東京都文京区大塚 3-20-6
電話　03（3946）5666
http://www.seishinshobo.co.jp/

印刷／製本：亜細亜印刷㈱

ISBN978-4-414-41656-5 C3011　Printed in Japan